쓴물을 단물로 바꾸는 엘림운동 총서3

역사 인물로 본
시사교회사

송태흔 지음

엘림미디어

감사의 글

내 신앙의 2% 부족을 채워준 엘림운동

젊은 날의 방황과 외로움이었는지, 나도 모르게 싹튼 절대자에 대한 경외심이었는지 알 수 없었지만, 자발적으로 명동성당의 문을 두드리고 영세도 받았다. 살고 있는 동네 성당에서 신앙생활을 하려 했지만, 신앙이 무엇인지 제대로 알지도 못하고 영세만 받은 나로서는 아는 사람 한 명도 없는 동네 성당 미사에 참례하는 것은 쉬운 일이 아니었다. 한 주, 두 주 시간이 가다 보니 무늬만 신자로 멈춰버렸다.

다행히도, 아니 하나님의 은혜로 늦은 나이에 만난 신앙심 깊은 아내와의 결혼이 나를 다시 하나님 앞으로 나오게 하였다. 물론 즉시로 함께 예배에 나간 것은 아니다. 관대한 시혜라도 하듯이 각자의 신앙생활은 존중하고 간섭하지 말자는 전제로 가정을 이루었기에 아내의 권면에도 1년 이상을 당당하게 버티다가 어느 날 '나도 인정하는 하나님을 굳이 따로따로 섬길 필요가 있겠는가?'라는 생각에 아내에게 전화를 걸어 큰 선물이라도 주듯이 함께 교회에 가겠다고 말해주었다. 사실은 교인들의 시끄러운 부르짖음과 열광적인 찬양에 거부감을 갖고 있었다. 그러나 시간이 흐르면서 왜 통성 기도와 찬양을 드리며 눈물을 흘리는지 그 의미도 알게 되었고, 설교 말씀을 통해서도 개신교를 이해하며 주님의 은혜에 감사하게 되었다.

교회에서 세례를 다시 받고 '그런즉 누구든지 그리스도 안에 있으면 새로운 피조물이라 이전 것은 지나갔으니 보라 새 것이 되었도다.'라는 고린도후서 5:17 말씀을 믿음으로 받아들이는 단계를 거쳤다. 결혼 후 7년이 되도록 기다린 새 생명을 성도들의 중보 기도와 우리 부부의 기도로써 얻는 체험을 하고 나서 부족하지만 내가 하나님 안에, 예수님 안에 있음을 깨닫게 되었다. 이사로 말미암아 섬기는 교회가 몇 번 바뀌었지만, 봉사를 통해 신앙이 자라는 것을 느낄 수 있었고, 집사 안수도 받았지만, 머리와 가슴속 아쉽고 허전함을 느꼈던 즈음에 아내를 통하여 만난 분이 송태흔 목사님이었다.

1년여 전, 엘림코뮤니오 설립 1~2개월 전에 다시 만났을 때 비로소 목사님의 목회 철학과 인품, 그리고 비전을 알게 되는 기회가 되었다. 무엇보다 감사한 것은 '내 신앙의 부족한 2%'가 무엇인가를 깨닫게 해주었고 신앙의 성숙을 위한 전환점을 마련해 주었다.

'10만 원 빌려주고 9만 원 돌려받는' 유무상통과 나눔의 성경적 공동체를 꿈꾸고 21세기 실천 방법으로 4대 나눔운동(말씀, 지식, 생명, 정보 나눔 운동)의 비전을 제시하며, 성경적인 교회를 이루고 말씀을 바르게 전하기 위해서는 무엇보다 성경 공부를 체계적으로 끊임없이 해나가야 함을 강조하면서 나의 마음을 흔들어 놓았다.

4

송태흔 목사님은 초대 교회 당시 사도 바울이 '예루살렘과 온 유대와 사마리아와 땅 끝까지' 복음을 전할 수 있었던 것은 알렉산더의 헬레니즘 문화(헬라어), 로마제국의 세계 통일 정책(도로 건설, 치안 유지)으로 마련된 환경적인 여건의 활용 때문이었던 것처럼 우리가 사는 21세기는 '복지(사랑, 섬김과 나눔)'가 훌륭한 도구가 될 수 있으며, 이것을 활용하여 4대 나눔 운동을 펼쳐야 한다고 강조하였다. 이 모든 것도 역시 하나님이 예비하신 것이라는 사실을 역설하였다.

직분과 사역을 분리하여 평신도라도 필요한 곳에서 능력(달란트)을 받았으면 일할 수 있도록 일꾼으로 쓰일 기회를 확대, 개방하고 '쓴물을 단물로 바꾸는' 신앙 공동체로서 사랑과 섬김, 나눔을 통해 동존(Being Together), 동생(Living Together), 동역(Working Together)의 원리 위에 우주적인 믿음과 사랑의 공동체를 이루는 것을 목표로 하고 있다고 하였다.

직분과 성별, 나이에 상관없이 하나님이 원하시면 사역에 동참할 수 있다는 방침은 신선한 충격이었다. 목사도 말씀을 선포할 때만 목사의 직분을 감당하는 것이라는 평등의 철학, 물질에 대한 인간적인 소유욕을 넘어서 하나님의 뜻이 아니면 목회를 접고 야채 장사라도 해야 한다는 결연한 믿음과 물질관, 재정을 투명하게 공개해야 하며 십일조 헌금은 오직 학교, 병원, 요양원 등을 설립하여 복음 전하는 데에만 사용하고 목회자, 직원들의 생활비는 사역하는 기관을 통해 지급하는 독립채산제 재정운영과 복음전도 최우선주의, 하나님의 교회는 어떠한 고난과 역경 속에서도 악한 세력들의 훼방에도 절대 쇠하지 않는다는 확고한 신념은 '21세기 사도'의 모습으로 다가왔다. 또한, 내가 왜 신앙의 부족한 2%에 목말라 했는가도 깨닫게 되었다.

송태흔 목사님은 개혁주의 신학에 바탕을 두고 조직신학을 연구한 학자로서 이러한 비전을 이루어가는 운동을 총칭하여 '쓴물을 단물로 바꾸는' 엘림운동으로 전개하기 위해 엘림코뮤니오를 풍동 1270번지에 세우게 되었는데 설립 예배에 124명이 동참했다. 나중에 발견한 사실이지만 출애굽기 15장 27절 말씀처럼 엘림의 12샘과 70그루 종려나무로, 마가의 다락방의 120명에 4명을 더해서 엘림코뮤니오를 격려하시는 하나님의 뜻으로 은혜롭게 해석하였다.

〈역사 인물로 본 시사 교회사〉를 통해서 하나님께서 어떤 사람들을 사랑하셨는지 생각해 보아야 할 것이다. 미련한 자를, 약한 자를, 천한 자를 들어 쓰시는 하나님은 조건과 상황에 관계없이 다양한 사람들을 통해 교회를 세우는 일에, 복음을 전하는 일에 사용하신 것을 보게 된다.
가난한 자든, 부자든, 배운 자든, 못 배운 자든, 훌륭한 자든, 깡패든, 심지어 악한 자도 하나님이 원하시고 사로잡으시면 쓰임 받고 승리하여 하나님께 영광되게 한 것을 알 수 있다. 예수를 믿는 그리스도인으로서 하나님의 은혜와 예수님의 사랑을 감사한다면 처한 상황과 신분에 상관없이 주님의 일꾼 되기를 사모하며 말씀과 기도로 삶 속에서 예배를 이룰 때 우리의 소망도 이루어질 것을 믿는다.

이 책을 읽는 모든 사람이 용기와 자신감을 얻고, 하나님이 원하시는 일을 주신 능력에 의지하여 이루는, 주님의 칭찬받는 자녀가 되길 간절히 기도한다. 더 나아가 엘림운동에 공감하고 동참하는 동역자들이 많아지기를 소망한다. 이 책이 출판되기까지 애써주신 모든 분께 감사드린다.

송태흔 목사님과의 만남, 나누미, 섬기미들과 성도들과의 만남에 감사한다. 자발적으로 성당 문을 두드린 것도, 아내에게 선심 쓰듯 예배에 동참하겠다고 한 것도, 다 내가 한 것이 아니었음을 뒤늦게 깨달은 것처럼 엘림코뮤니오에서 우리의 아름다운 만남도 결코 우연이 아니라 하나님의 은혜요, 인도하심이었음을 알고 감사함으로 하나님의 뜻을 구하고자 한다.

2010년 11월
엘림코뮤니오 지식나눔본부
장로 이근창

21세기에 필요한 메시지를 담은 책

성경적인 엘림 공동체를 건설하고 계시는 송태흔 목사님의 〈역사 인물로 본 시사교회사〉 발간을 먼저 축하드립니다.

송태흔 목사님께서는 저희 크리스천투데이를 통해 2천 년 기독 교 역사에 빛나는 보석과 같은 인물들을 소개해 주셨습니다. 이들 중에는 잘 알려진 인물도 있고, 우리가 잘 알지 못했지만, 꼭 알아 야 할 인물들도 많이 있었습니다.

더구나 이들을 소개하시면서 송 목사님은 지금 이 시대에 필요 한 메시지들을 효과적으로 전달하셨습니다. 시대와 교계의 중요한 흐름을 잘 집어내, 교훈이 될 만한 인물들을 역사책 속에서 끄집어 내셨습니다.

목회와 교육 등 여러 활동으로 바쁘신 가운데서도 이를 위한 연 구를 아끼지 않으신 송 목사님께 감사드리고, 앞으로 엘림코뮤니오 가 쓴물을 단물로 바꾸는 성경적 교회를 이뤄내고, 동존·동생·동역

과 4대 나눔 운동을 통해 21세기 변화된 환경에 걸맞은 예수 운동
을 계속해서 바르게 펼쳐 나가시길 기도합니다.

2010년 11월
크리스천투데이 편집국장
류재광

서 문

인류가 이 땅에서 숨 쉬며 살아온 1세기부터 21세기 현대에 이르는 동안 하나님을 믿는 크리스천으로서 나라와 민족과 세계에 공헌한 국내외 인물들을 나름대로 엄선했다. 그들이 이 땅에 사는 동안 이룬 공적을 높이거나, 업적을 기린 전기는 아니다.

저자가 선택한 사람들은 오늘을 사는 우리처럼 흠도 많고, 지혜도 부족한 사람들이다. 전능하신 여호와 하나님의 은혜로 자신들도 모르는 사이 놀라운 발자취를 세상에 남기고 간 자들이다. 하나님의 긍휼과 인도로 말미암아 어렵고 힘든 사람들을 위해서 적극적으로 헌신하고, 섬기며, 모든 것을 나눠준 인물들이다.

교회와 나라와 민족과 사회에 악영향을 끼친 자들도 책 속에는 소수 포함되었다. 또한, 허용적 작정의 대상이 되어서 하나님 세우신 공동체를 무던히 괴롭힌 그들을 저자가 전격 소개함으로써 현대를 사는 우리의 반면교사로 삼았다. 짧은 인생을 살면서 부주의로 어쩔 수 없이 타인 및 신실한 공동체에 해악을 끼칠 수도 있다. 그러나 허용적 작정의 대상이 되어서 사단의 도구로 전락하는 것은 인생 비극 중에 최고의 비극이다. 출애굽 당시 이집트의 황제 아멘호텝 2세처럼, 예수님 당시 가룟 유다처럼 허용적 작정의 대상이 된 불행한 인생은 역사 속에서 영원히 저주와 비난의 대상이 된다.

불신자든 신자든 관계없이 모든 사람은 여호와 하나님의 형상을 지니고 이 땅에 태어났다. 특히, 예수를 믿는 신자는 여호와 하나님의 인격적 특성인 사랑과 거룩성 및 타인에 대한 적극적인 배려를 지니고 살도록 보내졌다. 하나님의 형상을 지닌 사람은 비록 죄인이라고 할지라도 여타의 짐승들과는 다르게, 하나님을 닮은 고상한 인격과 품위를 지니고 있어야 한다. 하나님께서 주신 영적인 자유의지를 통해서 인간 본래의 아름다운 품위를 발휘하면 공동체에서 존경을 받게 되어 있다. 이 책에서 언급한 사람들 대부분은 하나님을 닮은 인격을 조금이나마 지니고 있어서, 고상한 삶의 품위를 지키려고 땀 흘린 사람들이다. 보통 사람들이 좋아하는 넓은 길을 포기하고, 여호와 하나님이 지시한 좁은 길을 걸었던 탁월한 믿음의 사람들이다.

좁은 길을 걸었던 그들에게 수많은 사람의 눈총과 시기가 따랐다. 말씀 따라 걸었던 개혁자들은 자신에게 미칠 불리한 진술을 억지로 바꾸려고 시도하지도, 그것을 위해서 비겁한 전략을 세우지도 않았다. 그들은 짓밟힌 개인의 자존심을 회복하기 위해서 분노를 발하지도 않았다. 오직 자신만의 길을 묵묵히 걸었던, 속칭 바보 같은 사람들이었다. 아말렉 전투에서도 묵묵히 기도하며, 적들을 향해 비장하게 나갔던 군대장관 여호수아처럼 하나님 중심의 사람들이었다. 어리석게 보이는 그들의 희생이 개인은 물론 나라와 민족과 교회를 바르게 만들어 갔다. 그들이 흘린 피가 하나님의 공동체를 바르게 부활시키고, 하나님을 빛나게 했다. 여호와 하나님은 그들의 희생적 삶을 성경적 지도자의 모델로 삼아서 오늘까지 전해주고 있다.

'크리스천투데이' 신문사에서 부족한 저자에게 '시사 교회사'라는 분에 넘치는 코너를 오랫동안 제공했다. 그동안 칼럼으로 신문에 쓴 원고를 모아두었다가, 이번 엘림코뮤니오 설립 제1주년 기념으로 졸저를 펴낼 수 있게 되었다. 지혜 없는 저자에게 칼럼을 쓸 기회를 주신 '크리스천투데이' 신문사 임성수 사장님, 류재광 편집국장님께 심심한 감사를 전한다. 특히, 주 안에서 오랫동안 사랑의 교제를 나누며 저자의 투박한 칼럼을 매끄러운 문장으로 수정해서 인터넷과 신문지상에 실어준 크리스천투데이 이대웅 기자님의 노고에 큰 감사를 전한다.

세상의 쓴물을 단물로 바꾸고자 이 땅에 세운 엘림코뮤니오 정보나눔 운동본부(본부장 장길웅 장로, 본부섬기미 김동호 집사)에서 땀 흘리는 허진욱 전도사님, 서금주 전도사님, 최경임 전도사님과 박미라 전도사님의 노고에도 감사를 드린다.

저자의 졸저가 빛나도록 감사의 글을 써주신 엘림코뮤니오 지식나눔 운동 본부장 이근창 장로님과 크리스천투데이 류재광 편집국장님의 수려한 격려문에 고개를 숙여서 큰 인사를 올린다. 바쁜 중에도 졸저를 끝까지 읽고, 추임새 해준 그분들의 관심과 사랑은 오랫동안 잊을 수 없을 것이다.

갓 시작한 엘림운동이 이 땅에서 성공하길 기도하며, 저자를 격려해준 수많은 엘림코뮤니오 식구들의 깊은 사랑은 이 책을 펴내는 배경이 되었다. 앞으로도 생명을 바쳐 부족한 저자와 동역할 엘림코뮤니오 식구들에게 사랑 향기 가득한 커피 한 잔을 선물한다.

끝으로 저자의 졸저, 엘림운동 총서 1 '조직신학자가 본 요한복음(상·하), 엘림운동 총서 2 '조직신학자가 본 여호수아'를 투병 중에 읽고, 크게 위로를 받아 병세가 호전된 저자의 죽마고우 정희택의 온전한 쾌유를 빌며, 엘림코뮤니오가 사회적 약자를 위해 병원을 세울 때까지 꺼지지 않는 촛불이 되길 기도한다.

2010년 11월

저자 송태흔 목사

차례

1
네로황제의 박해에 대항했던 크리스천들
(위기는 성장을 낳는다)

로마가 세계를 지배하던 1세기경, 막 세상에 피어난 초대 기독교회는 스데반 순교 이후 박해를 피해 사방으로 흩어져버리고, 전 세계로 흩어진 성도의 입술을 통하여 꾸준히 기독교의 복음이 전해지고 있었다. 로마제국이 효율적인 통치를 위해 모든 종교에 대한 전파의 자유를 범민족적으로 인정했기 때문에, 로마 도심 복판에 신흥 기독교가 전해지는 것은 그리 어렵지 않았다. 로마 당국의 다양한 종교에 대한 포용정책과 부지런하고 신실한 기독교 전도자들을 통해 급기야 1세기 당시 로마의 도심에도 예수를 믿는 공동체로서 기독교회가 세워지게 되었다.

그러나 당시 기독교회의 성장은 타 종교와 비교할 때 지지부진했고, 세상 속에서 영적인 영향력을 끼치는 정도도 매우 보잘것없는 미미한 상태에 놓여 있었다. 종교의 자유가 폭넓게 인정되는 평화로운 시기에 기독교회의 놀라운 성장이 있을 것 같지만, 현실은 그 반대였다. 오늘날 같은 교회공동체의 성장이 로마의 도심에서는 발생하지 못했던 것이다.

주후 64년 7월 19일, 다수 노동자가 모여 살던 로마 도심에서 크나큰 화재가 발생했다. 그 뜨거운 불길은 약 일주일 동안이나 로마의 온 도심에 사는 사람들에게 고통과 불안을 안겨 주었다. 그런데 당시 로마의 황제였던 네로는 그토록 무서운 불길 앞에서 어떠한 대책도, 화재진압을 위한 노력도 하지 않고 그저 방관자로 있을 뿐이었다. 이러한 그를 목격한 당시 사람들은 로마 화재사건의 주범으로 무책임한 네로 황제를 지목했다. 그러나 심증은 있었지만, 물증이 없었기에 공공연하게 화재의 주범을 네로 황제로 단정 짓지 못하고 냉가슴만 앓고 있었다.

로마 도심의 대화재가 진압된 후 네로 황제는 엄청난 공공예산을 투입해서 로마 시내를 새롭게 재건하기 시작했다. 로마 건설을 급하게 서두르면서 자신이 거처할 궁궐은 황금으로 짓기 시작했고, 동시에 넓은 면적의 땅을 네로 황제 개인의 토지로 불법 착취하기 시작했다. 화재로 타버린 도시를 백성의 혈세로 건축하면서 사실은 자신의 사욕을 채우고 있었다. 화재를 이용해 자신의 거대한 사유지를 확보하려는 악한 속마음이 드러났다.

로마 시민의 불만을 약화시키기 위해 네로 황제는 화재 사건의 주범으로 기독교인을 지목했다. 그는 로마에 거주하는 모든 기독교인을 발본색원(拔本塞源)해서 처형하라고 명령을 내렸다. 68년 그가 죽을 때까지 피에 굶주린 야수처럼 로마 도심에 있는 기독교인들을 잡아 십자가형과 화형에 처했으며, 로마 거리는 기독교인들의 시체로 도로포장이 될 정도였다. 로마 이곳저곳에는 기독교인을 잡아 화형시키는 장작더미가 눈에 띄게 늘어났고, 살타는 냄새와 아우성으로 로마 도심을 온통 아비규환에 휩싸이게 했다. 그때 예수님의 수제자 베드로도 십자가에 거꾸로 매달려 죽었고, 이방인의 사도로 부르심을 받은 탁월한 주의 종 바울도 68년 참수형을 당했다. 그러나 신실한 주의 종들의 순교와 헌신이 교회를 성장시키는 원동력이 되었다. 그래서 2세기 기독교 저술가 터툴리아누스는 '순교의 피가 곧 교회의 씨앗'이라고 말했다.

2008년 나타난 미국 발(發) 금융위기는 나비효과를 만들어내 전세계를 경제위기로 빠뜨리고 있다. 특히 미국 경제에 의존도가 매우 높은 대한민국은 제2의 IMF 경제위기가 또다시 도래한 것이 아니냐는 불안한 소문까지 전염병처럼 돌고 있다. 여러 교회도 요즘 금융위기에 자유롭지 못해서 2009년도 예산을 삭감하는 등 여러 각도의 긴축 재정 정책을 펼치고 있다. 그러나 이러한 경제위기의 때에 한국 교회는 최고의 성장을 누릴 수 있다는 것도 잊지 말아야 한다.

하나님이 장로 대통령을 대한민국에 허락하시고 힘든 경제위기를 동시에 주시는 것은 한국 교회 성도들이 모두 기도하며 올바른 말씀으로 깨어나 하나님께서 원하시는 신앙 공동체를 이루라는 명령으로 들린다. 로마황제 네로가 교회를 박해했을 때 오히려 하나님의 교회가 성장한 것처럼, 우리를 강타하는 요즈음 경제위기는 올바른 교회를 이 땅에 세우시기 위한 하나님의 계획으로 보인다. 어려울 때일수록 성도들이 한마음으로 기도하며, 절망하지 말고 가슴에 희망을 품고 나아가야 한다. 성도들에게 주신 고난은 이 땅에서 받을 수 있는 최고의 선물이다.

2

교회를 위해 순교한 천재 학자 저스틴
(성경 이외에 다른 대안은 없다)

당대의 위대한 철학자요, 기독교회를 위한 헌신적인 순교자로 알려진 천재 소년 저스틴은 주후 110년경 야곱의 우물 근처이며 현재 나블로우스 즉 사마리아의 플라비아 네아폴리스에서 태어났다. 그는 성경 인물 중 대학자로 알려진 바울 사도와 비견될 만큼 최고급 교육을 받은 엘리트 중의 엘리트였다. 명석한 두뇌와 마음속에 끊임없는 지적 탐구 욕구를 통해 스토아 철학, 아리스토스 철학, 피타고라스 철학 등을 폭넓게 섭렵했고, 특히 플라톤주의 철학에 심취해 모든 삶과 종교를 플라톤적으로 해석해 낸 당대의 대(大)철학자였다. 그를 사로잡은 플라톤 철학에서는 '사람이 깊은 진리를 추구하면 이 땅에서! 지혜의 황제인 초인적 신을 만날 수 있다.'라고 피력했기 때문에, 참 지혜를 찾아 세계 여러 곳을 여행하게 되었다.

지식과 지혜를 찾아온 산천을 헤매던 주후 150년경 어느 날, 이름 모를 해변을 걷다가 그의 운명을 바꿀 한 늙은 기독교인 철학자를 만나게 되었다. 그 노인은 이 세상 속에서 참 진리를 찾고자 갈망하는 천재 학자 저스틴과 수많은 철학적 주제들을 여러 날 동안 토론했다. 노련미 있는 탁월한 철학자와의 깊은 논의와 토론 속에서도 천재 학자 저스틴의 마음은 채워지지 않았다. 그런데 그 노인이 구약 성경의 예언서를 인용해 나사렛 예수에 대해 설명할 때, 저스틴의 답답한 마음이 열리게 되었다. 늙은 기독교인의 입에서 나온 철학이 아닌, 성경의 평범한 이야기를 듣고 지금까지 산천을 돌면서 찾고자 갈구했던 참 진리의 실체를 발견했다. 지혜를 찾기 위해 방황하느라 만신창이가 된 저스틴은 비로소 보석 같은 참 진리에 대해 새로운 통찰력을 가슴 속 깊이 갖게 되었다. 우연히 해변에서 만난 한 노인의 입술에서 나온 성경 이야기, 나사렛 예수 이야기를 통해서 지금까지 듣지도, 보지도 못했던 새로운 세상을 볼 수 있었다. 그 노인과의 만남 이후 저스틴은 참된 철학의 뿌리는 오직 성경이라는 사실을 깨달았고, 장구한 진리 찾기 여행을 멈추고 기독교로 개종해 성경과 신학을 연구하여 세상을 변화시키는 데 주력했다. 예수를 통해 학문의 참된 길과 방향을 깨닫게 된 것이다.

개종 이후 저스틴은 기독교 복음이야말로 가장 안전하고 확실한 참 철학이며, 참 진리임을 만방에 전하면서 구원을 얻을 수 있는 유일한 길임을 가르쳤다. 그는 평생에 8-9권 정도의 탁월한 기독교 서적을 저술하여 세상에 잘못 알려진 기독교에 대한 교리를 올바로 교정하는 데 노력했다. 예를 들면 이교도 헬라인들을 개종시키기 위해 강론을 썼는데, 그 책에서 저스틴은 어리석은 우상숭배를 금할 것과 기독교가 지닌 순결성과 거룩성을 동시에 강조했다. 또한, 로마에서 기록한 〈헬라인들과 논쟁〉이라는 책에서는 이교도 철학자들의 학문은 모두 참 진리가 아닌 허망한 것이라고 강력히 논박했다. 저스틴은 당대 최고 권력자들인 로마 제국의 황제 안토니우스 피우스(138-161)와 그의 양자들인 마르쿠스 아우렐리우스, 루티우스 콤모두스 그리고 원로원에 기독교를 올바로 알리기 위해 제1의 변증서를 주후 150년경 저술했다. 당시 권력자들은 기독교인들이 매우 사악하고 야만인들이어서 어린아이들의 시신을 먹는 비밀 의식을 행한다고 알고 있었다. 저스틴은 위와 같은 기독교에 대한 잘못된 인식을 수정하기 위해 목숨을 걸고 권력자들을 향해 첫 번째 변증서를 썼다. 약 20년 이후 167년경에는 순교의 원인이 된 제2의 변증서를 쓰게 되었다. 로마의 제독 우르비쿠스(Urbicus, 144-160)가 기독교인 톨레미(Ptolemy)와 다른 두 명의 기독교인을 무참하게 처형시킨 것은 사악한 행동이라는 내용의 글을 황제 마르쿠스 아우렐리우스와 원로원들에게 보냈다. 제2의 변증서에서 저스틴은 기독교인들이 결코 권력에 의해 유희적인 희생물이 되어서는 안 된다고 강력하게 주장했고, 그것이 빌미가 되어 주후 165년경 참수형을 당하게 되었다.

  탁월한 천재 철학자를 변화시켜 위대한 기독교인이요, 세상을 바꾼 변증학자로 만든 것은 인간의 머리에서 나온 심오한 철학이 아니었다. 인간의 눈에는 보잘것없어 보이는 한 권의 성경책이었다. 21세기를 맞이하면서 수(數)적으로 성장한 한국 교회는 하나님께서 주신 문화적 소품을 통해 다양한 프로그램을 개발해 활용하고 있다. 매우 풍부한 첨단의 내용이 교회당 청중들에게 감동을 주고 있다. 또 교회 강단에서 흘러나오는 설교 내용도 성경 자체를 설명하기보다는 예배당에 앉아 있는 청중들의 감성을 터치하여 그들의 마음을 사로잡으려는 비본질적인 작업에 몰두하고 있는 것처럼 보인다. 한국 교회 어떤 집사님은 "한국 교회 목회자들의 설교를 들으면 세상 정치가들의 연설과 별로 구별이 안 된다."라고 말한 적이 있었다. 성경의 진리와는 상관없이 오직 청중들의 뜨거운 가슴만을 채워주기 위한 아름다운 언어를 사용해서 그 마음을 열기 때문이다. 문화적인 소품을 개발하고 청중을 깊이 연구해 감성적인 교회, 뜨거운 교회, 첨단 교회를 만드는 것을 신학적으로 틀린 것이라고 말할 수 없다. 그러나 오늘을 사는 기독교인들이 모두 기억해야 할 것은 아무리 세월이 흘러도, 첨단 장비가 교회당을 홍수처럼 가득 채워도, 변함없는 진리의 책, 개혁의 책은 오직 성경 한 권이라는 것이다. 오늘 우리에게 주신 위대한 선물인 성경을 통해서만 제2의 저스틴을 이 땅에 만들어 낼 수 있다는 사실을 기억해야 한다. 각종 중독의 문제, 가정 파괴의 문제, 사회 폭력의 모든 문제도 1세기 철학자 저스틴을 변화시킨 성경으로 돌아갈 때 가능하다는 것을 알아야 한다. 성경 66권 이외에 다른 대안은 우리에게 주어지지 않았다.

3
감정을 다스리지 못한 탕아 터툴리아누스
(바른 신앙인격이 바른 실력을 드러낸다)

퀸투스 셉티미우스 플레렌스 터툴리아누스(터툴리아누스의 본명)는 150-155년경 아프리카의 카르타고에서 부유한 로마군 백부장의 아들로 태어났다. 부유한 가정환경에 힘입어 당시로써는 최고의 엘리트 코스인 수사학, 철학(스토아 철학), 그리고 법학을 심도 있게 공부했고, 드디어 국가변호사가 되어서 사회 속에 큰 영향력을 끼치게 되었다. 그러나 자유분방한 이방 문화에 철저히 물든 가풍에 영향을 받아 심하게 타락하여 도덕적·윤리적으로 깨끗하지 못한 부끄러운 생활을 하게 되었다. 그에게 주어진 탁월한 지식과 권력, 돈, 그리고 가정 배경이 고대 사회의 젊은 귀족인 터툴리아누스를 완전히 망가뜨렸다. 터툴리아누스를 만난 당시의 사람들은 누구도 그에게서 크리스천 지도자로서 밝은 미래를 만들 고상한 인격을 발견하지 못했다. 자자손손 내려오는 막강한 권력을 남용해 국가와 사회를 시궁창에 빠뜨릴 공공의 적으로 여기며, 차라리 태어나지 않았으면 그의 이웃들이 행복했으리라고 쑥덕거렸다.

그런데 고대 아프리카의 귀족 방탕아, 터툴리아누스의 인생에 획기적인 대전환을 이룰 만남이 일어났다. 그의 나이 30대 말이 되던 185년-195년경 어느 날, 술에 취해 길거리를 미친 듯이 방황하고 있을 때 천재 청년 터툴리아누스에게 성경을 든 무명의 전도자가 접근했다. 전도자는 터툴리아누스에게 예수와 회개를 가르쳤고, 급기야 그는 자신이 저지른 과거의 악한 죄를 모두 기억하며 땅바닥에 무릎을 꿇고 뜨거운 눈물로 회개했다. 무명의 길거리 전도자를 통해서 소문난 시대적 탕아가 신실한 크리스천으로 거듭나게 되었다. 이때부터 그는 사회의 악동이 아니라 매우 거룩한 청교도 크리스천이 되었고, 얼마 후 교회공동체의 지도자인 장로로 선출되는 기적을 맛보게 되었다.

그는 로마 주교 칼릭스투스(217-222)가 '간음죄를 범한 자가 회개하면 다시 교인의 자격을 되찾을 수 있다.'라고 선심을 쓰자, 그의 탁월한 청교도적 논문 〈정숙에 관하여〉를 통해 로마 주교의 비청교도적 사상을 신랄히 비판했다. 또 당대 도시의 극장 공연물들이 성적으로 문란한 것들이 많았고, 원형극장에서 자주 벌어진 검투사들의 경기는 극도로 잔인했다. 회개하기 전까지만 해도 그는 극장의 공연과 검투사의 경기를 자주 즐기곤 했다. 그런데 신실한 크리스천이 된 터툴리아누스는 그것들이 매우 잔인하고 저급한 비종교적 인간들의 악한 행위라고 비판했다. 성적으로 문란한 공연물과 잔인한 검투사의 경기를 신실한 기독교인들이 이제는 관람하지 못하도록 건전한 사회운동을 펼쳤다. 심지어 극장의 공연이나 경기장의 검투를 보는 자들은 지옥으로 떨어지리라고 외치기도 했다. 무명의 길거리 전도자 때문에 크리스천이 된 터툴리아누스에게서 이제 방탕한 삶의 흔적은 다시는 발견되지 않았다. 주후 222년 그가 하나님의 부르심을 받을 때까지 여느 엘리트 기독교인 철학자들처럼 고위 성직에 오른 일은 없었지만, 당시 교회공동체 속에서 상당한 영향력을 끼치게 되었다.

그러나 황제 셉티미우스 세베루스가 다스리던 202년경 기독교에 대한 박해의 폭풍이 북아프리카를 덮쳤을 때 그는 매우 다른 사람으로 바뀌게 되었다. 정통 기독교인은 박해가 두려워서 모두 앞다투어 도주하였는데, 이단으로 알려진 몬타누스주의자들이 당당하게 맞서 싸우는 것을 보고 충격을 받은 터툴리아누스는 가슴속에서 갑자기 격한 감정이 일어났다. 그는 감정조절에 실패했고, 이단 몬타누스주의자로 급히 개종했다. 터툴리아누스는 206-208년경에 이르러 용기 없는 기존 정통교회를 신랄하게 비판하면서 오직 몬타누스주의를 최고의 정통종교로 외치는 맨발의 이단 전도자가 되었다. 신학과 철학에 탁월한 능력을 지닌 천재 학자 터툴리아누스는 부족한 인격으로 말미암아 격해진 감정을 조절하지 못하고, 하나님 주신 탁월한 지식과 능력을 자신의 부끄러운 과거를 만드는 데 사용하고 말았다.

하나님 말씀의 능력은 고대 사회의 방탕아 터툴리아누스를 신실한 천재 크리스천 지도자로 바꾸어 놓았다. 그러나 신실한 크리스천 지도자는 탁월한 지식이나 교리실력으로만 유지될 수 없다. 순간의 격한 감정을 조절할 수 있는 성숙한 신앙 인격이 있을 때에만 성공적인 크리스천 지도자가 될 수 있다. 천재학자 터튤리아누스는 감정조절에 실패해 크리스천 지도자의 길에서 비참하게 탈락하고 말았다.

오늘날 한국 교회는 터튤리아누스를 능가할만한 탁월한 신학적, 철학적 지식을 지닌 목회자들이 많다. 국내외 뛰어난 대학교에서 박사 학위를 취득한 후, 교회 및 신학대 일선에서 사역하는 목회자들을 이제는 어디서나 쉽게 만날 수 있다. 얼마 전 경기도에 있는 중형 교회에서 담임목사 청빙 광고에 지원한 대부분 목회자가 국내외 대학교에서 박사학위를 취득한 사람들이었다는 소식을 접한 적이 있다. 21세기는 교회에도 고학력이 보편화된 시대라는 것을 단편적으로 말해주고 있다.

그럼에도, 개 교회공동체와 노회, 나아가 총회 석상에서 지도자들의 격렬한 감정싸움은 여전히 끊이질 않고 있다. 학력이 높아지고, 탁월한 실력을 갖추었다고 저절로 신앙인격이 고양되는 것은 아니다. 탁월한 신학실력을 머릿속에 쌓기 전에, 심장 속에 파고든 악한 분노부터 신앙인격으로 치유해야 한다. 바른 신앙인격만이 바른 실력을 드러낸다는 사실을 한국 교회는 기억해야 한다. 터튤리아누스같은 불행한 지도자가 한국 교회에 존재해서는 절대 안 된다는 깨달음이 있어야 할 것이다.

4
86세의 나이에도 당당히 지조 지킨 폴리갑
(물질과 권력의 박해 앞에 당당하자!)

　　로마제국의 제16대 황제이며, 5현제 중 마지막 황제로 알려진 마르쿠스 아우렐리우스(Marcus Aurelius, 재위 161-180)는 초기에는 기독교에 대해 매우 우호적이었다. 그러나 반기독교적인 사상을 지닌 신하들의 꼬임에 빠져 신실한 기독교인들을 잔인하게 박해했다. 당시 예수를 구주요, 그리스도라고 고백하는 기독교인들은 모조리 로마 군인들이 휘두르는 채찍에 맞아 온몸이 찢겨 살점이 튀어나왔고 속살이 드러나게 됐다. 어떤 기독교인은 그들의 고문 때문에 창자까지 밖으로 터져 나오기도 했다. 로마 황제 가이사를 예수 대신 하나님으로 고백하지 않고 버틴 기독교인은, 바닷조개 껍데기나 땅 위에 박아놓은 창끝에 알몸으로 눕혀지기도 했으며, 온갖 종류의 무서운 고문을 받은 뒤에는 사나운 짐승의 밥으로 우리에 던져지곤 했다. 이러한 2세기 로마 황제가 내린 기독교인의 잔혹한 박해의 현장 한가운데에 폴리갑이라는 인물이 우뚝 서 있다.

신실한 기독교인 폴리갑(80-165)은 본래 안디옥 출신이었다. 서머나 출신의 어느 과부가 안디옥 노예시장에 나와 있는 가난한 폴리갑을 돈을 주고 사게 됐다. 그런데 그가 너무나 지혜롭고 똑똑해서 노예로 살기에 아까운 마음이 들어서 자유인으로 신분을 회복시켜 주었다. 폴리갑이 사람들에게 구속되어서 자유 없는 노예로 살기에 너무나 아까운 인물로 생각되었기 때문이다. 어느 여인의 아름다운 사랑에 힘입어, 노예라는 신분에서 자유인으로 변신한 폴리갑은 젊었을 때 사도 요한을 만나 그에게 심오한 가르침을 직접 받았다. 하나님은 탁월한 폴리갑에게 사도 요한을 만날 기회를 허락해 주셨다. 그는 스승인 사도 요한의 가르침을 받으면서 설교, 인생관, 심지어 직설적이고 정열적인 성격까지 그대로 닮게 되어, 20대에 당시로써는 유례가 없는 서머나 교회의 젊은 감독이 되었다. 서머나 교회 감독이 된 폴리갑은 그의 전 생애를 오직 스승이신 사도 요한이 가르쳐준 신학, 즉 그리스도 신학만을 후대에 증거하는 데 목숨을 걸었다. 이러한 폴리갑의 요한 신학, 그리스도 신학의 증거가 로마 제국의 황실을 매우 불편하게 만들었다.

폴리갑이 기독교인이라는 죄목으로 로마 황실에 체포되기 사흘 전날 밤, 기도 중에 베고 자던 베개에 갑자기 불이 붙어 타버리는 환상을 봤다. 폴리갑은 그것이 로마 황실에 의해 자신이 체포된다는 신호임을 알면서도 황실을 피해 다른 장소로 도주하지 않았다. 기독교인으로서 비겁하게 목숨을 구걸하며 살고 싶지 않았기 때문이다. 그의 환상대로 로마의 황실에 의해 곧 체포되어 수많은 군중이 밀집된 경기장으로 붙들려 나갔다. 그 경기장에서 기독교인이라고 고백한 사람들을 군중이 즉결심판을 했다. 로마 황실에서 파송받은 재판관은 폴리갑에게 로마의 황제인 가이사를 하나님이라고 말하고 그를 인정하여 아까운 목숨을 구하라고 권고했다.

이때 폴리갑은 "나는 86년 동안 그분을 섬겨 왔는데, 그동안 그분은 한 번도 나를 부당하게 대우하신 적이 없소. 그런데 내가 어떻게 나를 구원하신 나의 왕을 모독할 수가 있겠소."라고 그의 권고를 무시했다. 그러자 로마 총독은 "나는 사나운 짐승들을 준비해 두고 있소, 만일 당신이 마음을 바꾸지 않는다면 당신을 그 짐승들에게 던져 버리겠소."라고 위협을 했다. 짐승의 밥이 된다는 위협 앞에서 서머나 교회의 감독 폴리갑이 기독교인임을 포기할 것으로 생각했다. 그러나 폴리갑은 "그 짐승들을 부르시오. 우리는 선을 버리고 악으로 돌이켜서는 안 되오. 오히려 악에서 돌이켜 덕을 택하는 것이 선한 일이오."라고 반박했다. 뜻을 굽히지 않는 폴리갑을 향해 로마 총독은 "만일 당신이 마음을 바꾸지 않는다면 당신을 화형에 처하겠소."라고 최후의 통첩을 보냈다. 그러자 폴리갑 감독은 "당신은 잠시 타오르다가 곧 꺼지는 불로 나를 위협하고 있소. 당신은 장차 임할 심판과 악인을 위해 준비된 영원한 형벌을 알지 못하기 때문이요."라고 답하고 행복한 미소를 얼굴 가득히 머금었다.

86세의 폴리갑 감독은 뜨거운 불길 속에서도 오직 예수를 그리스도로 고백하며 조용히 순교했다. 죽음 앞에서도 당당한 예수꾼 폴리갑이 화형장의 순교 제물로 사라지자, 서머나 교회의 역사는 얼마간 침묵했다. 그러나 얼마 후 비잔틴 제국이 들어서자 세계 속에 영향력을 끼친 강력한 기독교 공동체가 서머나에 형성됐다. 폴리갑이 흘린 순교의 피가, 때가 되매 다시 살아나게 된 것이다.

오늘날 우리의 신앙을 압박하는 로마 황제 가이사는 없지만, 물질과 권력이 로마 황제와 같은 모습을 하고 교회를 심하게 박해하고 있다. 수많은 한국 교회 성도들은 물질 가이사, 권력 가이사 앞에 오금을 펴지 못하고 목숨을 구걸하고 있는 듯하다. 오늘날 한국 교회는 뜨거운 불길 앞에서도 목숨을 걸고 성경의 진리만을 외친 21세기의 폴리갑을 찾고 있다. 돈과 권력, 일류대학과 말씀을 맞바꿔 버린 이 시대에, 오직 성경과 예수만을 그것들 위에 세울 신실한 기독교인을 하나님은 찾고 있다. 현대판 가이사 앞에 신앙을 포기하지 말고, 당당하게 맞설 때 아름다운 성공은 주어지게 될 것이다.

5
영지주의에 맞선 참 목자 이레나이우스
(이 시대의 이레나이우스를 찾습니다)

충분한 자료가 우리에게 부족해서 정확하지 않지만, 이레나이우스는 125년경 그리스 계통의 피를 이어받은 소아시아에 살던 부모를 통해 이 땅에 태어났다. 그는 어릴 때부터 요한의 마지막 제자로 알려진 폴리갑(스미르나에서 사도들과 연관했던 마지막 인물)을 만나 요한 신학, 그리스도의 정통 신학을 성실하게 배웠다. 이 땅에 남은 마지막 사도로 알려진 요한의 정통 신학을, 그의 제자 폴리갑을 통해서 원본대로 듣고 배운 것을 큰 자부심으로 삼고, 그것을 전 생애 동안 실천하기 위해 큰 힘을 기울였다.

이레나이우스가 교회에서 열정적으로 활동하고 있을 때, 소아시아 지역과 갈리아 지방 사이에는 활발한 무역이 이루어져서 기독교 정통 신앙이 소아시아를 통해 이방의 갈리아 지방까지 전파될

수 있었다. 예수가 없었던 갈리아 지방의 중요 도시 리옹에도 소아
시아에서 전해진 예수 복음이 뿌리를 내려 드디어 하나님의 교회
가 세워졌다. 리옹에 새롭게 세워진 교회 장로로 임명된 그는 스승
폴리갑을 통해 배운 정통 기독교 신학을 기초로 왕성한 전도 활동
을 전개했다. 그러던 중 자신의 고향인 소아시아에 복음의 불모지
가 있다는 소식을 듣고, 로마 주교에게 요청해 그곳 선교사로 공식
파송 받게 되었다. 그가 선교사로서 소아시아 산지에서 복음을 전
하고 있을 때, 리옹의 포티누스 주교가 박해로 순교했다. 리옹의
교회공동체는 공석으로 있던 주교 자리에 신실한 이레나이우스 선
교사를 다시 초청했다.

주후 2세기, 리옹 지역을 포함한 수많은 교회공동체는 영지주의
라 불리는 매우 악한이단 때문에 심한 몸살을 앓고 있었다. 영지주
의자들은 하나님이 창조하신 물질세계라 할지라도 하나님이 아닌
천사들에 의해 통치되기 때문에 모두 악한 것이라 주장했다. 그들
은 이러한 악한 물질세계에서 영원한 구원을 얻으려면 비밀스러운
특별한 지식인 '그노시스'를 꼭 알고 배워야 한다고 강조했다. 그리
고 구원의 절대적 매개체인 영지주의자들(프뉴마티코이)이 일반적
인 기독교인(프슈키코이)보다 중요한 위치에 있다고 선언하기에 이
르렀다.

위와 같이 그들의 신학은 예수와 사도들을 통해 내려오는 정통
기독교에 완전히 반하는 것으로, 1세기 예수님의 제자인 사도 요한
이 엄격하게 경계했던 사상이었다. 그래서 요한의 제자 폴리갑이
얼마 동안 스승의 가르침대로 반(反)영지주의 활동을 펼쳤고, 주후

2세기에 이르러는 오늘의 주인공인 폴리갑의 제자 이레나이우스 주교가 반대운동을 적극적으로 전개하게 되었다. 당시 영지주의자들은 정통 기독교와 거의 같은 용어를 사용했기 때문에 대중들에게 쉽게 접근할 수 있었다. 기독교의 용어, 아시아의 종교, 그리스 사상을 융합시킨 영지주의자들의 가르침은, 전능하신 하나님의 은혜에 의존하지 않고서도 구원을 얻을 수 있다고 믿고 싶어 하는 어리석은 사람들을 그들의 모임에 쉽게 끌어들일 수 있었다.

그러나 리옹의 주교 이레나이우스는 성경에 반하는 영지주의 사상의 핵심을 정확하게 파악하고 '이단에 대한 논박'이라는 탁월한 책을 저술한다. 이 책에서 그는 영지주의자들이 이른바 '특별한 지식(그노시스)'이라고 주장하는 것이 허구임을, 구약과 신약 성경을 인용해 설득력 있는 필체로 논박했다. 그는 하나님이 주신 인간의 육체는 절대로 악한 것이 아니며, 마지막 날에 성도의 육신이 부활해서 천국에 있는 영혼과 하나가 되므로 하나님과 영원히 살게 될 것이라고 선언했다.

특히 이레나이우스는 "인간은 자기 스스로 구원의 길을 알게 됐다고 생각하는 순간, 교만하고 거만하여질 수밖에 없다. 그리고 그 순간부터 마치 수탉처럼 거들먹거리는 태도로 처신하게 된다."라고 말하면서 영지주의자들의 태도를 강력하게 공격했다. 기독교인은 겸손히 하나님의 은혜를 받아들이고, 자신의 지성을 의지하는 잘못을 범해서는 안 된다고 가르쳤으며, 인간의 지성을 의지하는 것은 헛된 자만심을 부추길 뿐이라고 역설했다. 이러한 그의 정통 신학은 당시 사회 속에 세력화되어 있는 영지주의자들의 무모한 공격을 받을 만했다. 이레나이우스는 이단들의 무서운 공격과 횡포에도 아랑곳하지 않고 전능하신 하나님만을 바라보며, 당당하게 정통 그리스도 신학만을 온 세상에 선포하였다.

초대 교회 성도들을 괴롭혔던 영지주의자들처럼, 과거나 지금이나 예수 그리스도의 속죄 사역을 온전히 믿는 대신, 뭔가 비밀스러운 지식이나 놀라운 이적 같은 것을 경험해야 구원을 얻을 수 있다고 생각하는 사람들이 많다. 특별히 세계적으로 정치·경제·사회가 어수선한 틈을 타서, 정통 예수 복음을 왜곡한 이단들이 사회 속에서 혹세무민하고 있다. 건전했던 한국 교회공동체들도 이단들의 잠입으로 큰 열병을 앓고 있다는 소식은 이제 매스컴의 단골메뉴가 되었다. 이럴 때일수록 오직 성경만을 통해 선포된 예수 중심의 신학이 어려운 난세를 극복할 수 있는 유일한 처방이다. 사악한 세상과 타협하거나 두려워하지 말고, 불도저처럼 우직하게 오직 예수 복음만을 외치는 21세기형 이레나이우스를 하나님은 오늘도 현상공모하고 있다.

6
오리게네스의 열정과 反세속주의 신학

주후 1세기 나사렛 예수를 통해 시작된 기독교는 상당한 기간 사회적으로 소외된 사람들이 모여서 '넓두리하는 종교'라는 별칭이 따라다녔다. 물질적으로 궁핍해서 생활이 어려운 가난한 자들과 교육혜택을 받지 못한 무식한 자들, 그리고 가정과 사회 속에서 상위 계층에게 무시당하는 여자들이 모여서 한풀이나 하는 비속한 종교라고 천시했다. 공부를 많이 해서 사회적으로 존경받는 정통 유대 지역 사람들의 세련된 유대교와는 달리 초창기 기독교는 못 배우거나 돈이 없어서 사회적으로 소외된 갈릴리 지역 사람들이 믿는 천한 종교로 보였다.

그러나 주후 3세기경에 이르러 기독교회는, 세상에서도 탁월한 인물들이 대다수 모여서 활동하는 '고급' 종교로 그 위상이 상당히 바뀌게 되었다. 이러한 놀라운 반전은 탁월한 신학자 오리게네스의 지적인 노력과 헌신이 있었기 때문이다. 당시 이방인과 이단들마저도 탁월한 기독교학자인 오리게네스를 존경해 기독교로 개종하는 사례가 늘어났다. 그의 천재적인 머리에서 나온 탁월한 학식과 강인한 실천은 초기 기독교 신학과 교회의 발전에 큰 영향을 미쳤다.

오리게네스(Origenes)는 185년경 알렉산드리아의 부유하고 경건한 기독교 가정에서 201년 순교한 부친 레오니데스 (Leonides)의 7남매 중 장남으로 출생했다. 부친이 순교하면서 모든 가산을 국가에 몰수당해, 그의 어머니는 가냘픈 몸으로 7명의 어린 자녀를 혼자 양육해야 했다. 그때 오리게네스는 그리스 문학을 가르치고, 사본을 필사하는 일을 하면서 홀로된 어머니를 도왔다. 심한 박해가 있는 동안, 많은 학자가 알렉산드리아를 떠나자 교회에는 교리를 가르칠 교사가 턱없이 부족했고, 오리게네스는 18세의 어린 나이에 성실성이 인정되어 교회학교 교장으로 발탁된다. 그때를 기점으로 교육과 연구, 저술에 바친 그의 오랜 인생이 시작됐다.

오리게네스는 교장이 된 이후 보통 사람으로서는 생각도 할 수 없는 절대적 금욕적인 생활을 하기 시작했다. 신학을 연구하다 잠이 올 때면 일부러 침대가 아닌 차가운 맨바닥에서 잠을 청했고, 예수의 명령대로 옷 한 벌만을 평생 걸치고 살았으며, 신발도 전혀 신지 않고 맨발로 추운 겨울을 지내기도 했다. 또한, 그는 마태복음 19장 12절의 말씀대로 자신의 거룩한 삶을 방해하는 남근을 스스로 거세하기도 했다.

주후 3세기의 기이한 대학자 오리게네스는 시간이 나는 대로 날마다 7명의 비서에게 머릿속에 든 학문을 구술해 2천 권이 넘는 탁월한 저작을 세상에 남기게 되었다. 특히 〈헥사플라〉라는 작품은 본문 비평의 효시라고 할 만한 대작이었으며, 〈켈수스를 논박함〉이란 책은 이교도들의 공격에 대해 기독교를 옹호하는 변증서이고, 〈제1원리에 대해〉는 최초의 조직신학 책이라 할 수 있는 탁월한 작품이다. 오리게네스는 이 책에서 하나님, 그리스도, 성령, 창조, 영혼, 자유의지, 구원, 성경 등 기독교 신앙 전반에 걸친 주제들을 자세히 논리적으로 서술했다.

　한편, 오리게네스는 성경을 풍유적으로 해석해 어떤 본문이든 문자적인 의미, 영혼의 덕을 세우는 도덕적 의미, 그리고 기독교 신앙에 중요한 숨은 의미를 담고 있는 풍유적(또는 영적) 의미를 지닌다고 강론, 중세기 풍유적 성경해석에 큰 영향을 미쳤다. 그러나 말년에 그리스 철학을 받아들이면서 정통 기독교 신앙과는 다른 악한 물질세계론, 영혼선재론, 육체적 부활부인, 성부 하나님 물질세계 창조 불가론, 성자 예수의 십자가 상 신성, 미 손상론 등을 주장해 정통 교회로부터 이단이라는 말을 듣기도 했다.

　그럼에도, 주후 3세기 역동적으로 활동한 탁월한 신학자 오리게네스는 당대의 누구보다 기독교 신학의 조직적인 발전과 더불어, 예수를 모르는 세상 사람들에게 기독교회의 위상을 높이는데 지대한 공헌을 했다. 훗날 동방 교회와 서방 교회의 교부들은 오리게네스의 다양한 사상 편력과 저작들, 그리고 헌신적인 말씀 실천 때문에 세상과 교회를 향한 그의 놀라운 영향력을 실감할 수 있게 됐다. 그의 몸에 밴 검소하고 신실한 삶은 성경과 교회를 부인했던 당대의 세속적인 학자들의 마음마저 움직여서 기독교로 개종케 하는 지렛대 역할을 하기도 했다.

주후 3세기 이 땅에 역동적으로 활동한 대학자 오리게네스의 신학 사상은, 건전한 교회의 정통 신학과는 상당 부분 거리가 있는 것도 사실이다. 그러나 성경을 깊이 연구할 수 있는 자료나 도구가 거의 없던 열악한 초대 교회 당시 밤과 낮을 가리지 않고 몸과 마음을 다 바쳐 신학을 연구한 그의 열정만은 오늘날까지 누구도 과소평가할 수 없을 것이다. 두려울 정도로 철저한 오리게네스의 금욕생활은(그것이 신학적으로 문제가 있다고 할지라도) 세속주의에 물들어 참된 교회로서의 정체성을 상실한 현대 교회공동체에 강력한 경각심을 던져주고 있다. 또 물질 만능주의와 세속적인 성장 지상주의를 교회의 지상목표로 삼는 오늘날 한국 교회에 의미 있는 메시지를 제시해주고 있다. 이 시대를 사는 신학자들은 부지런한 신학연구에, 현장 목회자들은 철저한 성경 중심의 강력한 실천에 전력하라는 오리게네스의 절규를 반드시 들어야 할 것이다.

7
누더기 인생 안토니우스
(김수환 추기경과 사막의 은자 안토니우스)

오늘날 우리에게 알려진 사막의 은수자(隱修者) 안토니우스
(251-356)는 251년경 이집트 중부 헤라클레오 폴리스에 살던 부유
하고 신실한 기독교인 부모에게서 태어났다. 그의 나이 20세 되던
해에 양부모가 엄청난 재산을 유산으로 남겨두고 갑작스럽게 세상
을 떠나게 되었다. 청년 안토니우스는 유산으로 받은 막대한 재산
때문에 당시 사회에서 일약 유명인사가 되었고, 세상의 수많은 유
혹이 그를 괴롭히기 시작했다. 그러나 신실한 부모 밑에서 20년 동
안 신앙으로 철저하게 훈련받은 안토니우스는 그에게 남겨진 유산
을 세상의 방법으로 허랑방탕하게 사용할 수 없었다. 날마다 배운
대로 오직 기도와 말씀에 따라 악한 사단의 유혹과 공격을 물리쳤
다.

그러던 어느 날 안토니우스는 마태복음 19장 16-30절에 기록된 부자 청년에 대한 설교를 듣고, 지금까지 한 번도 느껴보지 못했던 성령의 뜨거운 감동을 받았다. 안토니우스는 그 설교자의 목소리를 하나님의 음성으로 믿고 자신에게 남겨진 유산을 남김없이 팔아 가난한 이웃들에게 모두 나눠준 다음, 외롭고 힘든 은수자의 길을 걸었다. 그는 스스로 세상에서 제일 가난한 자가 되어 하루 한 끼만 먹었고, 배가 고플 때는 맹물을 잔뜩 마셨으며, 맨땅이나 빈 동굴 무덤에서 거지처럼 웅크리고 잠을 청했다.

주후 312년 콘스탄티누스 로마 황제가 회심하면서, 그동안 박해로 힘들고 어려웠던 기독교 공동체의 상황은 급변했다. 기독교인들은 이제 더 이상 박해 받는 소수 무리가 아니었다. 기독교는 로마 황제의 절대적인 후원을 입고 사회적으로 위상이 매우 높아진 공식적인 국가 종교가 되었다. 수많은 사람이 갑자기 교회로 밀려들어 오기 시작했고, 그 속에는 로마 황제가 믿는 국가 종교 공동체의 일원이 되어서 높은 직위를 얻으려는 가짜 성도들도 섞여 있었다. 세속적인 목적을 이루기 위해 몰려든 가짜 성도들 때문에 당시 교회공동체는 갈등과 분쟁과 분노가 끊이지 않았다. 의식 있고 신실한 진짜 기독교인들은 어지러운 교회공동체를 떠나 산속에 은둔하면서 순수한 신앙을 지키려고 노력했다.

이때 신실한 성도 안토니우스도 사람들 간에 분쟁이 있는 교회를 떠나 차가운 동굴 무덤 속에 홀로 거처하면서, 예수의 참된 제자가 되고자 피나는 노력을 다했다. 그는 타락한 교회로부터 멀어지기 위해 사람들의 출입이 거의 없는 황폐한 성에서 20여 년 동

안 외롭게 살기도 했다. 시간이 얼마 지나자 그의 은수자 생활이
세상에 알려졌고, 평소에 그를 존경하던 많은 사람이 그곳까지 찾
아와 성 너머로 음식을 넣어주기도 했다. 안토니우스가 홀로 거처
하던 무너진 성 옆에 임시초막을 짓고 거처하는 열혈 성도들도 있
었다. 황폐한 성 옆에는 누더기 옷을 걸치고 안토니우스처럼 은수
자가 되고자 수많은 성도가 각지에서 모여들었다. 그는 그곳에서
스스로 모여든 제자들에게 금식과 기도와 자선에 관해 가르쳤다.
이러한 모임이 초기 수도원의 효시가 되었다.

　사막의 은수자 안토니우스는 수도원을 이 땅에 설립할 계획이
전혀 없었다. 단지 세상적으로 타락한 교회가 싫었고, 자신의 영성
을 깨끗하게 유지하기 위해 금욕 생활과 더불어 경건한 삶을 산속
에서 구가했을 뿐이다. 그런데 그의 동역자요 친구인 파코미우스가
안토니우스의 깨끗한 신앙정신을 기초로 공식적인 수도원 공동체
를 세우게 되었다. 향기나는 꽃에 아름다운 나비들과 벌들이 수없
이 모여드는 것처럼, 아름다운 은수자 안토니우스가 있는 곳에, 신
실한 성도들이 벌떼처럼 모여들어 새로운 초기 수도원 공동체를
공식적으로 이루었다.

　얼마 전 천주교의 큰 별 김수환 추기경이 노환으로 세상을 떠났
다. 종교를 초월해 정치·경제·사회 및 문화계 인사들이 대거 모여
서 김수환 추기경에 대한 존경과 사랑과 죽음에 대한 아쉬움을 눈
물로 전했다. 사회 속에서 무시당하던 연약한 이웃을 위해 몸과 마
음을 다 바친 그의 탁월한 희생정신이, 범민족적인 조문행렬과 함
께 온 국민을 눈물바다로 만들었다. 2천 년 전 나사렛 예수가 가르

친 복음 정신에 따라 어려운 이웃을 위해 자신의 몸과 마음과 물질과 지식을 바칠 때, 사람들로부터 깊은 존경과 사랑을 받을 수 있다는 것을 다시 한 번 보여주었다.

자신의 유산 모두를 하나님 말씀대로 팔아 어려운 이웃을 돕고, 자신은 누더기 은수자가 된 안토니우스의 귀한 신앙이, 오늘날 한국 교회와 성도들에게 긴급하게 요청되고 있다. 하나님 주신 달란트를 연약한 이웃을 위해 전적으로 사용한 '21세기형 안토니우스 기독 공동체'를 우리는 만나고 싶다. 나와 우리만을 위해 이기적으로 사는 복부 비만형 한국 교회 앞에, 3세기의 위대한 은수자 안토니우스가 해어진 누더기를 몸에 걸치고 나타나 심오한 메시지를 전하고 있다.

8
황제에게 맞선 암브로시우스
(4세기에도 있었던 사회법 vs 교회법 논쟁)

밀라노 감독 암브로시우스(334?~397)는 갈리아(현 프랑스) 수도였던 아우구스타 트레베로룸(트리어)에서 갈리아 총독 아우렐리우스의 둘째아들로 태어났다. 그는 부유한 가정환경 덕분에 로마로 유학해 희랍어와 법률학을 정통으로 공부했으며, 당시 대도시인 시르미움에서 변호사로 활동하다가 주후 365년경에 밀라노 지역을 다스리는 집정관이 되었다. 이후 북부 이탈리아의 리구리엔과 애밀리앤 주지사가 돼 근무하던 374년 밀라노 주교 반(反) 니케아파 감독 아우센티우스가 갑작스럽게 죽었다. 밀라노교회 공동체에 속한 성도들이 한자리에 모여 새로운 감독 후임자를 결정하다 의견이 서로 일치하지 못해서 심각한 폭력사태로 이어지고 말았다.

사회의 공공질서를 어지럽히는 폭력 군중을 설득하기 위해 암브로시우스는 긴급하게 연설을 하게 되었다. 그의 연설을 열심히 듣던 군중 속에 한 아이가 갑자기 "암브로시우스 총독을 밀라노 교회 감독으로 보내자!"라고 소리쳤다. 교회당 안에 모여 후임자 문제로 서로 싸우고 있었던 군중은 만장일치로 어린 소년의 말에 동의했다. 그러나 아직 자신의 영적 직분 수행을 주저하던 암브로시우스는 황제의 허락 없이 임직할 수 없다고 말했으며, 이에 밀라노 교회 감독으로서 임직은 연기되었다. 얼마 시간이 지나자 황제 발렌티아누스 1세가 법에 따라 암브로시우스의 감독직을 승인했고, 374년 말 35세의 젊은 나이에 밀라노 감독으로 안수를 받았다.

암브로시우스의 감독 재직 중 가장 큰 이슈는 악한 이단으로 알려진 아리우스파의 척결이었다. 아리우스파 신학은 이집트 알렉산드리아 출신 성직자, 아리우스가 주장한 이론으로 '성자 예수는 창조된 피조물이며, 성부 하나님에게 종속된 존재'라고 말해 반(反)삼위일체 사상을 신학의 핵심으로 하고 있었다. 그들의 주장은 아리우스주의라는 초기 기독교 분파로 발전됐고, 정통 교회에서는 제1차 니케아 공의회(325년)에서 그들을 이단으로 단죄하였으며, 니케아신경에 '성자는 참 하나님에게서 나신 참 하나님으로서, 창조되지 않고 나시어 성부와 일체이시며'라는 신앙고백을 넣는 근거가 됐다. 이후 아리우스주의는 북방 게르만족의 민족 신앙이 되었으며, 오늘날 여호와의 증인과 비슷한 성격이다.

밀라노 교회 암브로시우스 감독과 아리우스파의 실질적 일전은, 발렌티누스 2세가 12세의 나이로 서방지역 황제가 되면서, 아리우스주의자들의 후견인으로 있었던 그의 어머니 유스티나가 385년과

386년 두 차례에 걸쳐 황족들의 부활절 예배를 위한 처소로, 포르티아나 예배당을 양도하도록 강요하면서 발생했다. 암브로시우스는 이단들의 예배에 의해 교회당이 오염되고, 자신이 거처하는 밀라노에 이단 아리우스주의자들의 세력이 증가하는 것을 막기 위해 예배 처소 사용을 허락하지 않았다. 그러자 황제가 보낸 무장 군인들이 암브로시우스가 사역하는 밀라노 교회당을 공격하기 위해 겹겹이 에워쌌다.

출전한 유스티나는 암브로시우스 주교에게 교회당을 즉시 양도하고 나오면 목숨을 살려 주겠다고 위협을 했지만, 그는 교회당 안에서 미동도 하지 않고 버티고 있었다. 암브로시우스는 아리우스주의를 강하게 반대하고 니케아 종교회의의 정통 교리를 굳게 신봉한 신실한 성도였다. 당시 수많은 사람은 교회당에 모여 있는 정통 신자들이 황제가 보낸 군대에 의해 모두 학살당할 것으로 예상했다. 교회당에 모인 성도들은 시편을 높이 찬양하며, 굳센 신앙으로서 황제의 군대에 맨몸으로 맞서고 있었다. 이런 대립적 상황에서 리더로서 목숨을 걸고 활동한 인물이 바로 암브로시우스 주교였다.

나중에 암브로시우스는 당시로써 가장 강력한 정치적 황제로 알려진 테오도시우스와도 맞서서 당당하게 싸웠다. 390년경 테오도시우스 황제는 데살로니가에서 일어난 교회 속의 소요를 진압하면서, 무죄한 주민을 대학살 하는 지나친 불법행위를 자행했다. 악독한 불법을 저지른 황제에게 누구도 대항하지 못하고 망연자실, 보고 있을 수밖에 없었다. 그러나 암브로시우스 주교는 황제의 행위가 매우 악한 범죄행위라고 만방에 알리면서 테오도시우스 황제가 교회 앞에 나와서 속죄할 때까지 황제직에서 파면한다고 선포하게 되었다. 암브로시우스는 황제의 참회가 있지 않으면, 황제의 미사 참석을 금지할 것이며 출교까지 결정하겠다고 강경하게 통보했다.

암브로시우스 감독의 준엄한 공개 심판은 당시 권력자였던 황제를 궁지에 몰아넣었으며, 황제는 드디어 황복을 벗고 교회 성도들 앞에서 공개적으로 참회해야만 했다. 세상의 권력이 하나님의 법 앞에 무릎을 꿇는 순간이었다. 제국에 대한 충성은 그리스도인의 의무라고 여겼지만, 국가의 간섭으로부터 교회의 독립성을 유지하고자 암브로시우스는 온 힘을 다했다. 그는 '황제도 그리스도인으로서 교회 안에 있는 것이지 교회 위에 있는 것이 아니다. 교회 안에서는 감독들이 황제 위에서 판단하는 것이지 황제가 감독들 위에서 판단하는 것이 아니다.'라고 강조하면서 하나님의 교회는 사회법보다 교회법을 우선 적용해야 한다고 선포하였다.

21세기를 맞이한 한국 개혁주의 정통교회는, 사회와 교회의 독버섯으로 등장한 이단들의 문제로 어려움을 겪고 있다. 이단들은 자신들이 멋대로 만든 거짓교리를 무차별적으로 전파하며 순진한 사람들을 현혹하고 있다. 주후 4세기경 건전한 사회와 교회를 오염시켰던 이단을 척결하기 위해 생명을 걸었던 암브로시우스 감독 같은 신실한 지도자를 한국 교회는 지금 찾고 있다.

또 요즈음 한국 교회는 교회법과 사회법 적용에 대한 우선순위 문제를 놓고 교파별로 오랫동안 난상토론을 하고 있다. 주후 4세기경 암브로시우스 감독이 주장했던 것처럼 교회는 사회법이 아닌 교회법에 따라 우선으로 정당하게 운영돼야 한다. 하나님이 세우신 교회공동체가 교회법을 버리고 사회법 노예가 될 때 교회가 교회되기를 스스로 포기하는 행동이 된다. 주후 4세기경 암브로시우스 감독이 '교회 속에서는 사회법보다 교회법의 우선'을 주장했던 것처럼 오늘날에도 그 원리는 변함없이 지속하여야 한다.

9
파렴치범 어거스틴의 회심
(어거스틴의 회심과 한국 교회)

아우렐리우스 아우구스티누스(Aurelius Augustinus, A.D.354-430, 영어식으로 어거스틴(Augustine))는 주후 354년 북아프리카의 조그마한 촌락 타가스테에서 독실한 기독교 신자였던 모친 모니카와 이교도이자 로마의 하급 관리였던 아버지 파트리키우스 사이에서 출생했다.

아들이 다른 아이들보다 매우 총명한 머리를 가지고 있다는 사실을 알게 된 모니카와 파트리키우스는 아우구스티누스로 하여금 최상의 교육을 받게 했다. 부모 덕분에 아우구스티누스는 17세가 되던 해 어린 나이에 카르타고로 유학을 떠나 수사학을 전문적으로 공부했으며, 거기서 키케로와 같은 라틴어 학자와 만나 큰 영향을 받았다. 하나님이 주신 현명한 머리로 학문하던 중 진리를 얻는 것이야말로 인생의 최고 목적이라는 사실을 확신하게 된 그는 어머니가 전해준 기독교를 과감히 버렸다. 기독교는 학문적으로 깊이가 없고 무식한 사람들이 한군데 모여 시끄럽게 지껄이는 수준 낮은 사변에 불과하다고 생각했기 때문이다. 어머니가 전해준 기독교를 팽개쳐버리고 타락한 그는 십 대의 어린 소년임에도 카르타고의 흑인 노예를 첩으로 취해 아들을 낳기도 했다.

회심 후 아우구스티누스는 카르타고에서의 삶에 대해 일생을 두고 부끄럽고 혐오스럽게 여겼다. 그는 자신의 고백록에서 '카르타고에 들어서자 불결한 정욕의 가마솥이 내 주위에서 부글부글 끓어대고 있었다.'라고 술회했다. 당대의 지식인답지 않게 병적인 성욕에 불타서, 심각한 타락의 길을 걷게 된 이후에도 그는 마음의 평안을 찾지 못했다. 불안에 휩싸인 아우구스티누스는 마음의 평안을 얻기 위해 세상은 빛과 어둠, 육체와 영이 싸우는 전쟁터라고 가르친 마니교를 기웃거리기도 했다. 마니교의 가르침에도 영적인 불만족에 시달리던 청년 아우구스티누스는 카르타고에서 로마로, 로마에서 밀라노로 돌아다니며 그동안 자신이 배운 수사학을 많은 사람에게 미친 듯이 가르쳤다. 그러던 중 밀라노에서 탁월한 암브로시우스 주교를 만나 지적으로 깊이 교제하고, 유능한 교회의 주교로 말미암아 세상의 모든 기독교인이 다 무식쟁이는 아니라는 사실을 깨닫게 되었다. 그의 눈에 비친 암브로시우스는 기독교인이면서도 매우 지적이고 탁월한 사람이었다.

주후 387년 어느 날 아우구스티누스가 밀라노의 어떤 정원에 앉아서 묵상하고 있을 때, 그의 귀에 '취하여 읽으라, 취하여 읽으라.'

라는 어린아이들의 노랫소리가 들렸다. 그는 자신도 모르게 옆에
놓여 있는 책을 취해 읽었다. 바울이 쓴 로마서였다. 그는 로마서
13:13-14절의 '육신의 정욕을 만족하게 하려 하지 말고 주 예수로
옷 입어라.'라는 바울 사도의 말을 읽는 중, 갑자기 마음이 뜨거워
지고 과거에 있었던 부끄러운 삶이 기억나 눈물로 회개했다. 아우
구스티누스는 이때부터 예수 그리스도에 대한 신실한 믿음을 갖게
되었다. 하나님은 어린아이들의 찬양을 통해 위대한 신학자 아우구
스티누스를 전격적으로 회심시키셨다.

이후 참 기독교인이 된 아우구스티누스는 과거를 회개하며 조용
한 곳에서 수도자의 삶을 살기 원했다. 그러나 아우구스티누스가
지적으로 매우 탁월한 학자라는 소문이 교회에 널리 퍼지자 수많
은 사람이 몰려와 교회의 주교가 될 것을 종용했다. 그는 극성스런
사람들의 요구에 못 이겨 주후 391년에 정식 성직자로 서품을 받
고, 395년에는 '히포'라 불리는 북아프리카 도시의 주교가 되었다.

'히포'의 주교가 된 이후 아우구스티누스는 하나님이 주신 탁월
한 지력으로 당시 잘못된 이단들과의 신학적 논쟁에 관계했다. 특
히 브리튼 출신의 설교자였던 펠라기우스는 당시 하나님을 믿는
신앙을 선택하는데 인간의 역할이 필수적이라는 이단설을 퍼뜨렸
다. 하나님의 은총이 역할을 하는 것은 사실이지만, 그것이 전부가
아니라는 것이 펠라기우스의 신학적 지론이었다. 펠라기우스는 인
간이 자신을 구원할 수 있다고 가르치지는 않았지만, 죄가 아담으
로부터 유전된다는 사실은 정면으로 부인했다. 아우구스티누스는
펠라기우스에 대항해서 하나님이 선을 선택하도록 인도하시지 않

으면 누구도 그렇게 할 수 없다고 논박했다. 하나님은 택한 자를 미리 예정하시고, 그들을 구원하시며, 인간이 행하는 그 어떤 행동도 영원한 하나님의 작정을 바꾸지는 못한다고 주장했다.

그의 위와 같은 가르침은 기독교의 근본 진리로 지금까지 교회 속에 뿌리를 내리고 있다. 그의 신학사상은 가톨릭 신학자와 개신교 신학자들의 사상 속에 깊이 스며들었으며, 종교개혁자 루터와 칼빈의 경우 설교하고 책을 쓸 때마다 그의 사상을 번번이 인용했다. 구원 문제에서 인간의 무능함과 하나님의 은총을 강조한 아우구스티누스의 사상을 그대로 수용했다.

그의 가장 중요한 저작은 하나님의 도성(City of God)이다. 이 저작은 로마가 서고트족에게 함락된 사건을 계기로 쓰이게 된 기념비적인 작품이다. 당시 사람들은 로마가 함락된 이유가 로마의 토착 신을 무시했기 때문이라고 주장하며 기독교인들을 비난했다. 아우구스티누스는 역사 속에 나타난 하나님의 계획과 사역을 옹호하고 설명함으로써 그러한 비난에 맞섰다. 그는 가인과 아벨 이후부터 세상에는 두 도시, 곧 하나님의 도성(신자들)과 인간의 도시(이교도 사회)가 존재해 왔으며, 비록 세상에서는 그 두 도시가 서로 얽혀 있지만, 하나님은 그분의 도성인 교회를 영원히 세운다고 말했다.

참된 복음을 아무리 외쳐도, 강퍅한 세상이 그것을 전혀 수용하지 않는다고 한국 교회 성도들은 자주 넋두리한다. 지난 세기 동안 맛보았던 한국 교회의 기적적인 성장이 이제 멈춘 것은 아닌가 하는 절망감마저 교회공동체 속에 공유되는 듯하다. 그러나 이럴 때일수록 세상적으로 타락한 어거스틴을 회심시킨 무명의 어린아이들처럼, 순수하게 희망을 품고 인내로 복음을 전하다 보면 교회사를 다시 쓸 수 있는 21세기형 어거스틴을 우리가 만날지도 모른다. 또한, 하나님의 말씀을 몰라서 전적으로 타락한 세상의 사람들이라고 할지라도 꾸준히 기도하면서 하나님의 복음을 전하다 보면, 아름다운 세상을 만들 새로운 지도자를 만날 수 있을지 누가 알겠는가? 살인이나 강간에 인생을 바친 파렴치범이라고 할지라도 우리가 포기하지 않고 끝까지 복음을 전해야 할 것은, 그들 중에 어거스틴 같은 인물이 나올 수 있기 때문이다.

10

탁월한 설교가 요하네스 크리소스토무스
(감성적 · 인간적 설교의 함정)

초기 교회의 탁월한 교부요, 성경 해석가이며, 콘스탄티노플의 대주교를 지낸 요하네스 크리소스토무스(347-407)는 시리아 안티오크에서 유복한 가정의 고급장교 아들로 태어났다. 그가 태어나자마자 아버지가 돌아가셨고, 20세밖에 안 된 젊고 아름다운 미망인 어머니 밑에서 기독교식으로 양육을 받으며 자랐다. 모친 안투사는 당시 스무 살밖에 안 되었고 여전히 아름다웠지만, 아들 요하네스를 제대로 교육하기 위해 사회적으로 유력한 구애자들의 청혼도 거절했다. 홀로 된 안투사는 경제적인 어려움이 있었지만, 매우 저명한 이교 수사학자였던 리바니우스로부터 아들이 최고급 수사학을 배울 수 있도록 적극적으로 배려했다. 크리소스토무스는 어머니 뜻에 따라 법학과 신학을 함께 공부해서 한때는 법률 분야의 직업을 가졌으나, 삶에서 큰 보람을 느끼지 못했다.

결국, 오래지 않아 처음으로 얻은 직업을 버리고 은둔 수사가 됐으며, 건강이 매우 나빠지자 381년 자기 고향인 안디옥에 돌아와 집사로서 서품을 받았다. 안디옥 교회 주교는 요하네스가 화술이 뛰어나다는 사실을 알고 그를 성직자로 임명해 안디옥에 있는 교회 중 한 곳을 맡겼다. 그는 선천적으로 뛰어난 설교적 재능으로 말미암아 성도들의 삶에 큰 영향을 끼쳤으며, 급기야 성도들로부터 크리소스토무스(그리스어로 '황금의 입'이란 의미)라는 별명을 얻게 되었다. 386년부터 12년 동안 교회에서 목회자로 일하면서 제14복음서 및 바울 서신 8개에 대한 탁월한 설교문을 세상에 남겼다.

그가 안디옥(Antioch)교회의 성직자로 있을 당시였던 주후 387년, 국가가 강제로 매긴 세금 때문에 군중이 반(反) 황실 폭동을 일으켰다. 테오도시우스 황제가 과중한 세금을 백성에게 부과하자 안디옥 사람들이 크게 분노해 로마 관리들을 공격하고, 황제의 동상을 파괴했다. 폭동을 일으킨 수많은 사람이 긴급 체포돼 참형을 기다리게 되었고, 안디옥 교회 주교였던 플라비아누스는 제국의 수도였던 콘스탄티노플로 급히 달려가 황제에게 자비로운 사면을 요청했다. 이때 요하네스 크리소스토무스는 반국가적인 사상을 지닌 성도들을 교회로 모이게 해서 '조상(彫像)에 관하여'라는 20편의 연속 본문설교를 했다. 요하네스는 교회당에 모인 성난 군중을 위로하는 한편, 그들의 잘못을 사랑하는 마음으로 꾸짖어 회개의 기회를 제공했다. 명쾌한 성경 해석과 더불어 도덕적인 그의 가르침은 성난 군중의 마음을 순수하게 바꾸는 데 큰 영향을 끼쳤다.

위와 같은 공로 때문에 요하네스는 398년 콘스탄티노플 대주교로 초빙됐고, 수많은 성도에게 많은 지지를 얻었다. 그러나 사회 고위층의 권력 남용에 대해 성경을 기초로 심하게 비판함으로써, 부자들과 권력자들의 분노를 사기도 했다. 특히 동로마 제국 황제 아르카디우스의 아내 에우독시아와 경쟁 교구인 알렉산드리아의 대주교 테오필루스를 중심으로, 크리소스토무스에 반대하는 공식 동맹이 결성되기도 했다. 403년 테오필루스는 보스포루스강 건너편 오크 궁에서 시리아와 이집트 주교들을 다수 포섭해 교회 회의를 소집했고, 수많은 죄목을 씌워 크리소스토무스를 고소했다. 무고한 크리소스토무스가 회의 출두를 거절하자 일방적으로 대주교직에서 그를 폐위했고, 아르카디우스 황제는 그를 콘스탄티노플에서 즉시 추방했다. 크리소스토무스는 안디옥에서 멀리 떨어진 흑해 동편 끝으로 이송되면서 60세의 나이에 죽음을 맞았다.

크리소스토무스는 세상이 알아주는 뛰어난 신학자거나, 내용이 풍부한 신학 책을 쓴 저술가는 아니다. 기독교회의 역사에 큰 발자취를 남긴 영향력 있는 지도자로 언급되지도 않는다. 하지만, 어떤 정치적인 압력과 압제 속에서도 성경 본문만을 문자대로 강해하며, 현실적이고 올바른 삶의 이정표를 교회에 제시한 살아 있는 목회자였다. 신학적으로 그의 성경 해석방법에 문제가 전혀 없었던 것은 아니지만, 하나님 주신 성경을 거의 문자대로 해석함과 동시에 당시 사회적 상황에 건설적으로 적용해서, 돌처럼 굳은 성도들의 마음을 역동적으로 움직인 것은 목회자로서 탁월한 공로다. 텍스트(text)와 콘텍스트(context)를 적절하고 조화롭게 연결하고 이해해서, 청중들에게 설득력 있는 설교를 구사해서 반사회적, 반교회적인 성도들을 제자리로 돌아오도록 인도했다.

오늘날 한국 교회는 성경 본문을 중시하는 설교보다는, 사람 중심의 과학적, 인간적 설교에 큰 비중을 두고 있는 듯하다. 주어진 성경을 기록된 당시로 돌아가서 엄격하게 해석하고, 오늘을 사는 성도들에게 역동적으로 적용해서 살아 있는 메시지를 선포하기보다는, 자리에 앉아 있는 성도들의 감성만을 터치하는 데 큰 비중을 두고 있다. 청중들에게 큰 관심을 두는 것이 설교자로서 잘못된 것은 아니다. 그러나 14-15세기 활동했던 신실한 종교개혁자들이 그랬고, 4세기의 요하네스 크리소스토무스가 교회 앞에서 열정적으로 시도한 것처럼, 성경에 대한 올바른 해설과 더불어 오늘날 21세기에 걸맞은 삶의 이정표를 교회 앞에 제시할 수 있는 설교를 성도들은 듣고 싶어 한다.

정치적이고 인간적인 세상의 강한 압력에도 굴하지 않고, 오직 하나님의 말씀만을 원본대로 강해하고 선포해서, 오늘을 사는 성도들에게 성경에서 말하는 진리를 깨닫도록 시도하는 참된 설교자를 한국 교회는 찾고 있다. 성도들 삶의 변화는 목회자의 탁월한 화술로 바뀌는 것이 아니고, 오직 말씀을 그대로 해석하고 역동적으로 적용할 때 일어나는 보편적인 현상이다.

11
기본에 충실했던 아일랜드 선교사 파트리키우스
(야구도, 정치도, 교회도… 기본이 중요해)

주후 5세기경 복음의 불모지 아일랜드에서 유명한 선교사로 활약했던 파트리키우스(주후 390-460)는 390년 로마 제국의 영지 브리튼에서, 신실한 로마 가톨릭 교회 신자였던 부모 밑에서 태어났다. 그의 아버지는 당시 로마제국의 브리튼 식민지 관리인 칼푸르니우스(Calpurnius)로 알려졌다.

파트리키우스는 어렸을 때 기독교 신앙을 진지하게 마음으로 받아들이지 못했다. 그러나 나이 16세가 되던 해 아일랜드 약탈자들에게 붙잡혀 노예로 끌려간 뒤, 6년간 가축을 치며 암울한 생활을 하는 동안 비로소 열정적인 기독교 신앙을 가지게 되었다. 노예로 어렵게 생활하던 어느 날, 꿈속에서 도망칠 배가 준비됐다는 하나님의 음성을 듣고 즉시 주인에게서 도망쳐 나와 배를 타고 약

320km를 여행해 고향인 브리튼으로 돌아왔다.

그는 귀향길 선상에서 '오셔서 다시 한 번 저희와 함께 지내 주세요.'라고 아일랜드 어린이들이 애원하는 꿈을 꾸었다. 그러나 그때 자신은 아직 기독교 교리를 아이들에게 가르칠 만큼 기본이 되지 못했다고 판단하고, 프랑스로 즉시 되돌아가 레린스 수도원에서 기초부터 신학을 연구했다. 그 후 15년 동안 오세르(Auxerre)에서 사역하다 417년 사제로 정식 서품되고, 432년에는 게르마누스(Germanus)의 추천으로 아일랜드의 주교가 되었다.

그곳에는 기독교에 대해 맹목적으로 적개심을 품은 원주민과 추장들이 많았다. 파트리키우스는 수도원에서 배운 기본적인 순수 신학을 그들에게 열정적으로 가르쳐 아일랜드 섬 전체를 기독교로 복음화하는 데 성공했다. 442년과 444년에는 로마(Rome)를 방문, 아르마(Armagh) 대성당을 세워 아일랜드 지역 복음화를 위한 전초기지로 삼았다. 그가 아일랜드에서 30년 동안 선교사역을 감당하면서 오직 순수한 기본 신학을 선포했기에 그곳을 중요한 기독교 성지로 만들 수 있었다.

파트리키우스는 아일랜드인 및 픽트족과 앵글로 색슨족을 만나 오직 성경대로 기본적인 예수의 복음만을 전해 그들을 기독교로 개종시켰고, 약 300개의 교회를 설립했으며, 12만여 명에게 물세례를 베풀었다. 파트리키우스는 예수를 전파하던 중 기독교에 적대적인 촌장들과 옛 이교의 수호자인 드루이드교 사제들의 저항에 가끔 부딪히기도 했지만, 대부분의 일반 백성은 기본에 충실한 그의 가르침을 흔쾌히 받아들였다. 늘 다투기 좋아하는 아일랜드인을 개종시키는 과정에서, 한 사람의 순교자도 발생하지 않은 것은 특별한 하나님의 은혜와 더불어, 순수한 신학의 기본에 충실한 가르침이 아니었다면 불가능한 일이었다.

또 그가 아일랜드에서 선교사역에 성공할 수 있었던 것은, 이미 세워진 기존 교회에 정치·경제적으로 의존하지 않았기 때문이다. 그것은 아일랜드 교회가 로마의 관료적 성직 계급제도와는 무관하게 발전할 수 있는 요인이 됐다. 당시 아일랜드 수도원장들은 관료적 교회체제를 구축하려는 욕망이 전혀 없었고, 오직 교회가 반드시 수행해야 할 기본인 복음적 설교, 성경연구, 가난한 이들을 위한 봉사 등에만 관심 있었다.

파트리키우스는 30년간 욕심 없이 아일랜드에서 선교 사역을 감당하다가 460년 70세의 나이로 하나님의 부르심을 받았다. 그런데 주후 7세기가 끝나기도 전에 그는 세상 속에서 매우 유명한 전설적 인물이 됐으며, 전해지는 전설들은 계속 늘어갔다. 그가 아일랜드에 있는 뱀들을 바닷속으로 몰아내 없애버렸다는 전설도 그 가운데 하나이다. 가장 유명한 전설은 그가 어떤 불신자에게 한 줄기에 잎사귀가 3개 달린 토끼풀을 가지고 성삼위일체, 즉 한 하나님 안에 있는 세 위격을 설명했다는 것이다. 요즘도 아일랜드 사람들은 파트리키우스의 날인 3월 17일이 되면 국화(國花)인 토끼풀을 옷깃에 달고 다닐 정도다.

기독교에 대해서 매우 부정적이었고, 심지어 교회에 대항해 난폭

하기까지 했던 아일랜드 섬 사람들에게 복음을 전해 승리할 수 있었던 것은, 파트리키우스가 단지 교회로서, 목회자로서 갖춰야 할 기본에 매우 충실했기 때문이다. 수많은 사람이 그에게 성경을 가르쳐 달라고 요청해도, 그는 자신이 먼저 기초를 공부한 다음에야 사역에 임하는 자세를 끝까지 견지했다. 또 신학을 공부한 이후 아일랜드 지역에 교회를 개척할 때도 기존 교회에 의지해 사람중심으로 사역한 것이 아니고, 기본적인 신학에 따라 기도하면서 일을 했다. 오직 기본에 충실한 그의 순수한 방법 때문에 관료적 교회에서 벗어나 신실한 교회구조를 이 땅에 선보일 수 있었다.

성장을 위해 갈 길이 아무리 바빠도 한국 교회는 수세기 전 파트리키우스가 견지한 신학과 성경의 기본으로 돌아가야 한다. 오직 기본으로 돌아가야 성경이 말하는 올바른 교회를 이 땅에 세울 수 있다. 기본에 충실한 교회를 만들어야 사회적·교회적으로 칭찬받고 영향력 있는 공동체를 이룰 수 있다. 교회가 사회적으로 지탄받는 것도 교회로서 기본에서 벗어났기 때문이다. 요즘 매스컴을 떠들썩하게 만들고 있는 연예인들의 자살 사건도 따지고 보면 관련자들이 공인으로서 갖춰야 할 기본에서 벗어났기 때문이며, 정치인의 뇌물 리스트 사건도 정치인으로서 기본을 갖추지 못했기 때문에 나타난 현상이라고 말할 수 있다.

12
세속주의와 싸운 베네딕투스 수도사
(지나친 신앙적 자유는 방종으로 흐른다)

국가로부터 억압받던 교회는 주후 313년 로마 황제 콘스탄티누스에 의해 공인받게 되었다. 이때부터 교회는 참 신앙을 소유한 성도들과 세상의 출세를 위해 모여든 가짜 기독교 신자들로 양분되었다. 심한 박해에도 참 신앙을 가진 소수 사람은 세속화된 교회를 떠나 은둔생활을 시작했다. 교회를 떠난 성도들은 타락한 세상과 구별된 삶을 살기 위해 금식과 금욕을 적극적으로 실천했다. 심지어 세상과 떨어진 높은 기둥 꼭대기에 올라가 장시간 기도하기도 했다. 죄로 물든 세속적 교회와 타협을 원치 않았던 그들은 세상 사람들과 다른 기괴한 행동으로 자신들의 거룩한 마음을 하나님께 전했다. 이런 사람들이 하나둘씩 산속으로 모여들어 공동체가 이뤄졌고, 이 땅에 수도원 제도가 창립됐다. 체계적이고 공식적인 수도원 제도는 주후 6세기경 활동했던 베네딕투스 수도사에 의해서 이루어졌다.

베네딕투스 수도사의 생애에 관해 권위를 인정받고 있는 문헌은, 교황 그레고리우스 1세가 저술한 대화 〈Dialogues〉 제2권이다. 그레고리우스는 베네딕투스 수도사의 수많은 제자 중 대표적인 4명에게 그에 관한 증빙자료를 얻었다고 전한다. 그레고리우스가 말한 바로는 베네딕투스 수도사는 이탈리아의 상류 고위층 가정에서 태어났다. 그는 매우 현명하고, 영적으로 성숙하며, 위엄이 있으면서도 아버지처럼 자애롭고, 엄하면서도 사랑이 있는 사람이었다. 그는 다른 사람들을 다스리고 인도하는 지도력이 몸에 배어 있었고, 자신을 예수 그리스도에게 바침으로써 마음의 평정을 누리는 영적인 대가의 면모를 지니고 있었다.

젊었을 때에는 선진도시인 로마로 유학해서 새로운 세계의 학문을 공부하기도 했다. 당시 로마는 대표적인 기독교 도시로 유명세를 타고 있었지만, 현명한 베네딕투스의 눈에는 윤리적으로 부도덕했고, 학문적 경향도 매우 시시해 보였다. 그는 그러한 로마의 모습에 크게 실망한 나머지 심브루이니아 구릉지대에 있는 엔피데로 도피하여 은수자가 됐다. 한때 그는 많은 수도사의 요청으로 어느 수도원의 대수도원장이 돼 세속화된 교회를 개혁하려고 심혈을 기울이기도 했다. 거룩한 그의 열정은 세속화된 교회들로부터 반발을 샀고 그를 독살하려는 시도까지 있었다. 그래서 베네딕투스는 529년 몬테카지노에 있던 이교도 신전을 부수고 세속주의에 대항하는 새로운 수도원을 개척한다.

베네딕투스 수도사가 교회사 속에서 오늘날까지 중요한 인물로 기억되고 있는 이유는, 단지 이교도 신전을 부수고 수도원 건물을 새롭게 지었기 때문만은 아니다. 가톨릭 수도원에 큰 영향력을 끼치고 있는 문서로 만들어진 '수도원 회칙'을 남겼기 때문이다. 회칙에 따르면 거룩한 수도사들은 수도원 울타리 안에서 스스로 옷을 지어 입고, 양식을 생산하며, 필요한 가구들을 만들어야 했다. 수도원 공동체 생활에 필요한 생필품을 자체적으로 제작해 소위 '영적 자립 공동체'를 영위하도록 규정했다. 거룩한 수도사들이 수도원 밖으로 나가서 세속적인 삶을 경험하지 못하도록 했다. 1년의 엄격한 예비단계를 거쳐 정식 수도사로 임명받으면 사유재산 포기, 성적 생활 엄금, 수도원 지도자들에게 절대복종 등을 선서해야 했다.

정식 수도사들은 매일 일곱 차례의 예배를 드려야 했으며, 그중에서도 새벽 2시에 드리는 새벽예배를 매우 중요하게 여기도록 지도했다. 수도사들은 그 외에도 성경 읽기, 명상 및 기도를 통해 경건 생활에 적극적으로 힘써야 했고, 세상의 삶과는 완전히 단절하도록 했다. 특히 베네딕투스 수도원 회칙은 '게으름은 영혼의 적'이라고 규정했으며, 모든 수도사가 부엌일 등 다양한 가사노동에도 적극적으로 참여해야 했다. 베네딕투스 수도원은 거칠고 불안정한 사회에서, 영적인 삶을 갈망하던 사람들에게 편안하게 쉴 수 있는 피난처를 제공했다. 당시 서유럽은 명목상으로만 기독교 사회였을 뿐, 대부분 사람은 여전히 세속적이어서 이교도들과 다를 바가 없었다. 이러한 때 베네딕투스 수도원은 사회에서는 맛볼 수 없는 고결한 영적 생활을 품위 있게 누릴 수 있도록 참된 기회와 공간을 제공했다.

6세기에 발생한 베네딕투스의 거대한 수도원 운동은 오늘날 개
신교회가 믿는 성경과는 상당한 부문에서 이해가 다르다. 오늘날
우리는 6세기 베네딕투스 수도사처럼 세상과 담을 쌓고 살 수도
없고, 특별한 이유 없이 그렇게 살아서도 안 된다. 그러나 그가 일
평생 동안 생명을 걸고 실천했던 반(反) 세속주의적 신앙과 정신은
첨단을 달리고 있는 21세기 현대교회에도 그대로 적용되어야 한다.

　오늘날 개신교회는 율법주의를 벗어난 신앙의 자유를 핵심으로
하고 있다. 성경이 말하는 신앙의 진정한 자유는 오늘날 개신교회
가 신뢰하며 따르고 있는 신학적 요소의 핵심 중 핵심이다. 신앙의
자유를 억압하는 율법주의는 진정한 하나님의 교회와는 아무런 관
계가 없다. 그런데 문제는 율법주의에서 벗어난 오늘날 하나님의
교회가 진정한 신앙의 자유를 오해하므로 방종주의와 세속주의로
급히 전환했다는 점이다. 진정한 예수 복음을 지닌 하나님의 교회
는 예수가 없는 세상 사람들의 삶과는 분명히 달라야 한다. 개신교
회가 지향하는 신앙의 자유는 난잡한 세속주의를 합리화시키는 안
전한 우산이 될 수 없다. 믿음의 선진들의 뜨거운 피를 통해 극복
한 율법주의와 세속주의를 21세기 개신교회가 그대로 모방해서는
안 된다.

13

지성과 영성으로 사역한 스코틀랜드 선교사 콜룸바
(가분수형 교회를 탈피하라)

　　스코틀랜드의 탁월한 선교사 콜룸바(521-597)는 이오나 수도원의 제9대 수도원장이요, 그의 제자였던 아담난(Adamnan)의 책 '콜룸바의 생애(Vita Columba)'를 통해 세상에 알려졌다. 아담난의 저술에 따르면 '교회의 비둘기'라는 뜻의 이름을 가진 콜룸바는 521년 아일랜드 북단 스코트족 땅인 도네갈(Donegal)에서 귀족 가문의 부유한 아들로 태어났다. 청년이 된 이후 신실한 기독교 신자인 부모의 적극적인 권유에 따라 수도원에서 운영하는 크리스천 학교에 입학했고, 열심히 공부해 우수한 성적으로 졸업했다. 적법한 절차를 거쳐 국가가 인정하는 성직자가 된 이후 여러 지역에서 설교와 교육, 그리고 수도원 개척건립 등 다양한 사역을 열정적으로 감당했다.

콜룸바는 학자로서 탁월한 지식과 더불어 성도들을 온몸으로 사랑하는 역동적인 목회자로서의 영성을 동시에 갖추고 있었다. 당시 교회공동체와 세상은 지성과 영성이라는 탁월한 양 날개를 균형 있고, 조화롭게 갖춘 콜룸바를 크게 주목했다. 그는 바쁜 일정 중에도 학문 연구에 열심을 다했다. 좋은 학자들이 저술한 여러 권의 책들을 필사해 여러 교회공동체에 적극적으로 배포했고, 자신이 직접 연구해 쓴 다양한 장르의 저작물도 여러 권 남겼다. 그는 가는 곳마다 학문 연구의 중요성을 강조함으로써 중세 암흑시대 수도사들이 지적으로 성숙하는 데 지대한 영향력을 끼쳤다.

그의 강력한 충고에 동의하는 수도사들은 신학적으로 중요한 책들을 스스로 필사해 교회와 세상에 배포하는 사역을 했다. 당시 중세사회는 문맹률이 점차로 높아졌는데, 콜룸바가 이끌던 수도원 공동체는 지적 탐구가 매우 활발해 당시로써는 매우 드물게 학문의 보고가 되었다. 지적 능력 제고를 향한 그의 선교 정책과 역동적 실천으로 말미암아 능력 있는 설교자, 선교사, 학자들이 수하에 많이 배출되었다.

또 콜룸바는 아일랜드 지역에 여러 수도원을 개척, 건립해 교회 확장과 성장에 지대한 공헌을 했다. 특히 데리(Derry)와 더로우(Durrow) 같은 지역에 교회와 수도원을 세운 일은 우리에게 잘 알려진 사실이다. 콜룸바는 563년 어느 날 그를 따르는 12명의 선교 동역자들을 데리고 아일랜드인이 애용하던 짐승 가죽을 입힌 배를 타고 선교를 위한 항해를 떠났다. 스코틀랜드 서쪽에 있는 아이오나 섬에 도착해 13개의 초라한 주거지와 나무로 만든 교회당 건물을 세웠다. 그 교회당을 선교 본부로 삼아 픽트족이라 불렸던 주변 스코틀랜드 부족을 기독교로 개종시켰으며, 스코틀랜드와 북잉글랜드 지역에 예수 복음을 전해서 그 도시 전체를 기독교화하는데 큰 성공을 거뒀다.

콜룸바는 한때 아이오나 섬에 있는 큰 수도원의 원장이 돼 교회 공동체에 영향력을 끼치기도 했다. 그런데 탁월한 학자요, 신실한 목회자로 소문난 그는, 이상하게 참지 못하고 자주 분노하는 급한 기질 때문에 자신을 곤경에 빠뜨리기도 했다. 한번은 그의 급한 기질 때문에 교회에서 성도들 간에 싸움이 일어나 3천 명이 죽는 사건이 발생하기도 했다.

콜룸바 선교사의 인격에 위와 같은 큰 장애가 있었음에도, 일생 학자로서 뿐만 아니라 종교적 실천가로 헌신한 경건의 사람이었다. 일생 말씀을 연구하고 하나님의 교회를 위해 열정적으로 봉사하는 데 몸과 마음을 다 바친, 살아 있는 학자 겸 목회자였다. 그가 갖춘 지성과 영성이라는 양 날개를 통해 스코틀랜드 지역에 기독교가 세워졌다 해도 과언이 아니다. 그래서 많은 사람은 오늘날까지 그를 '스코틀랜드의 사도'라는 별칭으로 부른다.

이러한 콜룸바는 597년 76세의 나이로 아이오나 섬의 수도원에서 '얼굴에 기쁨이 충만하여, 거룩한 천사들이 그를 맞으러 오는 것을 바라보면서' 세상을 떠났다.

신실한 하나님의 교회는 탁월한 지적 능력과 더불어 역동적인 실천력이 한 축이 되어 움직여야 성장, 발전할 수 있다. 머리는 없고 다리만 있는 교회, 또는 머리는 있는데 다리가 없는 교회는 정상적인 발전을 이룰 수 없다. 전자는 바쁘게 이리저리 움직이지만 쉽게 지칠 것이고, 후자는 머리로 세운 기획안은 탁월하지만, 성과가 전혀 없는 앉은뱅이가 될 수밖에 없다.

한국의 초창기 교회는 대체로 머리는 없고 강한 다리만 있어서 교회당을 건축하고, 봉사하는데 전력을 다했다. 그러한 교회공동체는 세월이 흐르면서 몸이 지쳐 넘어지는 현상을 나타내게 되었다. 반면 21세기 오늘날 한국 교회는 머리는 크게 발달했는데 다리가 매우 짧아져 균형 잡힌 발전을 이루지 못하고 있다. 발을 통한 실천은 없고 오직 머리로만 사역하는 가분수형 교회의 모습을 드러내고 있다. 스코틀랜드의 선교사 콜룸바가 꿈꾸며 이룬 하나님 교회의 모델인 머리와 다리의 양자가 균형을 이룬 공동체를 한국 교회가 이뤄나가야 한다.

14
복음으로 사회를 개혁한 보니파키우스
(부패한 사회 정화할 유일한 대안)

독일 색슨족을 위한 선교사, 복음으로 사회를 개혁하는데 평생을 바친 윈프리드(보니파키우스의 본명)는 원래 영국 웨식스의 귀족 가문에서 부유하게 태어났다. 귀족을 부모로 둔 덕분에 베네딕투스 수도회 소속 아데스칸카스트레(엑시터) 대수도원과 누트스켈레 대수도원에서 최고급 신학 교육을 연속으로 받았다. 이후 베네딕투스 수도회 소속 수사가 됐으며, 30세쯤 정식으로 사제 서품을 받았다. 탁월한 학문적 재능과 교회 지도자로서 강력한 지도력을 갖춘 인물이었기에 그는 고국인 영국 땅에 머물러만 있어도 힘 있는 학자요, 안정된 목회자요, 사회 개혁가의 길을 수월하게 갈 수 있었다. 그러나 마음속에 크게 자리 잡은 선교에 대한 비전이 그로 하여금 고국에만 편안하게 머물러 있지 못하도록 했다. 기독교 국가인 영국에서 받은 안위와 명예를 송두리째 버리고, 그는 어렵고 힘든 독일 선교사로서의 험난한 여정을 선택하게 되었다.

그가 활동할 당시, 주후 8세기 초에 독일 색슨족들은 잘못된 이단 신학과 더불어, 자신들이 만든 미신적인 신앙을 마음대로 섞어 혼합 교회와 혼탁한 사회를 세워가고 있었다. 그들은 우레목을 신성한 나무로 알고 절대적인 신으로 섬기며 타락한 삶을 살고 있었다. 여행 중 이것을 목격한 보니파키우스는 프리지아에 사는 색슨족들에게 두 차례나 복음을 전하려고 시도했으나, 그 지역 왕인 우상숭배자 라드보드의 방해로 번번이 실패했다. 그러던 중 자신이 섬기던 영국 수도원의 대수도원장이 죽자, 그의 뒤를 이어 보니파키우스가 대 수도원장에 전격 선출되었다. 그러나 마음속에 이미 깊숙이 박힌 타락한 나라, 독일 선교사로의 길을 가기 위해 수도원장으로서의 개인적인 높은 영예를 모두 포기했다.

보니파키우스 선교사는 다시 혈혈단신 프리지아로 돌아가서 지역의 주교 윌리브로르드를 도우며 선교활동을 시작했고, 722년 헤센으로 가서 그리스도교 사역을 강화하기 위해 베네딕투스 수도회로서는 최초의 수도원을 세우면서 선교 사역이 활기를 띠게 되었다. 교황 그레고리우스 2세는 그를 로마로 불러 선교 주교로 임명하면서, 프랑크 왕국의 재상 카를 마르텔 등 사회적으로 저명한 지도자들에게 편지를 보내, 보니파키우스가 수행하고 있는 독일 선교사역 및 사회개혁 사역을 적극적으로 돕도록 부탁했다. 영국에서 건너온 베네딕투스 수도회 수사들과 수녀들에게서도 재정 지원을 받아 그의 사역은 환상적인 꽃을 피우게 되었다. 사심을 버리고 마음을 다해 하나님 사역에 매진하자, 좋은 천사들을 만나게 된 것이다.

보니파키우스는 725년부터 735년까지 약 10년 동안 투린기아에서 활발하게 복음을 전하면서 타락한 이교도들을 기독교로 개종시켰다. 또한, 그가 선교하기 전 미리 와 있던 아일랜드 선교사들이 전도해 기독교로 개종한 초신자들에게 성경을 철저히 가르쳐 신앙생활에 활력을 불어넣었다. 아일랜드 선교사들이 자기들 마음대로 잘못된 복음을 전했기 때문에, 그들의 신학을 바르게 교정하는데 큰 어려움을 겪기도 했다. 그때부터 보니파키우스는 한심스러운 방법으로 전도하는 아일랜드 선교사들을 발견하면 즉시 로마 교황청으로 달려가 혹독한 처분을 호소했고, 그들을 통해 잘못된 복음이 세상에 전해지는 것을 온몸으로 막았다. 그는 성경에 입각한 순수한 복음만 전하기 위해 생명을 바친 것이다.

교황 그레고리우스 3세(731-741)가 바이에른에 교회를 세우라고 요청하자 순종하여 그곳에 4개의 주교구를 만들었다. 그는 바이에른을 복음화 함으로써 그 지방이 결국 카롤링거 제국에 병합되는 길을 닦았다. 주후 740년 이후 그는 바이에른에 또 하나의 주교구를 만들었고, 독일 중앙에도 3개의 주교구를 더 만들었다. 보니파키우스는 오순절 주일 아침 기독교로 개종한 사람들에게 성경을 읽어주다 앙심을 품은 프리지아 이교도들에게 안타깝게도 순교 당했다. 그의 무덤은 평소의 유언대로 풀다에 있는 바로크 장식의 석관에 안장됐다.

행정가요, 교육가요, 종교 개혁가요, 사회 혁신가였던 보니파키우스는 중세 내내 독일과 프랑스의 지성사, 정치사 및 교회사 등 다양한 방면에 깊은 영향력을 끼쳤다. 그가 세운 수도원들에서는 여러 세대에 걸쳐 수많은 주교와 교사 등 탁월한 지도자들, 사회 혁신가들을 배출함으로써 프랑크왕국 생활의 질이 크게 향상했다. 특히 그는 독일을 기독교로 복음화해 사회를 기독교식으로 개혁하는 데 크게 이바지했기 때문에 오늘날까지 '독일의 사도'라 불리고 있다. 그가 남긴 편지들과 당시 사람들의 글에 의하면 그는 목적의식이 분명하고 헌신적이었으며, 비록 고집스럽긴 하나 영향력 있는 사회 혁신가, 신앙 개혁자였던 것을 쉽게 알 수 있다.

2009년 4월 고난주간과 부활주일을 맞이한 한국 교회는 거의 일주일 동안 2천 년 전, 우리 같은 죄인들을 구원하기 위해 고난당하시고 사흘 만에 육신적으로 부활하신 예수 그리스도를 깊게 묵상했다. 성도들이 금식하고 기도하며, 특별새벽 예배에 적극적으로 참여하면서 주님 겪으신 고통의 길을 조금이나마 체험했다. 선교사 보니파키우스가 독일 땅을 오직 성경으로 복음화하기 위해 주어진 모든 특권과 특혜를 팽개쳐 버리고, 타락한 독일로 선교의 길을 선택한 것처럼, 한국 교회도 21세기가 낳은 반(反)성경적 물질만능주의와 육신적 쾌락주의에 대항해 올바른 복음을 날마다 선포하고 있다.

하나님을 제대로 아는 교회는 21세기의 타락한 사회가 안겨주는 달콤한 특혜를 세상 사람들처럼 누려서는 안 된다. 특권주의와 쾌락주의에서 적극적으로 탈피해, 예수의 고난과 부활을 깊이 묵상함으로 반성경적으로 타락한 사회를 복음으로 개혁하고, 부패의 온상인 국가 조직을 복음으로 새롭게 정비하는 기수가 되어야 한다. 청와대가 검은 거래의 온상이 더는 될 수 없도록 하나님의 교회가 살아 있는 복음을 들고 세상을 향해 적극적으로 나서야 한다. 세상의 어떤 조직도, 세상의 어떤 학자들의 논증도, 부패한 사회를 정화할 수 없다. 오직 능력 있는 복음을 소유한 하나님의 교회만이 그 일을 할 수 있는 유일한 대안이다.

15
8세기경 기독교적 관점의 저술가 비드
(세속화된 학문은 '수박 겉핥기'일 뿐)

　그가 남긴 짧은 자서전에 의하면 비드는 무명의 부모에 의해 위어머스에서 태어나자마자 베네딕투스 수도원에 바로 들어갔다. 주후 635년경 만 7세가 되자 대수도원장인 성 베네딕투스 비스콥이 위어머스(더럼의 선덜랜드 근처)에 세운 세인트피터 수도원으로 옮겨, 수도원장의 직접 보호와 지도를 받으며 영적으로 성장했다. 비드는 태생적으로 경건할 뿐 아니라 세상과 구별된 거룩한 삶을 인생의 좌우명으로 삼았기에 수도원장의 인정을 받아 19세에 부제(副祭)가 되고, 30세 때 정식 사제로 서품을 받았다. 보통 25세가 되어야 부제가 될 수 있었는데, 6년이나 빠르게 부제가 된 것은 매우 이례적인 사건이었다. 그가 당대의 누구보다도 영적, 지적으로 매우 탁월했다는 것을 말해주는 대목이다. 그는 중간에 린디스파른과 요크를 잠깐 방문한 것을 빼면 거의 위어머스에 있는 수도원을 떠나지 않고 학문연구와 기도에 집중한 것으로 보인다.

　비드는 수도원에서 갈고 닦은 탁월한 영성과 지성을 통해 성경에 대한 여러 주해서와 셀 수 없이 많은 기독교 서적 및 다양한 장르의 책들을 저술했다. 그것들의 사본이 대부분 서유럽 수도원 도서관에 보관돼 오늘날까지 우리에게 전해지고 있다. 다양하고 탁월한 저서 때문에 그는 살아 있을 때뿐만 아니라, 죽은 이후에도, 중세 내내 진정한 학자로 명성이 높았다. 시중에 있는 전기집을 보면 비드가 평생 행한 사역에 대한 목록보다 저술한 책의 목록이 더 많은 것으로 나타난다. 비드가 세상에 끼친 학문적인 지대한 영향력은 그의 제자인 에그버트 대주교가 요크에 세운 학교를 통해 영국 전역에 퍼졌고, 요크에서 공부하고 아헨의 샤를마뉴 궁정학교 교장이 된 앨퀸에 의해 유럽 대륙 전체로 확산됐다.

　그가 남긴 저서들은 문법과 과학에 관련된 저서, 성경 주해서, 역사와 전기에 관한 저서 등 세 부류로 크게 나누어진다. 703년에 쓴 첫 번째 논문 〈시대에 대하여(De temporibus)〉는 간단한 연대기가 첨부된, 기독교적 사관에 입각한 역사적 저술이다. 725년에는 상당히 긴 연대기를 삽입해 늘어난 증보판 〈시대의 계산에 대하여(De temporum ratione)〉를 동일한 방법으로 완성했다. 상기 두 권의 논문은 모두 책으로 출판됐는데, 부활절의 시기를 정하는 문제를 나름대로 깊이 있게 다루고 있다.

　그가 최초로 쓴 성경주해는 703-709년경에 완성한 것으로 보이는 〈요한의 묵시록 주해서〉다. 그는 여기서 성경 본문이 더 깊은 의미들을 상징한다고 생각해 대체로 알레고리적 방법을 사용했지만, 성경 속에 나타난 상호 모순들을 합리적으로 설명하려고 노력했다. 그의 저서 중 세인의 주목을 받은 색다른 작품은 아마도 린디스파른의 주교 성 커스버트의 생애에 대한 시 (705-716)와 산문 (721 이전)일 것이다. 이 작품들에는 상식적으로 이해할 수 없는 기적에 대한 진귀한 기록들이 가득 차 있다. 그러나 기독교적 관점을 견지한 것은 매우 탁월했다.

가장 주목받은 저서는 아마도 731-732년 완성한 〈영국인 교회사(Historia ecclesiastica gentis Anglorum)〉일 것이다. 이 작품은 5권으로 나누어지는데 율리우스 카이사르의 침략(B.C. 55-54)에서부터 성 아우구스티누스의 켄트 도착(AD 597)까지 영국에서 일어났던 방대한 사건들을 다루고 있다. 이 책은 사건들이 발생한 날짜를 상세하게 기록하는 연대기적 방법을 사용했다. 위와 같은 그의 저술 방법은 당시 역사서를 쓰고자 하는 학자들에게 방법론적으로 좋은 모델이 되었다. 수많은 사람이 연대기적인 그의 저서를 읽으며 역사서의 모델로 일반화시켰다.

영국인 교회사는 앵글로 색슨족의 그리스도교 개종사를 다룬 중요한 사료인데, 헬라적 및 실존주의적인 역사서술 방법을 버리고 오직 기독교적 입장에서 사실대로 서술하는 방법을 사용했다. 이 땅에 존재하는 모든 역사는 헬라주의자나 실존주의자들이 말하는 것처럼, 우연하게 발생해 의미 없는 결과를 만들어내는 사건의 윤회 또는 수평적인 발생이 아니고, 오직 하나님의 계획에 의해 움직이는 신적인 목적이 사건의 내용에 들어 있다고 그는 피력했다. 소위 기독교적 사관에 입각한 서술을 통해 역사에 대한 새로운 지평을 열었다고 평가된다.

우주에서 발생하는 모든 사건은 하찮아 보이는 어떠한 것도 우연한 것이 없다. 오직 전능하신 하나님의 작정에 의해 필연적으로, 즉 기독교 사관에 근거해 발생한다. 다만, 연약한 인간들이 그것의 발생 목적과 방향을 기독교적으로 잘 이해하지 못할 뿐이다. 하나님의 입장에서 보면 세상의 만물은 생존하는 동안 분명한 존재 목적과 확실한 목표가 있다.

오늘날 교회와 학교가 급속도로 세속화되어서 유일한 진리인 성경에 기초한 기독교적 방법을 토대로 학문을 연마하지 않고, 인본주의적인 방법을 사용해 학문의 본질을 왜곡시켜 버렸다. 이제 정치학, 경제학, 수학 등 모든 학문의 바탕은 오직 하나님의 말씀인 성경이 되도록 교회가 발 벗고 나서야 한다. 우주의 본질은 오직 성경을 통해 이루어졌고, 지금도 이루어지고 있기 때문에 성경이 무시되는 모든 학문은 수박의 겉만 핥고 마는 피상적인 것이 되고 만다. 21세기 교회는 오직 성경 위에서 기독교 학교와 학문센터를 세우고 올바른 신적인 학문을 회복해야 한다. 교회가 이 땅에 세워진 이상, 우리 사회가 세속적 학문 연마를 가만히 바라보고 있어서는 안 된다. 하나님의 교회가 앞장서 학문의 도장인 학교를 세우고, 진정한 신적인 학문을 정립해 나가야 한다.

16
강력한 기독교 황제 샤를마뉴 대제
(크리스천 공직자들에게)

주후 8-9세기경 카롤링거 왕조를 절정에 이르도록 탁월한 기독교 리더십을 발휘한 프랑크 왕국 2대 국왕인 샤를마뉴 대제(742년 또는 747년-814년 1월 28일)는 라틴어로 Carolus Magnus(카롤루스 대제), 프랑스어로는 Charlemagne(샤를마뉴 대제), 독일어로는 Karl der Große(카를 대제), 영어로는 Charles the Great(찰스 대제)로 각각 불린다.

카롤루스가 어렸을 때 그의 아버지 피핀은 왕족과 그의 형제들과의 집안싸움을 틈타 쿠데타를 일으키고 왕국의 절대 권력을 차지했다. 751년 피핀은 교황 자카리아의 승인을 받아 메로빙거 왕조의 마지막 군주 힐데리히 3세를 폐위하고 프랑크 회의에서 카롤링거 왕조를 시작하는 공식적인 왕으로 취임했다. 768년 부왕 피핀이 죽은 뒤 카롤루스는 동생 카를로만과 프랑크 왕국을 공동으로 통치했으나, 771년 동생이 죽고 왕국의 단일 통치자가 되었다. 이후 작센족 정복, 북이탈리아 랑고바르드 왕국 점령, 에스파냐 국경에 변경령 설치, 바이에른족 토벌 등을 통해 범 서유럽 국가로서 정치, 군사적 통일을 달성했다. 매우 용감하며, 지략이 뛰어났던 그는 8세기 말 유럽 지역에 속한 영토 대부분을 복속했다. 유능한 행정력을 바탕으로 로마제국 내 통치 구조를 새롭게 개혁했고, 정치적인 갱신을 진전시켰다.

카롤루스는 선천적으로 뛰어난 정치적 능력을 무기로 로마 교황권과 결탁, 그리스도 교회의 수호자 역할을 담당하며 서유럽 국가내 종교적 통일을 이룩했다. 800년 교황 레오 3세에 의해 황제로 전격 대관 되면서 신실한 기독교인을 국가 통치자로 임명하고, 기독교 교리를 국정의 중요 토대로 삼아 더욱 풍요롭고 진보된 기독교 제국주의 국가를 이룩했다. 카롤루스는 개인적으로 심오하고 신실한 기독교 지도자로 자처했고, 성경적 원리로 제국 국가를 통치했다. 그는 어거스틴이 저술한 〈신의 도성〉을 감명 깊게 읽고 그것을 적용해 국가 및 사회에 대한 현명한 통치철학을 세웠다. 어거스틴의 두 나라 철학을 약간 수정해 교회가 제국에 절대 예속된 소위 기독교 단일 제국국가 건설을 주창했다.

이교도들로부터 돌려받은 새로운 지역에 교회 감독을 세우고, 새로운 수도원들을 국가 주도로 여러 곳에 건립했다. 영성 있는 신실한 수도원장들을 직접 임명하고, 감독들이 모이는 대규모 대회를 정기적으로 개최하도록 법규화했다. 교회 발전을 위한 신학이나 교리를 다루는 중요한 지도자 회의에는 황제인 자신이 직접 참여해서 교회 지도자들에게 힘을 실어 주기도 했다. 당시 프랑크 제국 내 교구 대부분은 땅을 기증한 돈 많은 사람에게 지배되고 있었다. 그는 교역자를 임명하고 이를 사적으로 통치하는 잘못된 통치 구조를 개혁했다. 해당 교구 감독들이 교역자를 직접 임명, 치리하도록 조직을 개편하는 것으로 법을 바꿨다. 감독들과 교역자들의 생계를 위해 프랑크 왕국 고위 성직자 총회를 열어 십일조 제도를 공식적으로 법제화했으며, 교회당을 시대에 맞게 수리하고, 꾸미고, 건축했고, 공적 예배를 활성화하는 데도 지대한 공헌을 했다.

또 로마 방식을 따른 거룩한 예배의식을 전국 교회에 적극적으로 보급했고, 교회 내 평신도들의 도덕성을 향상하기 위해 체계적인 교육 프로그램을 수준 높게 개발했다. 교역자들에게는 사도신경, 주기도문, 십계명 등을 적극적으로 설교하도록 제시했다. 교구 소속 교역자들의 질적인 성장을 위해 참된 신학교육에도 최대의 노력을 기울였고, 각 지역 교회공동체의 질적 향상을 위해 로마 고전을 적극적으로 연구하도록 권고했다. 교회발전을 이룰 수 있는 좋은 학자가 있으면 외국에서라도 그들을 초빙해 성도들이 강연을 듣도록 조치하기도 했다. 카롤루스 황제는 성도들의 건전한 금욕생활과 더불어 건전한 기독교교육을 늘 강조했으며, 기독교교리를 토대로 한 제국의 정치, 경제, 사회, 문화 발전을 강조한 기독교인 정치가로 알려졌다.

대한민국은 예수를 삶의 이정표로 삼고 교회에서 오직 성경을 하나님의 말씀으로 고백한 장로 대통령을 세 명이나 배출했다. 이승만, 김영삼 그리고 이명박 대통령이 그들이다. 기독교와 별로 관계없는 유교와 불교의 나라인 대한민국이, 장로 대통령을 짧은 기간에 세 명이나 배출한 것은 기독교 역사상 매우 놀라운 기적 중의 기적이라 말할 수 있다. 또 오늘날 국가와 사회를 실질적으로 움직여 가는 내각과 청와대 비서실, 각급 법원과 검찰청, 국회의원, 나아가 각급 행정부처의 고급 공무원들의 면면을 살펴보면 각 교회 직분자들이 참 많다는 것을 알게 된다. 외적으로 보면 이들 대부분은 좋은 국내외 일류 대학을 졸업하고 실력과 경력, 능력을 겸비한 탁월한 크리스천들이다. 그들이 마음만 먹으면 얼마든지 국가와 사회를, 성경과 그것의 해석인 기독교 교리에 바탕을 두고 개혁할 수 있는 비중 있는 정치 지도자들이다.

정부 기관을 교회처럼 만들어 다른 종교를 가진 사람들과 위화감을 조성하자는 것이 아니다. 최소한 예수 믿는 사회 및 국가기관의 고위 통치자들은 너무나 세속화되고 왜곡된 정치, 경제, 사회 구조를 진리의 교본인 성경을 토대로 개혁해 온 국민이 행복하게 잘 살 수 있도록 해야 한다는 것이다. 나아가 목회자들은 지역교회에 속한 영향력 있는 사회 지도자들에게 성경과 교리를 잘 가르쳐 사회와 국가를 성경적으로 개혁하는 길을 제시해야 할 책임이 있다. 가정, 교회, 직장, 사업장이 따로따로 존재하는 국가와 사회는 매우 불건전할 수밖에 없다. 카롤루스가 살았던 8-9세기와 오늘날 대한민국의 상황은 매우 다르다. 따라서 카롤루스처럼 교회를 국가의 하위 조직으로 만들고 국가권력이 교회조직을 직접 지배하게 할 수는 없다. 신학적으로 옳은 방법이 될 수도 없다. 그러나 국가기관에서 일하는 유능한 크리스천 지도자들이 하나님 말씀의 원리를 국가와 사회 발전에 그대로 적용할 수는 있다. 그것이 21세기형 기독교 국가를 이 땅에 세우는 방법이다.

17

위대한 지도자 앨프레드 대왕(Alfred the Great)
(교육 개혁의 시대, 기독교의 할 일)

앨프레드 대왕(849-899)은 9세기 당시 정통 기독교 국가인 잉글랜드의 완타지(옥스퍼드셔)에서 에셀울프의 막내아들로 태어났다. 그의 부모는 어릴 때부터 철저하게 자녀를 기독교식으로 교육했다. 성경 중심의 참된 성도요 신실한 기독교인 정치가가 될 수 있었던 것은 이러한 부모의 교육 덕택이었다. 특히 신실한 신앙을 지닌 어머니 덕분에 그는 일찍부터 시편, 예배에 관한 서적 그리고 기도문 등에 큰 관심이 있었다. 당시 상황에서 4형제 중 막내인 앨프레드는 왕이 될 수 없었는데, 세 명의 형들이 질병으로 모두 사망해 22세에 잉글랜드의 색슨족 4대 왕국 중 하나인 웨식스의 왕(871-899 재위)이 되었다. 그런데 앨프레드가 왕이 될 당시 잉글랜드는 이방인 침략자들인 바이킹족 때문에 매우 암울한 정치적 상황에 놓여 있었다.

그는 형들이 건재할 때 정치가가 아닌 학자로서 조용한 인생을 설계하고 있었다. 그러나 어려운 나라의 상황 때문에 자신이 희망하는 전문적 학문을 연마할 수 없었고, 청소년 시절부터 군사학 교육만을 열심히 받게 되었다. 당시 유럽사회에 위협을 줬던 덴마크의 바이킹족들이 잉글랜드를 무력으로 자주 괴롭혔기 때문에 국가를 수호하기 위해 왕족으로서 군사교육을 게을리 할 수 없었다.

그가 왕이 된 첫해인 871년 말 이방인 침략자 바이킹의 데인족이 잉글랜드의 정통 기독교를 소멸하기 위해 웨식스를 침공했다. 878년 1월에는 데인족이 웨식스 인근 치퍼넘에 진을 치고 침략해 웨스트 색슨인 대부분을 포로로 잡아갔다. 앨프레드는 서머싯 소택지의 요새에서 데인족을 간헐적으로 공격하면서 강력한 군사들을 모았다. 드디어 그는 에딩턴 전투에서 바이킹의 데인족을 격파했다. 바이킹의 왕 구드룸과 24명의 부족장 및 수많은 포로가 그의 전도로 회개하고, 세례를 받아 기독교인이 되기도 했다. 이때부터 데인족의 통치를 받지 않던 다른 지역의 잉글랜드인들이 앨프레드를 통일 왕국의 대왕으로 인정하게 됐다. 앨프레드는 육군을 재편하고, 이방인들의 해안 침략을 막기 위해 직접 설계한 대형 선박을 건조했다. 또 지혜로운 외교술로 인근의 머시아 및 웨일스와 돈독한 우호관계를 유지했다. 그는 오직 기독교 정신을 바탕으로 영국의 앵글족과 색슨족을 지리적, 정치적으로 통일한 위대한 왕이 되었다.

그는 또 사법행정을 자세히 조사해 약자들이 부패한 재판관들에 의해 억압받는 일이 없도록 보호 조치를 했다. 성경의 원리에 따라

약자와 종속자들을 보호하는데 특별한 관심을 두고 〈출애굽기〉에 나오는 입법 원리와 켄트의 애설버트 왕 법전, 웨식스의 이네왕 (688-694) 법전, 머시아의 오파 왕(757-796) 법전 등을 깊이 있게 연구해서 기독교 국가로서의 통치 법령을 만들었다.

그는 바이킹족의 무모한 침략을 사람들이 지은 죄에 대한 신의 징계라 보고, 죄의 원인을 학문이 쇠퇴한 탓으로 보았다. 외적의 침입이 뜸했던 878-885년 사이 머시아와 웨일스를 비롯한 유럽 대륙 각지의 유능한 학자들을 자신의 궁정으로 초청했다. 그들을 통해 직접 라틴어를 배우고 887년에는 라틴어 서적들을 영역하는 작업에 착수했으며, 젊은이들에게는 영어 읽는 법을 배우도록 지시했고, 자신과 조력자들은 좋은 기독교 책들을 영역하여 국민에게 적극적으로 공급했다.

앨프레드가 번역한 6세기의 위대한 교황 성 그레고리우스 1세가 쓴 〈목회지침 Liber regulae pastoralis〉은 사제들이 회중을 가르칠 때 명심할 지침을 담았고, 워퍼드 주교가 번역한 그레고리우스의 〈대화 Dialogi di vita et miraculis patrum Italicorum〉는 성인들에 관한 교훈적인 읽을거리를 제공했다. 5세기 신학자인 히포의 성 아우구스티누스의 〈고백록 Confesio〉은 신앙과 이성 및 영생의 본질에 관한 문제들을 다뤘다. 앨프레드는 신학적인 문제에 깊은 관심이 있었으며, 번역본의 첫 권인 그레고리우스의 〈대화〉를 맡아 작업하면서 세속적인 번민의 와중에서 거룩한 문제에 관해 생각했다. 최초의 찬송가 50편을 번역해 국민에게 적극적으로 보급하기도 했다.

그는 국민의 삶 속에 기독교 신앙이 깊게 뿌리를 내려서 성경의 교훈대로 살 수 있도록 정책을 펼쳤다. 자신의 수입 중 절반을 가난한 자, 수도원, 기독교 학교를 건립하는 데 사용했으며, 주어진 시간의 절반도 교회와 하나님 나라의 사역을 위해 사용했다. 9세기 당시 이교도 바이킹족들의 기독교 말살 작전을 온몸으로 막아냈고, 기독교 문화와 더불어 기독교 정신에 입각한 법전 등을 제작해 잉글랜드 땅에 정통 기독교를 세웠다. 절망적인 국가를 오직 하나님 말씀에 기초해 희망적인 나라로 바꾼 탁월한 왕이 되었다. 정치·경제·사회, 문화, 교육에 대한 탁월한 성공과 승리의 비결이 모두 성경에 나타나 있기 때문이다.

오늘날 대한민국은 각 분야에서 심각한 분열양상을 나타내고 있다. 특히, 정치의 분열은 정당 간의 의견 불일치를 악화시켜 선량한 국민이 아무런 이유 없이 고통을 받게 하였다. 진보와 보수로 나누어진 교육의 분열은 백년대계의 국가적 비전을 어둡게 만들고 있다. 미래에 대한 아무런 대안 없이 우후죽순으로 세워진 한국의 수많은 대학교가 퇴출 위기를 맞고 있다. 학생 모집에 문제를 안고 있는 부실한 대학교들을 퇴출하겠다는 교육부의 발표가 얼마 전에 있었다.

이때 한국 교회와 기독교 단체가 갖춰진 학교 시설들을 적극적으로 인수해 적절한 기독교 교육을 범국가적으로 담당할 수 있는 메카를 만들었으면 좋겠다. 기독교 정신을 바탕으로 한 유치원, 초등학교, 중학교, 고등학교, 대학교 등을 다시 세워 모든 학문의 기초인 성경을 토대로 우주적인 신교육을 했으면 하는 바람이다. 한국의 청소년들만을 교육하는 학교가 아니라, 미래 100년을 바라보고 전 세계 청소년들을 한국에서 교육할 수 있는 국제적인 센터가 퇴출 대학교에 세워졌으면 좋겠다.

9세기경 신실한 부모를 통해서 성경 교육을 잘 받은 앨프레드 황제가 이방인들의 기독교 말살정책을 거뜬히 막아내고, 기독교 정신에 입각한 새로운 학교를 세워 희망찬 국가를 이룬 것처럼, 오늘날 우리도 기독교 정신에 입각한, 범세계적인 학교를 이 땅에 세워서, 건전한 교회와 기독교를 말살시키려고 시도하는 이단 세력들에 대항할 수 있는 인재들을 양성해야 한다. 세계를 성경에 기초하여 이끌어 나갈 21세기형 앨프레드 황제를 양육하는 것이 오늘날 한국 교회가 해야 할 중대한 사역이다.

18
러시아의 탕아 블라디미르

복음의 불모지 러시아에 10세기 초 기독교가 가까스로 전래하였고, 957년에는 왕실 소속 키에프의 공주 '올가'가 세례를 받아 왕실 최초의 기독교인이 탄생하므로 드디어 유럽 선교사가 러시아 땅에 들어오기 시작했다. 그러나 10세기 러시아의 전반적인 사회 분위기는 기독교가 아닌 이교도적인 신앙과 문화가 주축을 이루고 있었다. 올가의 손자 블라디미르가 왕으로 책봉된 이후에는 더욱더 수많은 이교도 신전을 러시아 곳곳에 건축했고, 800여 명의 첩과 5명의 정부인을 거느리는 등 러시아 왕실과 나라를 이교도의 최첨단 박물관으로 만들어 가고 있었다. 그는 약한 이웃 나라를 잔인하게 정복하는 데 취미를 가졌고, 전쟁이 없는 평상시에는 사냥 또는 주연을 즐기는 세기적인 탕아 중의 탕아였다. 그가 황제로 있는 한 러시아의 땅에는 참된 기독교가 전파될 가능성은 전혀 보이지 않았다.

　그런데 어느 날 블라디미르는 러시아가 건전한 종교를 국교로 갖는 것이 황제의 절대 권력을 유지하는 데에 큰 도움이 될 것이라는 생각이 들게 되었다. 참모들을 동원해서 지구촌에 종교들을 조사 연구하게 했고, 그중에서 동방정교를 국교로 삼기로 하였다. 동방 정교회의 예배의식이 다른 종교들보다 장엄하고 아름다워서 품위가 있게 보였고, 특히 음식에 대해서 까다로운 제약이 없었다. 이슬람교회와 유대교회의 예배는 제법 품위가 있어 보였지만, 음식 문제에 까다로운 제약이 많아서 그것들을 국교로 정하지 않았다. 블라디미르 황제와 참모들이 콘스탄티노플에 있는 소피아 동방 정교회의 예배에 참석했을 때, 천국과 같은 아름다움과 장엄함을 실지로 경험한 것이 기독교를 국교로 정하게 된 중요한 요인이 되었다.

　당시 동방 정교회의 선진국 비잔틴 제국은 황제 바실리우스의 여동생 안나와, 동방 정교회를 국교로 정한 러시아 황제 블라디미르가 결혼할 수 있도록 주선하였다. 비잔틴 제국의 신실한 안나 공주와의 결혼은 러시아의 탕아 블라디미르 황제를 진정한 기독교인으로 변하게 하는 계기가 되었다. 안나의 영향으로 러시아 황제는 신실한 세례 교인이 되었고, 이방 종교를 가진 다섯 명의 부인과 수많은 애첩을 모두 고향으로 돌려보내고 동방 정교회의 규율을 따르는 기적을 보이게 되었다. 그동안 러시아 곳곳에 세웠던 수많은 이방 신전들을 예수의 이름으로 파괴했고, 기독교 학교와 사회 복지기관들을 다수 설립하여 예수 그리스도의 복음을 세상에 실현하는 데에 온 힘을 기울였다. 그뿐만 아니라 자신의 개인 소유를 모두 팔아서 가난한 이웃들에게 나눠주는 등 사회구제에도 온 힘을 다하므로, 동방 정교회는 그를 성인으로 추대하기도 했다. 자신의 절대 권력을 지속적으로 유지하기 위해서 동방 정교를 국교로 삼은 탕아가 연약한 한 여인의 헌신적인 복음증거에 힘입어 러시아 국가를 기독교로 개종하는 기적을 낳았다.

비록 사람의 눈에는 보이지 않고, 손에는 잡히지 않아도 예수 복음은 어떤 강철 검보다 강한 힘과 능력을 지니고 있다. 이방의 세속적인 종교에 물들어 사는 시대적인 탕아, 사기꾼도 오직 예수 복음을 만나는 순간 신실한 사람으로 변하게 된 것처럼, 예수의 복음 앞에서 녹지 않는 장사는 이 세상에 아무도 없다. 한국 교회의 모든 성도가 비잔틴 제국의 안나 공주와 같이 예수의 복음만을 우리의 이웃에게 전했으면 좋겠다. 특히 비윤리적인 정치인, 기업인, 나아가 세속적인 학문에만 목숨 거는 지식인들에게 예수의 복음을 한국 교회가 전할 수 있기를 간절히 바란다. 비록 연약한 성도들의 입술을 통해서 전해진 예수의 복음이 당리당략에만 날을 세운 국회, 탈세의 보루인 기업체 그리고 하나님이 없는 세속학문의 센터인 대학교를 새롭게 태어나게 할 줄 누가 알겠는가!

19
뇌물을 뿌리친 교회개혁자 안셀무스
(이성과 영성, 인성의 조화)

안셀무스는 주후 1033년 이탈리아 북서부 피에몬테 지방에서 유명한 부르고뉴 가문 출신인 어머니 에르멘베르가와 롬바르디아 귀족 출신인 아버지 곤돌포 사이에서 태어났다. 안셀무스는 아버지보다 어머니의 정통 신앙을 본받아 '질서, 책임, 순종, 기쁨, 온유, 친밀함'을 갖춘 탁월한 크리스천 인격자가 되었다. 아들이 자신을 이어 위대한 정치가로 출세하기를 바랐던 아버지를 뒤로하고, 그는 1056년 정든 부모와 고향을 떠났고 1059년 노르망디에 있는 베크 (프랑스 노르망디 지방의 루앙과 리지 외 사이)의 베네딕트 수도원에 들어가 수사가 되었다.

그곳 수도원장 랑프랑은 문법과 변증이라는 논리학 분야에서 최고 권위자였다. 안셀무스는 그의 가르침을 통해 체계적인 학문을 위한 중요한 방법론을 터득했다. 스승 랑프랑에게서 매우 탁월한 지적 능력과 더불어 깊은 신앙심을 전수받은 안셀무스는 1063-1078년까지 베크의 베네딕트 수도원 부원장으로, 1078년부터는 영국으로 떠난 스승을 대신해 그곳 수도원장으로 봉직했다. 그는 임기 중 매우 뛰어난 행정 능력을 발휘했으며, 저명한 신학 서적들을 다수 펴냈다. 이때 저술된 다양한 책들은 수도승다운 도덕적 훈계와 영적 성숙, 그리고 수많은 독서를 통한 명상의 깊은 향기를 담고 있다.

주후 1079년 안셀무스는 그의 스승 랑프랑이 캔터베리 대주교로 있던 영국을 처음으로 방문했다. 랑프랑의 수제자로 시대의 탁월한 학자요, 영성 있는 목회자로 알려진 안셀무스는 캔터베리 대주교로 당연히 거론됐고, 마침내 1093년 12월 8일 영국 감독들 앞에서 요크 대주교 토머스의 집전에 따라 랑프랑 후임으로 캔터베리 대주교가 되었다. 그때 안셀무스는 문제 많은 캔터베리 대주교 자리가 내키지 않았으나, 잉글랜드 교회를 하나님의 말씀대로 개혁하려는 의도에서 수락했다.

그런데 어느 날 영국 왕 윌리엄 2세가 안셀무스를 불러 캔터베리 대주교로 임명한 대가로 상당한 액수의 돈을 요구했다. 그것은 전적으로 성직매매 행위(성직 임명에 대한 보답)에 해당한다고 설명하면서 뇌물처럼 돈을 건네주는 것을 단호히 거절했다. 그러자 윌리엄 2세는 안셀무스가 로마에 가서 우르바누스 2세로부터 팔리움(교황청의 대주교 승인을 상징하는 예복)을 수여하는 것을 허용하지 않았다. 이에 안셀무스는 교회의 성직과 관련된 문제에 세속적인 왕이 개입할 권한이 전혀 없다고 주장하며 서임 논쟁(敍任論爭)을 주도했다. 교회의 성직 임명권은 세속적 지배자가 갖는 것이 아니고, 전적으로 교회의 수장인 교황에게 있다는 논쟁을 주도한 것이다.

이로 말미암아 안셀무스는 1103년 4월부터 1106년 8월까지 대주교에서 추방되기도 했다. 그러나 서임 논쟁은 웨스트민스터 교회 회의에서 타결됐고, 왕은 성직의 상징물인 반지와 지팡이를 갖고 주교와 대수도원장을 임명하는 것을 포기하게 되었다. 단지 주교와 대수도원장이 축성에 앞서 왕에게 경의를 표해야 한다고만 결의했다. 이 협약은 신성로마제국에서 한동안 있었던 성직을 둘러싼 논란을 해소했고, 1107년 8월 1일 웨스트민스터 제국의회에서 교황과 왕의 합의(Concordat)로 선언되면서 서임권 투쟁은 종지부를 찍게 되었다. 권력 앞에 당당했던 안셀무스 대주교는 "나는 내가 거저 얻은 바를 그것을 바라는 이들에게 기꺼이 주고 싶다."라는 마지막 말을 남기고 1109년 4월21일 캔터베리에서 하나님의 부르심을 받았다.

서유럽이 외세의 침공에서 벗어난 11세기 기독교는 유럽 전역에 지대한 영향력을 끼치게 되었다. 동시에 교권과 왕권의 대립, 기독교와 이교도의 마찰 등은 당시 유럽 사회를 괴롭히는 최고의 악이었다. 이때 기독교 신앙에 대한 확고한 인식을 위해 이성적이고 합리적인 설명이 필요하게 되었다. 스콜라 철학은 이러한 신앙적 요청을 잘 규명해 보려는 시도에서 시작됐다. 스콜라 학파의 목표는 철저한 논리와 이성을 기초로 하는 기독교의 신학 체계를 새로 정립하는 일이었다. 하나님에 대한 인간의 모든 지식을 이성적, 체계적으로 정리해 세상으로 하여금 분명한 진리의 체계 속으로 들어오게 하기 위함이었다. 이러한 작업을 위해서 몸과 마음을 헌신한 사람이 스콜라 철학의 아버지라 불리는 캔터베리 대주교 안셀무스다.

안셀무스는 스콜라 철학을 위한 어떤 학교나 학파도 세우지 않았다. 스콜라주의 또한 그가 주도하거나 기획하지도 않았다. 다만, 전통적인 권위를 이성으로 검증하고 새롭게 결정지으려 한 스콜라주의적 태도가 안셀무스에게서 나온 것뿐이다. 깊은 묵상을 통해 전능하신 하나님을 발견했고, 무엇보다 하나님과 하나 되기를 열망했던 그는 하나님을 향한 불타는 사랑으로 신학적 기초와 체계를 확립시켰다. 안셀무스는 하나님의 교회가 신비주의적인 믿음과 만능주의를 벗어나 오직 말씀의 기초 위에서 올바른 신앙관으로 다져지기를 촉구했다.

최첨단 사회 발전과 수준 높은 문화적 산물을 만들고 있는 21세기에도, 한국 교회의 상당 부분은 무모한 신비주의를 벗어나지 못하는 듯하다. 주전 2,333년 단군 조선 설립 이래 지속적으로 영향을 미친 신비주의적 기복 신앙이 오늘날 한국 교회의 신앙과 신학을 불건전하게 만들고 있는 듯하다. 이방 종교와 비슷한 잘못된 기복 교리를 정통 기독교의 진리인 양 설파하는 혹세무민 세력들은 사그라질 줄 모르고 있다. 하나님께서 만드신 성경과 기독교 전체를 인간이 가진 이성적인 능력으로만 모두 해석할 수도, 운용할 수도 없다. 그러나 하나님께서 세우신 이 땅의 기독교가 인간에게 주신 이성적인 능력을 통해 해결해야 하는 부분이 많이 있다는 것도 깊이 깨달아야 한다. 맹목적, 기복적인 믿음, 그리고 만능주의는 성경이 말하는 하나님의 정통 교회를 어지럽게 만드는 이단적인 산물이라는 것을 알아야 한다.

20
진리를 위해 폭력을 행사한 교황 우르바누스 2세
(노무현 대통령 서거와 십자군 전쟁)

주후 11세기 유럽은 대부분 여호와 하나님을 신앙으로 믿고 고백하는 기독교 국가였다. 당시 유럽에 사는 사람들은 교회의 성직 계급제도를 질서로 인정하고 성직자의 지시를 받아 신앙생활 및 교육을 받았다. 그러나 기독교인 제후들의 개인적인 욕심으로 성경의 의도와는 전혀 다른 영토 분쟁을 일삼아 지역 간 분열을 책동했으며, 기독교 국가라는 칭호는 명목일 뿐이었다.

이토록 어려운 시기, 우르바누스는 1035년 프랑스 샹파뉴의 귀족 가문에서 태어났다. 수아송과 랭스에서 공부한 뒤 당시 프랑스에서 가장 중요한 도시였던 랭스 교구에서 대부제(행정 보좌관을 임명하는 성직)가 됐다. 이후 11세기 유럽에서 발생한 수도원 개혁 운동의 거점이었던 클뤼니에서 수사 및 소수도원장(1070-1074)으로 사역했다. 랭스와 클뤼니 지역에서 교회 정치와 행정 실무 경험을 쌓았고, 엄격한 경건 생활을 좌우명으로 공동체를 이루어 봉사 활동을 적극적으로 펼쳤던 수도참사회원들과 깊은 교제를 나누며 개혁 의지를 키웠다.

1079년에는 로마를 방문, 교황 그레고리우스 7세에 의해 추기경 및 오스티아(로마의 항구도시) 주교로 임명받았다. 1084년에는 교황 그레고리우스 7세의 사절로 독일을 방문했고, 그레고리우스 7세와 신성로마제국 황제 하인리히 4세가 분쟁으로 갈림길에 섰을 때, 기독교 교황에 충성하는 편을 택했다. 그는 1088년 3월 12일 탁월한 리더십을 인정받아 로마 남부 테라치나에서 우르바누스 2세라는 이름으로 교황에 선출됐고, 1099년 로마에서 죽었다.

교황으로 선출된 뒤 교회개혁과 세계교회 통합을 위해 귀족들과 수사들, 그리고 수도참사회원들 및 주교들로부터 다양한 협력과 지원을 얻었다. 우르바누스 2세는 효과적인 교회개혁과 통합을 위해, 세계 기독교회로부터 교황 직분을 합법적으로 인정받길 원했다. 그래서 온건하고 관대한 태도로 당시 교회와 국가들의 전통을 자신이 주창하는 개혁의 개념과 점진적으로 조화시키고자 전력을 기울였다. 개혁 입법을 적극적으로 유지하면서도 논쟁의 여지가 있는 평신도 성직임명권(세속 군주가 성직의 칭호와 소유를 허락하는 권한)의 문제를 공론화하지 않으려고 애썼다. 갈등은 누그러지고 쟁점이 되는 문제들은 평화롭게 논의할 수 있도록 자리를 마련했다.

1095년 11월 27일 클레르몽에서 열린 공의회에서 우르바누스 2세는 제1차 십자군 소집을 역설했다. 직접적 원인은 1095년 비잔틴 황제 알렉시우스 콤네누스가 우르바누스 2세 교황에게 군사적 지원을 요청한 데서 비롯되었다. 기독교 국가의 황제인 알렉시우스는 이슬람을 신봉하는 투르크족에게 빼앗긴 소아시아의 비잔틴 영토를 되찾고자 했다. 그런데 교황 우르바누스 2세는 알렉시우스가 기대한 이상의 지원군 파병을 다음과 같은 설교와 함께 전 교회에 역설했다. 사실 우르바누스 2세는 기독교인들이 성지로 여기고 있었던 예루살렘을 이슬람에게서 탈환하고자 다음과 같이 웅변하면서 십자군 파병으로 전환했다.

'페르시아에서 온 모슬렘 투르크인들이 기독교 형제들의 나라를 침략했습니다. 그들은 기독교인들과 싸워 승리한 이후, 이들이 사는 지역에 해악을 끼치며 부단히 뻗어 가고 있습니다. 많은 이들이 모슬렘의 습격으로 죽어갔으며, 급기야 노예로 전락했습니다. 모슬렘 투르크인들은 하나님의 교회와 왕국을 약탈했습니다. 기병이든 보병이든, 부자든 빈민이든, 사회적으로 어떤 계급에 속해 있든 간에 기독교인들을 도와주러 가야 합니다. 전쟁을 위해 가는 도중 죽게 될 사람들, 모슬렘들과의 전쟁에서 죽게 될 사람들은 사면이 주어질 것입니다. 나는 하나님으로부터 부여받은 교황의 권위로 전쟁에 참가한 이들에게 사면을 허락합니다.'

위와 같은 교황 우르바누스 2세의 설득력 있는 설교에 힘입어, 자신이 과거에 범한 죄에 대한 처벌을 면제받기 위해 하급 귀족들과 농민들이 열광적으로 반응한 것이 바로 십자군 전쟁이다.

우르바누스 2세는 전 세계에 흩어져 있는 교회가 주 안에서 하나로 통합돼야 한다고 늘 강조했다. 스페인과 시칠리아에서 이방 세력인 이슬람교도들과 직접 전쟁을 치른 경험을 토대로, 제1차 십자군 전쟁을 역설한 것도 세계 기독교회의 통합을 위한 전략이었다. 그는 전쟁을 통해 무지한 이방 세력을 몰아내고 진리를 주창하는, 전 세계 기독교회를 교황의 통치 아래 하나로 묶기를 원했다. 제1차 십자군 전쟁은 1099년 교회의 성지 예루살렘을 탈환, 소정의 군사적 성공을 거두었지만, 그가 생각하는 세계교회 연합은 끝내 이루지 못했다. 진리 아래 교회 연합이라는 목표는 매우 선했지만, 그것을 이루기 위한 과정이 폭력과 전쟁으로 얼룩져 실패할 수밖에 없었다. 진리를 수호한다는 명목으로 인간들의 폭력이 합리화되는 것은 아니다.

교회든 국가든 올바른 진리를 세우기 위해 최대한 노력을 다해야 한다. 진리의 깃발 아래 국론이 하나로 통합되지 않으면 위대한 공동체의 발전은 있을 수 없기 때문이다. 그러나 진리 아래 하나로 통합을 이루기 위해 폭력을 사용하거나 무력을 동원하는 것은 이미 본질적인 통합과는 관계가 없다. 폭력이나 무력은 꼭 총기 같은 무기를 사용했을 때만을 의미하지 않는다. 현대 21세기에는 언어폭력, 근거 없는 여론의 폭력이 더욱 무섭고 악한 무기다.

얼마 전 연약한 탤런트들이 무책임한 사람들의 언어폭력, 즉 악성 댓글 때문에 견딜 수 없어 자살을 택했다. 진실이 아닌 것을 진실인 것처럼 기록해 연약한 사람들을 죽음으로 몰아넣었다. 故 노무현 대한민국 제16대 대통령도 언론의 매가 견딜 수 없어 비참한 자살을 택했다. 물론 대한민국 대통령이었기 때문에 그가 저지른 부정과 비리를 눈감아 주자는 것은 아니다. 그러나 일개 독립국의 대통령까지 지낸 분의 죄상을 정확한 근거도 없이 추정하고 여론화해서 자살로 몰고 간 것은, 진리의 깃발을 빙자한 21세기 십자군 폭력에 해당한다.

범죄는 미워도 사람은 미워할 수 없다. 진실이 규명되기 전까지는 누구도 범인 취급을 받아서는 안 된다. 故 노무현 대통령의 자살을 기화로 대한민국에 진리를 빙자한 십자군 전쟁은 다시는 일어나지 않기를 바란다.

21
교회를 위해 목숨을 바친 베르나르두스
(영성·지성 겸비한 지도자 어디 없습니까?)

베르나르두스(1090-1153)는 프랑스 부르고뉴의 귀족 출신 지주 집안에서 태어났다. 그의 부모는 당시 프랑스에서 사회적으로 매우 덕망이 높았다. 특히 어머니 알레트는 그 유명한 모니카가 히포의 아우구스티누스에게 현명한 교육을 했던 것처럼, 베르나르두스에게 도덕적·윤리적 면에서 큰 스승이었다. 그는 부모의 권유로 수사학·논리학·문법을 공부해서 학교에서 탁월한 생도로 이름을 날렸다.

이후 가족의 반대에도 갑자기 샤티용쉬르센에 있는 신학교로 진학, 성직자의 길을 걸었다. 그는 일반적인 성직자들이 많이 입학하는 퀼뤼니 수도회에 들어가지 않고, 시토에 있는 자그마한 수도원에 들어가 금욕과 은둔의 삶을 선택했다. 시토 수도회는 타락한 베네딕투스 수도회에 대항해 소박하고 엄격한 영적 생활을 회복하기 위해서 세워졌다.

　시토 수도원에 들어간 수사는 땅이나 돈을 선물 받을 수 없었고, 개인명의 재산도 소유할 수 없었으며, 교회당 건물도 화려하게 지을 수 없었다. 베르나르두스는 자신의 형제들과 약 25명 되는 동료를 화술로 설득해 1112년 시토 수도회에 함께 들어갔다. 그들은 1115년까지 그곳에서 신학적인 훈련에 몰두했다. 베르나르두스는 시토 수도원에 있는 동안 빈혈, 편두통, 위염, 고혈압 및 식욕부진 등으로 고생했으며, 질병과 싸우기 위해서라도 육체적 금욕을 실천했다.

　1115년 대수도원장 스테파누스 하딩은 베르나르두스에게 몇몇 수사들을 이끌고 부르고뉴와 샹파뉴 경계지역에 있는 클레르보로 가서 새로운 수도원을 세우도록 지시했다. 그는 형제 4명, 삼촌, 사촌 2명, 건축가 1명, 노련한 수사 2명 등과 함께 클레르보에 즉시 들어가 수도원을 세웠다. 이후 자립할 때까지 약 10년 동안 매우 어렵게 생활했다. 그때 베르나르두스의 건강은 매우 악화되었지만, 영성(靈性)은 탁월해졌다. 상급 성직자들과 친구들, 특히 주교이자 학자인 기욤의 권유로 수도원 근처 오두막에서 은둔 생활을 했는데, 그의 영성 있는 초기 저작들 대부분이 이때 저술되었다.

　또 베르나르두스는 하나님 말씀에 절대 순종, 어려운 이웃들을 위한 자선사업에 온 힘을 다했다. 수도원 내부에 머무는 동안에는 내면적인 삶을 고양하는데 몰두, 긴장과 갈등을 지혜롭게 해결하는 탁월함을 보였다. 그가 남긴 수많은 설교와 현재까지 남아 있는

300통 이상의 편지에는, 하나님께 몰입하는 신비로운 생활과 곤궁에 처해 있는 이웃들에 대한 사랑을 연결하려는 심오한 노력이 엿보인다.

그의 생애에서 가장 원숙하고 활동적인 시기는 1130-1145년이었다. 이때 중세 기독교의 중추적 역할을 담당했던 클레르보와 로마에서 큰 주목을 받았다. 수많은 시민회의와 교회 공의회, 교황청이 7년간 불화를 겪으며 벌인 신학 논쟁에서 중재자와 고문 역할을 하기도 했다. 그는 5명의 교황을 위해 고문 역할을 하면서 대립 교황들(유효한 성직임명 절차를 무시하고 교황에 선출된 사람들)로 말미암아 교회가 받은 상처를 치유했다. 교황 유게니우스에게는 세속 권력자로서의 역할보다는 교회의 영적 지도자 역할을 담당하도록 권고했다. 교회공동체의 평화를 위해서 몸과 마음을 다 바친 사랑의 사도였다.

베르나르두스는 '우리 신실한 목자(牧者)들은 모두 똑같이 이렇게 생각합니다. 교회에서는 정의가 사라졌으며, 베드로가 받은 열쇠의 권위가 떨어지고 성직자들의 권위는 썩었습니다. 어느 주교도 하나님께 저지른 그릇된 행위를 징계할 힘이 없고, 게다가 어떠한 잘못도, 심지어 자기 교구에서 벌어진 악행에 대해서도 처벌하는 것이 허용되지 않습니다. 그것에 대한 주요 원인을 당신(인노켄티우스 2세)과 로마 황실에서 찾고 있습니다.'라는 말로 잘못된 교황 인노켄티우스 2세마저 담대하게 꾸짖었다.

베르나르두스는 숨을 거둔 1153년 8월 20일까지 평생 탁월한 영성과 지성을 겸비한 교회의 스승 중 스승으로 살았다. 올바른 하나님의 교회공동체를 세우기 위해서라면 온몸과 마음을 기꺼이 바친 탁월한 큰 수사였다. 하나님의 교회에 반하는 사람, 심지어 최고 권력자인 교황이라도 담대하게 꾸짖는 참 성도이기도 했다. 그를 통해 중세의 수도원에는 멋진 개혁이 일어났고, 그의 신실한 정신을 바탕으로 수많은 수도원이 유럽에 설립됐다.

오늘날 하나님을 믿는 성도들마저 매우 개인적, 이기적이어서 자신의 유익이 공동체의 유익을 앞지르는 듯하다. 하나님께서 세우신 교회공동체가 무너지고 깨어져도, 개인의 유익을 챙기는 데 목숨을 걸고 있는 것처럼 보인다. 성경을 통해 하나님을 믿는 올바른 성도는 개인을 죽이고 공동체를 살릴 수 있는 세상 속 유일한 존재다. 그런데 성도들마저 이기적인 마음을 가지고 살게 되면 교회와 나라, 민족은 소망이 사라지게 된다.

하나님께서는 12세기 베르나르두스처럼 공동체를 위해 자신의 몸과 마음과 물질을 헌신할 참된 자녀를 찾고 계신다. 헌신된 그를 통해 하나님께서는 사회와 나라와 민족과 세계를 바꾸기 원하신다. 하나님께서는 개인이 손해 보는 사회, 그래서 공동체가 살찌는 사회를 만들 것을 바라고 계신다. 하나님께서는 오늘도 영성과 지성을 겸비한 공동체 중심의 지도자를 찾고 계신다.

22
중세 교회의 평신도 개혁자 피터 발도
(성경적 십일조 사용설명서)

　루터와 칼뱅 등이 종교개혁을 주창하기 전 유럽에는 가톨릭교회의 인본주의적 신앙 노선에 반대한 교회 내 개혁 세력들이 다수 존재했다. 그중에서도 성경적 교회 설립을 기치로 개혁 운동을 전개한 대표적인 지도자는 피터 발도(1140-1218)이다. 독일에서는 페트루스 발두스(Petrus Waldus), 피터 왈도(Peter Waldo), 피터 발도(Peter Valdo), 피에르 보데(Pierre Vaudès), 피에르 드 보 (Pierre de Vaux) 등으로 불린다.

　그는 프랑스의 유명한 산업도시 리옹에서 고리대금업으로 큰 부자가 되었다. 사회적으로 풍요롭고 여유 있게 살면서도 교회 생활에 만족하지 못하자 그의 모든 삶도 행복하지 못했다. 중세 당시 가톨릭교회가 성수, 사제복, 성인의 날을 비롯한 수많은 축제일, 연옥, 성인의 유골 및 순례 행위 등 인본주의적 신앙생활을 강조해 마음으로 수용할 수 없었다.

그러던 어느 날 피터 발도는 조용히 산책하는 도중 옆을 지나는 무명의 방랑 시인이 부르는 콧노래를 듣게 되었다. 그 시인의 입술에서 나오는 노래는 '어떤 부자 청년이 가족을 떠나 평생 가난한 자들을 위해 살았으며, 가난한 자를 사랑하시는 하나님을 깊이 만났다.'라는 내용이었다. 자기만 살찌우기 위해 혈안이 된 중세 교회에 불만을 품고 있었던 피터 발도는 방랑 시인의 노래에 깊이 감동했다. 즉시 그는 수녀원에 있는 아내와 두 딸의 생활비로 약간의 부동산만을 남기고, 모든 재산을 처분해 가난한 자들에게 나누어주고 거지처럼 청빈한 생활을 시작했다.

그는 남루한 옷을 입고, 피골이 상접한 얼굴을 하고 거리에서 검소와 빈약을 주제로 설교하며, 사람들에게 청빈한 크리스천의 삶을 가르쳤다. 두 명의 실력 있는 성직자를 개인적으로 고용해 성경을 불어로 번역, 일반 사람들이 이해하기 어려운 라틴어 문제 극복을 위해 노력했다. 1170년경에는 자신과 뜻을 같이하는 평신도들이 함께 모여서 신앙 공동체, 즉 발도파를 만들었다. 로마 가톨릭 교회의 세속화에 염증을 느낀 이탈리아 신자들까지도 발도파에 가입했다.

그들은 수시로 전국을 순회하며 예수 그리스도와 빈자의 복음을 적극적으로 전파했다. 발도파는 둘씩 짝을 지어 남루한 양털 외투를 몸에 두른 채 맨발로 다녔으며, 아무것도 소유하지 않고 모든 것을 공동체가 공유해서 당시 사람들에게 좋은 영향력을 끼쳤다. 당시 사람들은 발도파를 리옹의 빈자, 롬바르디의 빈자, 또는 신의 빈자들이라고 불렀다. 발도가 주장하는 빈자 신학에 동의하는 평신도들이 발도파에 다수 가입했다.

1179년 그는 로마로 가서 교황 알렉산더 3세에게 자신들의 교리를 교황청이 법적으로 인정하라고 요청했다. 중세 가톨릭교회 내 개혁적인 새로운 신앙 노선을 추종하는 교파 설립을 요청했다. 그러나 이후 로마 교회에서는 발도와 그를 추종하는 사람들이 연옥을 인정하지 않고 속죄를 위한 보속, 서약이나 유혈을 거부하는 등 로마 교회와 다른 주장을 편다는 죄목으로 1184년 그들을 이단으로 정죄했다. 발도파는 로마 교회로부터 극심한 박해를 받다가 종교개혁 운동 때 칼빈주의나 신교의 개혁파(Reformed churches)에 흡수되었다.

120년이라는 절대 짧지 않은 역사를 지닌 대한민국 교회에 소속된 21세기 평신도들은 상당한 수준의 신학적 실력을 갖추게 됐다. 이제 12세기 발도파처럼 한국 교회도 하나님 주신 물질과 몸을 바쳐 소외된 이웃을 돌볼 수 있는 모임이 적극적으로 요청된다. 하나님 은혜로 구원받았다고 믿는 성숙한 성도들이라면, 가난한 이웃에게, 하나님께서 주신 선물로 구제하고 적극적으로 돕는 신앙이 필요하다. 구약 시대에는 성도들이 교회에 바친 십일조를 통해서 사회의 약자들인 과부와 고아, 나그네 및 레위지파의 생활을 적극적으로 지원했다. 십일조 제도를 하나님이 제정한 목적은 경제적으로 어려운 이웃을 돕기 위해서였다.

그런데 오늘날 한국 교회는 십일조 헌금을 구제나, 가난한 이웃을 위해 사용하지 않고 교회 내 관리를 위한 비용으로 대부분 사용하고 있다. 성경을 믿고 그것을 삶의 원리로 따르는 교회라면 십일조 헌금은 모두 이웃을 위한 사회 복지를 위해 사용하는 것이 옳다고 생각한다. 학교와 병원, 요양원 등을 교회가 세워서, 이웃을 섬기는 데 십일조 헌금을 사용하는 것이 현대판 발도파의 개혁적인 역할로 보인다. 한국 교회가 성경대로 십일조 헌금을 사용한다면 엄청난 발전과 더불어 엄청난 사회적 영향력이 있을 것이다. 한국 교회가 침체하고 발전하지 못한 이유가 혹시 성경대로 물질을 사용하지 않는 데서 발생한 것은 아닐까?

23
13세기 프란체스코의 빈자 신학

　　13세기 이탈리아 교회는 무소불위의 정치적 권력과 엄청난 재산을 축적하여 세상의 많은 사람으로부터 비난의 대상이 되었다. 교인들은 예수 그리스도의 입술에 있는 복음을 듣기 위해서 교회에 출석하기보다는 세속적인 부와 권력을 축적하는 데에 신앙생활의 목적을 두고 있었다. 위와 같은 교회의 행태는 가난하고 약한 자들은 더욱 약해지게 하였고, 강하고 부한 자들은 더욱 강해지게 하는 역할을 톡톡히 했다. 돈만 있고 말씀이 없는 위기의 때에 하나님의 종 프란체스코가 등장하여 이탈리아 교회공동체를 올바로 세우는 데 시대적인 도구로서 중요한 역할을 하게 되었다.

　　13세기 이탈리아 교회 개혁의 도구 프란체스코의 본명은 프란키스쿠스 베르나르도네였다. 그는 이탈리아에서 매우 부유한 의류상의 아들로 태어나 아버지로부터 상속받은 재산으로 매우 풍요로운 삶을 살게 되었다. 재력을 갖춘 멋진 기사로서 깃털이 달린 아름다운 옷과 모자를 쓰고 다니면서, 세련된 언변으로 뭇 여성들의 마음을 설레게 하였다. 번득이는 눈빛으로 세상을 조롱하며 한 시대의 방탕아요, 거만한 장수로 살고 있었다. 그러나 하나님은 그를 대(對) 페루자 전쟁에 투입시켜서 불쌍한 포로가 되게 하시므로, 과거의 부끄러운 방탕의 길에서 돌아오게 했다. 전쟁 포로로서 페루자 감옥에 갇혀 있는 동안 그는 빈자의 배고픔과 고통을 체험하게 되었고, 지난날 자신이 무시했던 가난한 자들의 마음을 충분히 이해하게 되었다. 프란체스코는 부모로부터 상속받은 재산으로 거들먹거렸던 과거를 심히 부끄럽게 여겼고 석방 이후 고향으로 돌아온 그에게서 방탕아의 거만한 모습은 이제 찾아볼 수 없었다.

1206년 그는 아버지가 물려준 모든 재산을 가난한 이웃 사람들에게 나누어주고 스스로 빈자의 삶을 걸었다. 수중에 있는 빵 한 조각, 옷 한 가지라도 어려운 이웃들에게 나누어주고, 자신은 오직 하나님 말씀만을 가슴에 지닌 빈털터리 거지가 되었다. 이러한 프란체스코가 아시시 근처의 버려진 교회당에서 목회를 시작했을 때, 수많은 성도가 위대한 빈자의 말씀을 듣기 위해서 몰려들었고, 그 교회는 순식간에 엄청난 성장을 경험하게 되었다. 1218년에는 약 3,000여 명에 이르는 성도들이 교회당에 모여서 프란체스코가 전하는 빈자의 놀라운 메시지를 들으면서 아름다운 신앙공동체를 이루었다. 돈과 권력만을 추구하는 세속적인 교회공동체를 지양하고, 예수님의 말씀만을 삶의 유일한 기초로 삼아 어려운 이웃을 위해 자신의 것을 모두 드리는 빈자의 신학을 교회의 올바른 모습으로 선포했다. 이웃을 위한 선행을 지나치게 강조한 나머지, 복음의 핵심인 믿음을 약화시키므로 종교개혁의 기수인 루터 목사로부터 비난을 받기도 했지만, 1226년 10월 그가 세상을 떠난 이후 이탈리아 교회공동체로부터 성자로 추앙되는 영예를 얻게 된 것은 결코 우연한 일이 아니었다.

오늘날 한국 교회는 개인의 이익을 공동체의 존립보다 더욱 중요시하는 탈 가치화의 오류에 포위되어 있다. 성경의 진리가 세속화로 말미암아 물구나무선 오늘, 한국 교회와 성도들에게 13세기 배부른 이탈리아 교회를 향해서 몸으로 외친 프란체스코의 빈자 신학이 요청되는 것은 아닐까?

24

중세의 탁월한 신학자 토마스 아퀴나스
(우리가 아는 게 다가 아니다)

중세시대 교회에서 활동한 사람 중 가장 탁월한 신학자로 알려진 토마스 데 아퀴노(Thomas de Aquino) 또는 토마스 아퀴나스는 1225년 이탈리아 로마(Rome)와 나폴리(Napoli) 중간에 있는 로카세카(Roccasecca) 가족성(城)에서 태어났다. 그의 부친은 당시 매우 부유한 아퀴노의 백작 란둘프(Landulph)이며, 어머니는 신앙적인 인물 테오도라(Theodora)이다. 부유한 상위층 부모를 둔 덕분에 토마스는 불과 다섯 살의 나이로 몬테카시노(Monte Cassino)의 베네딕토 수도원으로 보내져 최고급 교육을 받았다.

1239년 그가 14살이 되었을 때 가족들은 그가 더 좋은 교육을 받고 훌륭한 지도자가 되게 하려고 명문 나폴리대학교로 유학을 보냈다. 그곳에서 공부하던 중 도미니쿠스 수도회에 소속된 스승을 만나 깊은 영향을 받고 가족들의 의도와는 다르게 수도사가 되기로 했다. 이런 그의 비전을 알게 된 가족들은 토마스의 결심을 돌리기 위해 강온전략을 모두 사용했다. 수차례 조용한 말로 달래기도 했고, 강제로 그를 데려다가 15개월 동안이나 로카세카 성 독방에 감금시킨 적도 있었다. 그러나 아퀴나스는 자신의 뜻을 굽히지 않고 1244년 파리로 건너가 도미니쿠스 회원이 되고 말았다.

토마스 아퀴나스는 프랑스 파리와 독일 쾰른(Koln)에서 당시 탁월한 신학자로 알려진 알베르투스(Albertus Magnus)를 만나 신학을 연구, 1256년 신학박사 학위를 취득한 동시에 사제로 서품됐다. 아퀴나스는 나폴리(Napoli), 아나니(Anagni), 오르비에토(Orvieto), 로마(Roma), 그리고 비테르보(Viterbo) 등지에서 자신이 정립한 신학을 제자들에게 가르쳤으며, 1259-1264년 사이에 '대 이교도대전(對異敎徒大全, Summa Contra Gentiles)'을 마무리 지으면서 그의 저작 중 가장 잘 알려진 '신학대전(神學大全, Summa Theologiae)' 집필에 착수했다.

1269년경 파리로 다시 돌아온 그는 수도사제와 교구 사제들 간 논쟁에 말려들었다. 벨기에 브라반트(Brabant)의 시게르(Siger)와 요한 페캄(John Pecham), 그리고 파리의 주교 에티엔느 탕피에의 철학적인 가르침에 적극적으로 반대했기 때문이다. 당시 신학자들은 라틴어로 번역된 아리스토텔레스 이른르슈드(이슬람 종교철학자), 마이모니데스(유대 철학자) 등의 저작들을 깊이 연구해서 기독교의 유일한 경전인 성경을 무시하고, 이성적인 철학에만 의존하는 잘못된 학문을 이루고 있었다.

이에 아퀴나스는 이성을 중시하는 스콜라 철학 전통을 유지하면서도 철학과 신학을 통합하려고 최대의 노력을 다했다. 이성(철학)과 계시(신학)를 용어상으로 구분하면서도 그 둘 모두가 하나님께로부터 기원된 것이라고 주장했다. 이성도 계시도 원래 출발지가 하나님이라는 것을 강조해서 세상의 모든 것이 하나님을 벗어날 수 없다는 것을 증명한 것이다. 그러나 아퀴나스는 인간들이 가지고 있는 이성을 통해 하나님을 믿는 신앙으로 인도함을 받을 수 있지만, 믿음의 근본인 삼위일체 하나님 같은 교리는 이성이 아닌 계시만을 통해 믿어질 수 있다고 주장했다. 나아가 인간의 기원과 운명은 이성이 아닌 오직 계시만을 통해 드러나며, 세상의 모든 것은 계시의 주인이신 하나님의 관점에서 연구·토론되어야 한다고 결론 내렸다.

그는 리옹(Lyon) 공의회에 참석, 동방·서방 교회의 재일치 가능성을 토의하라는 교황 그레고리우스 10세(Gregorius X)의 부름을 받고 리옹으로 가는 도중 테라치나 교외 포사 누오바(Fossa Nuova)에 있는 시토 수도원에서 1274년 3월 7일 49세의 젊은 나이로 사망했다. 그는 자신이 연구한 신학이 '한낱 지푸라기'에 불과한 것이라고 읊조리면서 조용히 눈을 감았다.

오늘날 21세기는 이성이 세상의 모든 것을 지배하는 것 같은 느낌이 들 정도로 이성 만능시대다. 심지어 사람의 이성적 능력으로 해결할 수 없으면, 그것을 무조건 신화 또는 조작된 이야기로 결론 내리는 잘못된 경향마저 낳았다. 성경에 기록된 초이성적인 사건을 믿지 않고 신화로 취급하는 자유주의 신학자들의 태도는 그것을 대변해준다. 그러나 토마스가 말한 것처럼 사람의 이성은 신학과 신앙을 이룰 수 있는 부분적인 도구에 불과하다.

　인간들에게 주어진 이성적 능력으로 하나님 주신 우주의 모든 것을 정리하고 깨닫고, 밝힐 수 없다. 이성을 초월한 사건들이 지금 이 땅에서도 비일비재하게 발생하고 있기 때문이다. 특별히 여호와 하나님과 예수를 믿는 기독교는 어떤 것을 이해하기 위한 도구로 인간의 이성을 사용하지만, 그것만이 유일한 도구라고 말하지는 않는다. 인간의 이성은 언제나 한계 속에 존재하기 때문이다. 인간들의 이성을 벗어난, 우리 이성을 통해 밝힐 수 없는 고급 진리도 얼마든지 세상에 존재한다. 따라서 우리가 편협한 이성 만능주의 사고에서 벗어나면 우리가 사는 우주가 매우 넓게 보인다. 이성만을 최고의 가치로 삼는 좁은 삶에서 탈피해 아퀴나스가 이루려고 노력했던 우주적인 사고를 갖도록 성경 속의 신본주의로 돌아가야 한다.

25
고통 속에서 대작 〈신곡〉 남긴 단테
(고통은 신앙인들에게 가장 탁월한 선물)

　이탈리아가 낳은 위대한 시인이요, 서(西)유럽 문학의 거장으로 오늘날 우리에게 잘 알려진 단테 알리그리에리(Dante Alighieri)는 1265년 이탈리아 피렌체에서 귀족 출신 모친과 탁월한 문학적 소양을 지닌 부친 사이에서 태어났다. 단테가 7세 되던 해 그의 어머니가 갑자기 세상을 떠났지만, 문학을 사랑하는 부친의 도움과 지원으로 그는 기독교 및 고전문학에 대해 철저히 교육받았다. 그의 문학에 대한 깊은 소양과 지적인 능력이 만천하에 드러났고, 당대 사람들에게 문학도로서 그의 이름이 널리 회자되기 시작했다.

　그럼에도 불구하고, 단테에게 있어서 결혼 생활과 가정생활은 행복을 가져다주지 못했다. 12세의 어린 나이에 단테는 미래의 아내로 정해진 겜마 도나티(Gemma Donati)와 약혼했지만, 불행하게도 당시 9살에 불과한 베아트리체(Beatrice)를 마음속으로 깊이 사모하게 됐다. 너무나 소극적이고 수줍음을 많이 타는 성격 때문에, 사랑하는 베아트리체에게 심장 깊숙이 자리 잡은 뜨거운 사랑을 고백하지 못한 것뿐이었다. 단테는 마음속 연인 베아트리체를 위해 여러 편의 단시(14행시)를 썼지만, 같이 사는 아내 겜마 도나티에 대해서는 일언반구 언급조차 하지 않았던 것은 그의 결혼이 행복하지 못했음을 알려주는 중요한 예가 된다.

그는 1285년 약혼녀 겜마 도나티와 결혼하여 약 2년 정도 같이 살다 이혼하고, 1287년 다른 여인과 재혼하는 불행을 겪게 되었다. 젊은 단테의 마음속에는 항상 베아트리체만 존재했기에 다른 여인을 마음속에 받아들일 수 없었다. 그러나 그토록 사랑했던 베아트리체가 1290년 24세의 젊은 나이로 세상을 떠났고, 단테는 매우 상심하여 세상과 모든 관계를 끊고 오직 시와 학문을 익히는 데 집중했다. 그러던 중 1302년 법원으로부터 사형선고를 받게 되었고, 죄가 감량된 대신 먼 지역으로 추방당하는 불행을 만났다. 그때부터 단테는 유명한 〈신곡〉을 쓰기 시작, 드디어 완성했다. 그의 파란만장한 삶은 1321년 9월 13일, 54세의 나이로 마무리됐다.

단테는 나중에 〈신곡(La divina commedia)〉으로 제목이 바뀐 기념비적 서사시 〈희극(La commedia)〉으로 우리에게 널리 알려졌다. 그가 쓴 불후의 명작이라 할 수 있는 '신곡'은 인간의 속세 및 영원한 세상을 그리스도교적인 시각으로 심오하고 세심하게 그리고 있다. 개인적인 차원에서만 보면 그의 명작인 〈신곡〉은 피렌체에서 추방당해 어렵고 힘든 생활을 했던 불행한 고통이 기초 자료로 사용되었다. 그에게 사랑하는 여인을 잃은 고통과 추방이라는 아픔이 없었다면 위대한 신곡은 이 땅에 탄생할 수 없었을 것이다.

신곡에 표현된 시인의 박학다식함, 사회 문제에 대한 포괄적 분석, 사용된 언어와 시상(詩想)에 대한 창의성은 21세기를 사는 우리조차 놀라지 않을 수 없다. 더구나 자신의 모국어인 이탈리아어를 시어(詩語)로 선택, 그의 조국에서 태동하기 시작한 시가(詩歌) 문화에 큰 영향력을 주었다. 나아가 별로 인기가 없었던 이탈리아어가 이후 수백 년간 서유럽에서 문학을 위한 중요한 선진 언어로 발전하는 데 크게 이바지했다. 물론 그의 탁월한 작품인 신곡이 오늘날 우리가 알고 있는 개혁주의 신학과는 상당 부분 차이를 지니고 있다 할지라도, 문학적 발전에 공헌한 바는 누구도 부정할 수 없을 것이다.

단테는 시뿐만 아니라 수사론, 도덕, 철학 및 정치사상에 이르기까지 자신의 불행한 과거의 삶을 토대로 독특한 사상을 집대성해 수많은 서적을 집필했다. 어릴 때부터 그리스 및 라틴 고전과 전통에 대한 지식을 쌓은 덕분에, 베르길리우스, 키케로, 보에시우스가 쓴 어려운 고전 작품들을 이해하고 작품 속에 그것들을 쉽게 인용했다. 또 13-14세기 때로서는 최신 분야인 스콜라 철학과 신학적 지식을 자신의 작품 속에 적절히 활용했다. 당시 사회에 편만 해 있던 정치적 논쟁거리를 〈제정론(De monarchia)〉이라는 논문을 통해 정리한 것은 그가 지닌 학문의 넓은 범주를 증명해 준다.

세상에 인간이 태어나서 하나님으로부터 받을 수 있는 가장 위대한 선물은 예수를 믿어 천국에 들어갈 수 있는 신앙일 것이다.

그런데 예수를 믿고 크리스천이 된 사람들이 세상에서 소유할 수 있는 가장 탁월한 선물은 주 안에서 고통을 받는 것이다. 어렵고 힘든 고통이 올 때 그것을 기쁨으로 수용하는 크리스천은 거의 없다. 그러나 신앙심 깊은 성도가 고통을 당하지 않으면 탁월한 하나님의 사역을 이 땅에서 이룰 수 없다. 고통을 통해 뇌에 강력한 근육이 생겨야 모든 것을 초월할 힘이 생긴다. 쓴 세상을 단 세상으로 바꿀 수 있는 능력은 고통을 이긴 성도들을 통해서만 나타날 수 있다.

단테가 마음으로 사랑하는 여인을 잃고, 국가로부터 추방당하는 아픔 가운데 위대한 불후의 명작을 세상에 내놓을 수 있었던 것처럼, 오늘 우리에게 주신 고통도 미래 지향적인 삶을 위한 토대가 될 것이다.

오늘날 가정, 교회, 나라 및 세계가 상당한 어려움 중에 처해 있다. 그 고통은 우리의 모든 공동체를 악하게 해체하기 위한 것이 아니며, 오히려 더 나은 발전과 성장을 위한 에너지원이 될 것이다. 고통 속에서 조개 속 진주는 아름답게 만들어지며, 아픔 속에서 탄소 덩어리가 다이아몬드로 변화된다는 사실을 우리는 기억해야 한다.

26
14세기 교회 연합의 기수 카테리나

　14세기 중반 유럽의 기독교는 직업적인 종교인들의 정치적 야욕 때문에 교회가 두 갈래로 분열되어 고통의 길을 걷고 있었다. 분열의 조짐은 교황 그레고리 11세가 죽은 이후 추기경 회의에서 우르바누스 6세를 새로운 교황으로 선출하므로 시작되었다. 새로 선출된 우르바누스 교황을 반대하는 세력들이 프랑스사람 클레멘트 7세를 또 다른 교황으로 선출하여 프랑스 아비뇽에서 독립하여 통치케 하므로 양자 사이에 무서운 격전이 시작되었다. 인간의 이기심으로 양분된 14세기 유럽의 교회는 39년 동안이나 차마 눈 뜨고 볼 수 없는 추한 모습을 세상에 보여주고 말았다. 그들은 주님이 피로 세우신 교회공동체보다, 교회의 주인이신 예수 그리스도 보다, 계파의 이익과 자존심 그리고 개인의 권력욕을 채우는 데 목숨을 걸었다. 당시 수많은 기독교인이 교회 속에 건재하고 있었지만,

교회분열, 나아가 성도들 간의 갈등을 막고 성경에서 말하는 공동체를 수립하려는 의지는 전혀 갖추고 있지 못했다. 사회와 교회를 이끌던 귀족들도 자신들의 배를 채우는데 급급했을 뿐 교회의 연합을 위해서는 관심조차 두지 않았다. 허리에 멋진 칼을 두르고 국가를 위해서 헌신한다고 거들먹거렸던 기사들도 분열된 교회의 하나 됨을 위해서는 손가락 하나 움직이지 않았다. 중세 교회는 더는 신앙 공동체로서 소망이 전혀 없어 보였다.

분열로 얼룩진 유럽 교회의 암흑기에 예상치 않았던 이탈리아 시에나 출신의 한 여성도가 교회 앞에 등장했다. 좋은 귀족 가문 출신의 엘리트도 아니었고, 힘 있는 기사출신도 아닌 매우 평범한 가정에서 태어난 '카테리나'라고 불리고 있는 여인이었다. 그녀는 교회 간에 정치적인 갈등이 극심해지자, 교회와 세상을 등지고 산속으로 들어가 홀로 야인의 삶을 살기도 했던 좌파적 인물이기도 했다. 그러나 흑사병이 갑작스럽게 유럽사회를 강타해서 수많은 인명을 앗아가자, 신앙의 사람 카테리나는 산속에서 홀로 안주할 수는 없었다. 그녀는 즉시 하산해서 죽어 가는 병자들을 살리기 위해 온 힘을 다했고, 많은 사람이 그녀의 보호와 간호를 통해서 치유되기도 했다. 그녀는 또한, 감옥에 있는 사형수들을 회심시키는 복음 사역에 열정을 쏟았다. 이러한 헌신적인 이웃 사랑이 카테리나를 이기적인 중세기 사회와 교회의 유명한 스타요 신앙의 모델로 떠오르게 했다.

일약 스타덤에 오른 카테리나는 잘못된 신앙의 길, 분열의 수렁에 빠진 교회의 지도자들에게 따끔한 충고의 편지를 일일이 보내기 시작했다. 1378년에 그녀는 로마 교황청으로 직접 찾아가 우르바누스 교황과 교회 지도자들을 만나서 분열된 교회에 대한 책임이 그들에게 있음을 강하게 피력하였다. 이미 양분된 유럽의 교회가 이러한 그녀의 용기 있는 노력으로도 모두 회복되지는 못했다. 그러나 교회를 사랑하는 카테리나의 신실한 신앙과 용기 있는 외침은 어두운 유럽의 도시와 교회를 평화의 공동체로 바꾸는데 지대한 공헌을 하였다.

이기적인 지도자에게 이끌렸던 14세기 유럽 교회와 사회를 향하여 참 복음으로 회복할 것을 목청껏 외친 카테리나의 순수한 신앙과 공동체 철학이, 오늘 한국 교회 우리에게 힘찬 메아리로 다가온다. 지도자들의 인간적인 야심 때문에 분열되고 있는 한국 교회와 성도들의 심장에 심오한 메시지를 던져주고 있다. 14세기 유럽 교회 연합의 기수 카테리나의 아름다운 열정이, 눈 내리는 추운 겨울날 뜨거운 커피 한잔의 그리움으로 우리에게 살며시 다가온다.

27

체코의 종교개혁자 요하네스 후스
(진정한 교회개혁이란)

    요하네스 후스(1372-1415)는 1372년 체코 남부 보헤미아 후시네츠의 가난한 집안에서 태어났다. 그는 13세에 프라하 티체 근처에 있는 라틴어 학교에 들어갔고, 5년 후 프라하대학교에 입학했다. 그곳에서 생활을 위해 합창단원이 됐지만, 그의 삶은 매우 어렵고 험난했다. 대학 졸업 2년 후인 1394년 석사학위를 받고 그 대학에서 2년 동안 아리스토텔레스와 잉글랜드의 급진파 종교개혁자인 존 위클리프의 실재론적 철학을 강의했다. 기득권을 쥔 독일인과 가톨릭교회는 자신들의 정책에 걸림돌인 후스를 반대했지만, 보헤미아의 벤체슬라스 왕은 악한 세대를 힘겹게 거슬러 올라가는 외로운 14세기 개혁주의자 후스를 전폭적으로 지지했고, 1409년 체코인들이 지배하는 대학교의 총장이 됐다.

총장 취임 2년 후인 1411년, 대립교황 요한네스 23세가 나폴리 왕 라디슬라스를 상대로 '십자군'교서를 내렸다. 요한네스 23세는 모든 군주에게 칼을 잡고 '교회와 우리를 방어하라.'라고 명령하면서 그의 명령에 순종하면 '애통해 하는 모든 죄를 사해 주겠다.'라고 강조했다. 절대적 권력을 쥔 요한네스 23세는 또 전투와 교회 운영에 필요한 재정 마련을 위해 면죄부 판매를 종용했다. 이때 후스는 죄 없는 형제들을 죽이는 전쟁을 성토하는 한편, 부정한 면죄부 판매를 강행하는 교황을 향해, 그의 교서는 비그리스도교적이며 신성 모독적이라 강하게 비난했다. 후스의 이러한 설득에 영향을 받은 프라하 백성은 면죄부 판매에 대항해 궐기했고, 교황의 교서를 불태우는 등 강력한 집회를 열었다.

급기야 반정부집회 주동자로 몰린 후스에 대한 재판이 곧 열렸고, 그가 재판정 출두에 불응하자 모든 공직에서 파면되었으며, 프라하 및 후스와 관련된 모든 도시에 성무를 금지하는 명령이 내려졌다. 성무 금지령이 내려진 도시에 해가 될 것을 염려한 그는 교황 세력에 대항하는 것을 멈추고 1412년 10월 프라하를 떠나게 되었다. 그는 보헤미아 남부에 거처하면서 교회론, 신앙해설(The Exposition of the Faith), 십계명 해설(The Exposition of the Decalogue) 및 주기도문 해설(The Exposition of the Lord's Prayer) 같은 탁월한 작품을 남기게 되었다.

한편, 독일의 새 왕으로 선출된 지기스문트는 1414년 사절을 보내 학문에 조용히 심취해 있는 후스를 공의회에 초청했다. 초청 후 1개월이 채 지나지 않아 교황 거처로 후스를 유인, 도미니쿠스 수도회 수도원의 지하 감옥에 수감했다. 교황의 대리인 카우시스의 미카엘과 스테판 팔레치가 그를 법정으로 끌어내, 개혁주의자 위클리프를 따르는 이단으로 정죄하는 데 성공했다. 공의회에 의해 임명된 배심원단은 그를 심문했고, 재판은 일사천리로 진행됐다. 배심원단은 모두 그의 적들로 구성되었다.

총 30개 항목으로 구성된 그의 죄목은 모두 조작된 것이었다. 그는 법정에서 읽힌 죄목들이 자기와 아무런 관계가 없다고 주장했다. 그는 서슬 퍼런 재판정에서 '나는 황금으로 가득 찬 예배당을 준다 해도, 성경의 진리에서 한 발자국도 물러날 수 없다.'라고 외쳤다. 그러나 그는 위클리프파 이단으로 정죄 되어 사제직을 공식 박탈당했으며, 사형 집행을 위해 세속 군인들에게 넘겨졌다. 1415년 7월 6일 악한 교황 세력들은, 불꽃이 몸을 삼킬 때까지도 기도하고 있는 15세기의 탁월한 개혁주의자 요하네스 후스를 화형에 처했다. 용기 있는 그의 선택은 민족적, 종교적 열정이 가득한 성도들의 마음을 움직여, 가톨릭교회와 독일인이 지배하는 제국에 대항하도록 했다. 이미 화형에 처한 후스가 무기를 든 비성경적 세력들을 격파하게 된 것이다.

21세기를 맞아 한국 교회의 손꼽히는 교단들이 앞장서 종교개혁이나 교회개혁을 힘있게 외치고 있다. 이대로는 안 되겠다는 신앙적, 신학적 위기감이 손꼽히는 교단 및 의식 있는 교회 지도자들의 마음을 움직이고 있다. 전통과 인습에 얽매여 세워지고 진행된 교회 행태들을 깨뜨리고자 최선을 다하고 있다.

21세기를 주도하는 교회 지도자들은 사람의 마음에 드는, 그래서 반성경적인 교회를 이 땅에 세워서는 안 된다. 오직 하나님 말씀에 근거한 참된 교회를 우주적으로 세워 드려야 한다. 아무리 큰 고통과 어려움이 닥쳐온다 할지라도 성경을 벗어난 불순종을 교회가 범해서는 안 된다. 성경을 따라, 성경을 실천하기 위해 우리의 목숨마저 바치는 것이 신앙의 순결을 지키는 것이다. 오늘 한국 교회는 그러한 목회자, 그런 순수한 지도자를 바라고 있다. 15세기 후스가 화형을 당하면서까지, 오직 성경 말씀을 그대로 실천한 것처럼 진리를 위해 목숨을 거는 바른 지도자가 한국 교회에 절대적으로 필요하다.

28
인쇄술 발명한 요하네스 구텐베르크
(인쇄술 발명하던 구텐베르크, 돈이 없어서…)

    독일이 낳은 탁월한 인쇄 기술자요, 발명가인 요하네스 구텐베르크는 마인츠 지역의 품위 있는 귀족 가문의 아들로 태어났다. 그는 젊었을 때부터 금 세공사 조합에 가입해 좋아하는 금속 세공기술을 열심히 익혔다. 1430년쯤 마인츠 지역에 있는 금속세공 조합 측과 귀족계급 사이에 이견이 생겨 치열한 다툼이 벌어졌다. 그때에 귀족인 구텐베르크는 마인츠에서 강제 추방되어 슈트라스부르크(현재 프랑스의 스트라스부르)로 도피했다. 지금까지 남아 있는 사료에 따르면 1434년 3월 14일부터 1444년 3월 12일까지 구텐베르크는 그곳에서 세공업자들과 함께 보석과 거울을 제작하면서 수많은 제자를 양성했다고 전해진다.

    그러나 계층 간 싸움을 피해 프랑스로 도피한 구텐베르크는 그곳에서도 여전히 하나님 주신 달란트를 충분히 발휘해서, 고급 인쇄술을 연구, 발명하면서 15세기 당시 최고 기술자 수준에 도달했다. 그러나 그는 불행하게도 자신이 발명한 인쇄기술을 실용화할 수 있는 자본이 전혀 없었다. 그래서 당시 부자요 재정가인 요한 푸스트를 설득해 자신이 소유한 인쇄기를 담보로 800길더라는 꽤 많은 돈을 빌렸다. 2년 뒤 요한 푸스트는 비전 있어 보이는 구텐베르크 인쇄술에 800길더를 더 투자해 인쇄술 사업의 동업자가 됐다. 구텐베르크에게 많은 돈을 투자한 푸스트는 자신에게 주어질 이익 배당금을 위해 신속한 결실이 맺어지기만 바라고 있었다. 기술자 구텐베르크가 빨리 돈이 되는 작품을 세상에 내놓도록 종용하였다.

그러나 구텐베르크는 돈만을 위해 질이 떨어지는 작품을 무조건 만들기보다 가능한 최고의 질 좋은 작품을 선보이기 위해 온 힘을 다했다. 생각이 다른 두 사람 사이에는 심각한 갈등이 생겨났다. 급기야 푸스트는 자신이 투자한 모든 자본을 돌려달라는 소송을 법원에 제기했고, 곧 승소했다. 사실 발명가 구텐베르크의 꿈은 중세의 전례(典禮)에 관한 필사본들의 아름다운 색깔이나 디자인까지 전혀 손상하지 않고 원본대로 재생하는 것이었다. 그러나 푸스트가 소송에서 이기면서 그의 꿈은 완전히 사라지게 되었다. 구텐베르크는 요한 푸스트에게 두 번에 걸쳐 빌린 원금과 복리이자를 합한 2,026길더를 갚으라는 법원의 판결을 받고, 세기적인 발명품을 완성할 기회를 잃었으며, 재정적인 파산에까지 이르렀다.

승소한 이후 악덕 자본가 요한 푸스트는 구텐베르크가 만들어 놓은 42행 성경의 활자, 걸작인 시편(psalter)의 활자, 구텐베르크가 소유한 인쇄설비 관리권을 모두 갖게 됐다. 그는 소송으로 구텐베르크가 발명한 기술과 시설물을 합법적으로 사용할 수 있게 되었다. 자신의 사위이자 구텐베르크의 인쇄소에서 가장 뛰어난 숙련공이었으며 1455년 재판에서 구텐베르크에게 불리한 증언을 했던 소인배 페터 쇠퍼의 도움으로 그는 인쇄사업을 계속했다. 1457년 8월 14일 인쇄업자의 이름(푸스트와 쇠퍼)이 들어 있는 유럽 최초의 시편이 완성되어 독일 마인츠에서 발행되었다.

위 시편은 하나의 조판대 위에 여러 색의 잉크를 칠하는 기법으로 하고 있었다. 이는 매우 독창적인 기술로, 정교한 소용돌이무늬로 가장자리를 장식했으며 수백 개의 색상으로 머리글자를 디자인했다. 전문가들은 구텐베르크가 패소로 말미암아 인쇄설비 사용권을 푸스트에게 넘긴 1455년 11월 6일부터, 시편이 출판된 1457년 8월 14일 사이에 푸스트와 쇠퍼가 정교한 인쇄기구들을 독자적으로 고안했다고 보지 않는다. 모든 것을 탁월한 구텐베르크의 머리에서 나온 세기적인 작품으로 보고 있다.

구텐베르크는 1453년 콘스탄티노플이 함락된 뒤 터키의 침공이 곧 닥치리라는 것을 알리는 경고장인 터키력(曆)을 1454년 12월 인쇄해 1455년부터 사용했으며, 면죄부와 학교문법 책 등도 인쇄했다. 악덕 자본주 때문에 사업에 실패한 구텐베르크는 말년에는 거의 실명에 이르렀다. 선거후(選擧侯)인 아돌프 폰 나소 공(公)이 그를 불쌍히 여겨 조신(朝臣)으로 삼아 해마다 의복, 식량 및 포도주를 국가로부터 받을 수 있도록 면세성직 록(免稅聖職 祿)을 주어 여생을 가까스로 연명할 수 있었다.

구텐베르크가 고통 중에 발명한 활판 인쇄술은 큰 변화 없이 오늘날 21세기까지 그대로 사용하고 있다. 많은 활자를 정확히 주조할 수 있도록 자모(字母)들이 각인된 펀치 모형(활자의 앞면을 주조하는 데 사용한 금속 각주)을 부착한 주형, 활자 합금, 포도주 제조 및 제지, 제본할 때 쓰이는 프레스를 응용해서 인쇄기 외 유성인쇄잉크를 사용 가능하게 했다. 이러한 특징은 당시 중국이나 한국의 인쇄술, 또는 여러 종류의 목판에 활자를 찍었던 유럽의 인쇄기술에서도 찾아볼 수 없는 요하네스 구텐베르크만의 특이한 작품세계였다.

돈이 없어서 동업하게 된 악덕 자본가들 때문에 인쇄술의 천재 구텐베르크는 큰 뜻을 펼치지 못하고 육체적 어려움을 당했다. 그럼에도, 세상에 남겨진 그의 탁월한 인쇄술은 수많은 성경 및 다양한 책들을 인쇄하였다. 15세기 교회 성도들이 성경을 구매하고 말씀을 읽을 수 있도록 큰 공헌을 했다. 그가 발명한 인쇄술로 발행된 성경을 평신도들이 사서 읽으면서 15세기부터 시작된 루터와 칼뱅의 위대한 종교개혁이 수세기 앞당겨지는 중요한 지렛대 역할을 했다.

종교개혁의 공로자로, 약삭빠른 자본가요 의리 없는 푸스트와 쇠퍼를 지명하지 않는다. 비록 말년에 눈이 멀고 돈이 없어서 고통받았지만, 나라와 민족과 교회를 위해 지조를 지키며 끝까지 자신을 던진 구텐베르크를 우리는 종교개혁의 숨은 공로자로 입술에 올려놓는다.

현대 사회를 한 눈으로 살펴보면, 오직 자신의 유익만을 위해 약삭빠르게 움직이는 사람들이 늘 승리하는 것처럼 보인다. 자신의 출세와 이익을 위해서라면 타인과 맺은 의리, 지조 또는 약속도 헌신짝처럼 팽개쳐버리는 약삭빠른 사람들에 의해 사회와 국가, 교회가 움직이는 것처럼 느껴진다.

그러나 우리는 신앙의 눈으로 역사를 잘 살펴봐야 한다. 지금까지 교회사나 세계사, 유구한 우주 역사 속에도 약삭빠른 현실주의자들을 통해 세상이 움직인 적은 한 번도 없었다. 손해를 보더라도 미래 지향적으로 넓은 우주를 바라보고 지조를 지키며 진실하게 달려가는 것이, 최종적인 승리의 유일한 방책이라고 역사는 웅변해 준다. 진실 때문에 손해 보는 인생으로 보일지라도, 때가 되면 지조를 지킨 진실한 구텐베르크가 역사 속에서 승리한 것처럼 하나님과 세상 사람들이 그를 고귀한 자리로 복귀시킬 것이다. 세상 사는 성숙한 사람이라면, 입으로 한 번 발한 약속을 의리와 지조 없이 헌신짝처럼 내던지는 세태에 적극적으로 도전해야 한다.

29
이탈리아의 종교개혁가 사보나롤라
(개혁의 요체는 구성원들의 수준)

15세기 이탈리아 종교개혁가 사보나롤라는 1452년 9월 21일 페라라 공국의 페라라에서 부친 니콜로 사보나롤라와 모친 엘레나 보나코르시의 아들로 태어났다. 그는 당대 유명한 의사로서 도덕과 신앙원칙들을 엄격히 지키며 살던 친할아버지 미켈레에게 신앙 및 삶에 대한 교육을 받았다. 할아버지로부터 지대한 영향을 받은 사보나롤라는 어린 시절부터 예절, 예술, 시, 종교를 타락시키는 인본주의적인 이교 사상을 무척 싫어했다. 나라와 민족, 나아가 국민이 심각하게 부패하게 된 원인을 인본주의에 물든 타락한 이방 종교의 고위 성직자들에게서 비롯됐다고 생각했다.

그래서 사보나롤라는 1475년 4월 24일 의학공부를 접고, 이탈리아 심장부인 볼로냐에 있는 도미니쿠스 수도회에 전격 가입해 성직자의 길을 걷게 되었다. 1482년부터는 피렌체 산마르코 수도원에서 성경을 가르치는 강사로 봉직하며 높은 학식과 경건한 금욕생활로 커다란 명성을 얻게 되었다. 1485, 1486년 사순절에는 산지미냐노에서 '하나님의 교회는 절대적으로 개혁이 필요하며, 벌을 받은 다음에야 쇄신될 것'이라는 예언적인 주장을 거침없이 했다. 1490년에는 타락한 정부와 교회 권력자들의 폭정을 설교를 통해 과감히 비판했다. 그는 드디어 의식 있는 국민의 옹립으로 피렌체를 끌고 갈 수 있는 강력한 정치, 종교적 지도자가 되었다. 그는 윤리를 강조해 시민은 도박에 사용했던 물건들을 모두 버리고, 타인에게서 부당하게 취득한 이익금을 다시 돌려주었다. 탁월한 지도자 사보나롤라 덕분에 타락한 피렌체에는 일시적이나마 소망의 빛을 갖게 되었다.

그런데 위와 같은 사보나롤라의 윤리적 개혁에 반대하는 사람들이 한군데 모여 '아라비아티(Arrabbiati)'라는 이름으로 당파를 형성했다. 반개혁주의자들은 밀라노의 공작과 교황 같은 외부의 수구 세력들과 결탁, 동맹을 맺었다. 그들은 수구적인 신성동맹(神聖同盟 Holy League)에 이미 가담한 상태였고, 피렌체의 동맹 가입을 막는 큰 장애물이 개혁주의자 사보나롤라라고 믿고 있었다. 그러나 사보나롤라의 인기가 사회적, 교회적으로 매우 높았기 때문에 그를 제거할 수 없었다. 그래서 교황은 그에게 추기경 자리를 제의하면서 자기 밑에 두고 적절하게 이용하려고 했다.

그러나 갑자기 피렌체의 정치, 경제적 상황이 지도자 사보나롤라에게 불리하게 진행되기 시작했다. 이에 따라 사보나롤라의 권위도 약화되었다. 아라비아티당은 그것을 기회로 삼아 로마 교황청에 돈을 바쳐 사보나롤라에 대한 파문장을 얻어내었고, 모든 공직에서 그를 파문시키는 데 성공했다. 그는 이런 반대 세력들에 전혀 대항하지 않고 연구와 기도에만 전념하면서 침묵을 지켰다.

다혈질이었던 제자 프라 도메니코는 사보나롤라의 파문이 무효라고 주장하는 사람들을 소집해 '불을 통한 신성재판으로 시비를 가르자!'라고 강력히 요구하였다. 그의 요청으로 급기야 재판을 위한 규칙이 만들어졌고, 제자 프라 도메니코와 프란체스코 수도회소속 수사들이 신성재판에 소환되었다. 누구든지 재판을 받는 동안 도망치거나 몸을 비틀면 패소되는 것으로 규칙을 정했다. 위와 같은 법 규정 때문에 사보나롤라와 개혁주의자들은 조용히 앉아 있었다. 그러나 이를 틈타 사보나롤라의 반대파 아라비아티당은 폭동을 일으켜 법원 경비병들을 물리치고 사보나롤라, 프라 도메니코와 그 밖의 개혁주의적인 제자들을 죄인처럼 강제로 붙잡아 투옥 시켰다.

정적들로 구성된 불법위원회는 사보나롤라를 비롯한 개혁주의자들을 혹독하게 고문했으며, 거짓 죄목을 만들어 뒤집어씌우기 시작했다. 사보나롤라와 그의 제자들은 반개혁적인 정적들에 의해 세속 군대에 넘겨져 1498년 5월 23일 사보나롤라는 화형으로, 다른 제자들은 모두 교수형으로 생을 마감했다.

이탈리아 피렌체에 불었던 종교 및 정치 개혁의 바람은 수준 낮은 수구주의자들과 무지하고 세속적인 국민의 무관심으로 안타깝게도 여기서 멈추었다. 이탈리아는 1백 년의 성장을 앞당길 수 있는 개혁의 기회를 놓치고 말았다. 민족의 탁월한 지도자 사보나롤라를 타락한 도시 피렌체가 만났지만, 어리석은 이탈리아 국민이 큰 그릇을 알아보지 못하고 화형에 처하므로 후진적인 도시로 다시 쇠퇴시키고 말았다. 탁월한 지도자와의 만남도 중요하지만, 그 지도자를 수용할만한 국민의 수준도 높아져야 국가가 발전할 수 있다는 교훈을 남겼다.

오늘날 대한민국 정치와 경제 나아가 교회는 올바르고 탁월한 공복, 즉 제대로 된 지도자의 부재를 공동체 침체의 중요한 원인으로 꼽는다. 탁월한 지도자가 없어서 사회와 국가 및 종교가 극도로 미천한 상태에 놓여 있다는 것이다. 일면 매우 올바른 지적이며, 근거 있는 충고라 본다. 그러나 국가와 사회의 후진성이 탁월한 공복으로서의 지도자 부재에서만 발생했다고 보기에는 미심쩍은 부분이 많이 있다. 좋은 지도자의 부재와 더불어, 좋은 지도자들이 훌륭한 리더십을 발휘할 수 있는 수준 높은 구성원의 부재도 침체의 중요한 원인이 되고 있다. 탁월한 지도자의 부재를 말하기 전에, 탁월한 리더십을 발휘할 수 있는 밭, 즉 수준 높은 구성원들이 공동체에 있어야 아름다운 사회, 성숙한 공동체를 이룰 수 있다.

이탈리아의 탁월한 지도자인 사보나롤라를 15세기 국민의 무지한 까닭으로 말미암아, 감정으로 치달아서 화형에 처한 것이, 국가와 교회발전을 무려 1백 년이나 후퇴시켰다는 것을 우리는 가슴속 깊은 교훈으로 삼아야 한다.

30
메시지 있는 크리스천 화가 미켈란젤로
(시대 초월한 기독교 예술을 기대하며)

세계적인 천장 화가로 오늘까지 우리에게 알려진 미켈란젤로 부오나로티는 1475년 3월 6일 피렌체의 소규모 은행 사업가 아들로 태어났다. 13세가 된 미켈란젤로는 아버지의 극심한 반대에도 훌륭한 화가가 되기 위해 15세기 당시 피렌체에서 가장 유명한 화가인 도메니코 기를란다요 밑에서 도제살이를 시작했다. 하지만, 1년 뒤 스승 기를란다요에게 더는 배울 것이 없다고 판단하여, 그곳을 떠나게 되었다. 그는 곧바로 피렌체의 통치자 로렌초 데 메디치의 후원을 받아 고대 로마 조상(彫像)의 단편인 메디치가(家)의 소장품들을 자세히 관찰하게 되었다. 그는 메디치가 소유의 귀중품 관리를 담당하던 청동 조각가 베르톨도를 그곳에서 만나 수준 높은 조각 작품 제작 기술을 배우게 되었다.

1494년쯤 메디치가의 몰락으로 피렌체를 떠나 볼로냐에 도착한 그는 지금까지 익힌 피렌체 전통이 풍기는 작은 조상(彫像)을 도미니쿠스의 묘지에 대리석으로 조각했다. 바코스의 축제 분위기를 자아내는 불안정한 구도를 취해 정면보다는 사방에서 작품을 감상할 수 있도록 묘하게 제작했다. 이후 베드로 대성당에 있는 피에타 제작을 주문받아 두 인물 간 차이를 크게 강조했다. 남성과 여성, 수직과 수평, 옷을 입은 모습과 나체상, 죽은 자와 산 자를 각각 조각해 인간들의 대조적 요소를 예술적으로 표현했다. 이토록 특색 있는 작품 때문에 그의 명성은 매우 높아졌으며 유명한 피렌체 대성당의 〈다비드〉를 제작해 달라는 청탁을 받았다(1501). 거대한 규모에 맞는 기하학적 양식이면서도 불균형적인 자세로 유기적인 생명체를 넌지시 강조해서 고대 조각 방식에 매우 가깝도록 했다.

1505년에 교황 율리우스 2세는 그에게 로마로 소환해 시스티나 예배당의 천장화를 맡겼다(1508-12). 시스티나 예배당은 새 교황 선출과 취임식 등 커다란 교회 행사를 위해 사용되고 있었다. 그는 12명의 예언자를 천장의 가장자리에 배치하고, 기다란 둥근 면의 중앙 부분에 구약성경 창세기에 나오는 9개의 장면을 채웠다. 세 장면은 천지창조 기사를, 또 다른 세 장면은 아담과 이브의 이야기를, 나머지 세 장면은 노아의 홍수 심판 이야기를 사실대로 묘사했다. 위풍당당한 장군의 모습을 지닌 사람들과 더불어 비극적인 슬픔이 가득히 내재한 두 형태의 인물들을 작품 속에 표현했다. 작품 속에 나타난 인물들의 불완전함을 통해 영웅적인 모습 및 비극적인 모습을 갖도록 그렸다. 아담 시대 창조 같은 조화롭고 아름다운 장면으로부터 불순종한 예언자 요나의 뒤틀린 장면을 동시에 그려

나갔다.

미켈란젤로는 거의 같은 시기, 자유 없이 틀에 갇혀 있는 불쌍한 노예를 다룬 2점의 조각상을 제작했다. 이 작품들 역시 천장화에 삽입한 나체의 청년상들처럼 변화무쌍한 인물 유형을 돌에 깊이 새겼다. 이후 1527년까지 교회의 대리석 내부와 아주 독창적인 벽의 설계 및 무덤에 세울 조상(彫像) 제작에 몰두했다. 방의 맞은편 벽에 있는 2개의 묘소 또한 매우 독창적으로 만들었는데, 석관의 덮개가 둥글 뿐 아니라 그 위에 남성상과 여성상이 대조적으로 놓여 있게 했다. 낮과 밤을 상징하는 조각상들이 한 묘소에 놓여 있으며, 다른 묘소에는 새벽과 황혼을 상징하는 조각상들이 나란히 놓여 있도록 제작했다. 그가 만든 조각상들은 순환하다 결국 죽음에 이르는, 피할 길 없는 시간의 대조적인 움직임을 나타내었다.

1534년에는 새 교황 파울루스 3세의 주문을 받아 시스티나 예배당 끝 벽에 거대한 '최후의 심판'을 그리게 되었다. 짙은 하늘색 바탕 위에 등장한 사람들은 갈색으로 채색, 활기차게 표현한 모습을 찾아볼 수 없었다. 그림 속에 등장한 인물들의 몸통은 허리선도 없이 단순한 덩어리로 묘사됐다. 구원받은 천국의 영혼들은 두터운 대기를 통과해 위로 올라가도록 묘사했고, 저주받은 지옥의 백성은 아래로 가라앉는 비참한 모습으로 그렸다.

위에서 우리가 알 수 있는 것처럼 15-16세기 역동적으로 활동한 미켈란젤로는 그의 작품 세계를 통해 인간의 비극적, 희극적 부분을 양면적으로 표현한 위대한 예술가 중 한 사람이다. 인간의 본질적인 모습을 성경을 거울로 삼아 이해하고, 그것을 메시지화해 시각적인 작품으로 승화시켰다. 감상하는 사람들이 성경에 나타난 인간의 본질을 효과적으로 깨달을 수 있도록 예술성과 실용성을 균형 있게 표현했다. 이것 때문에 그는 살아 있는 동안이나 죽은 이후 현대에 이르기까지 여러 세기에 걸쳐 가장 위대한 예술가 중 한 사람으로 추앙받고 있다.

오늘날 21세기의 탁월한 화가들은 새로운 화법을 사용해서, 의미가 있고 철학이 있는 그림을 화폭에 가득 담아내곤 한다. 음악이나 조각 작품들도 세상과 인간의 철학과 형태를 효과적으로 담아내고 있다. 서울의 대학로에 서 있는 수많은 조각품, 인사동 화랑에 전시된 다양한 회화 작품들의 깊은 메시지가 우리의 가슴을 뜨겁게 움직인다.

그런데 우리를 매우 아쉽게 하는 것은 그토록 많은 예술작품 중에서 성경과 신학을 토대로 제작된 깊이 있는 작품을 찾기가 매우 어렵다는 것이다. 기독교인으로서, 성경을 잘 아는 탁월한 예술 작가가 부족해서 그럴 수 있다고 위로해 보지만, 가슴 한편, 여전히 허전한 것은 부정할 수 없다. 예술의 세계는 세상에 존재하는 사람들의 마음을 움직이는 매우 강하고 효과적인 도구이다. 탁월한 예술성과 동시에 실용성을 갖춘, 그래서 깊은 메시지가 있는 크리스천의 작품을 오늘 우리는 만나고 싶다.

31
구교에 맞선 종교개혁자 마르틴 루터
(교회개혁은 진정한 용기와 말씀으로!)

　　기독교의 위대한 역사를 다시 쓴 종교개혁의 주인공 마르틴 루터는 1483년 독일 튀링겐 아이슬레벤의 한 시골에서 광부의 아들로 태어났다. 그의 아버지는 여섯 개의 갱도와 두 개의 주물 공장을 소유하고 있었고, 구의원으로 도시 중심가에 저택을 보유한 큰 부자였다. 아버지는 루터가 18세였던 1501년 그를 에르푸르트 대학으로 유학 보내 문학사 학위를 받게 했다. 이후 루터는 변호사가 되기 위해 법학을 공부하다 숲 속에서 말을 타던 친구가 낙상으로 사망하자 법률가의 꿈을 접고 1505년 에르푸르트에 있는 수도원 5곳 중 하나인 아우구스티누스 수도원에 들어가 성직자의 길을 걷게 되었다.

　　수도원에 기거하던 중 그의 비범한 학문적 자질을 알아본 선배 성직자들의 권유로 신학을 더욱 깊이 있게 공부해 비텐베르그 대학교에서 1512년 신학박사 학위를 취득하고, 동 대학 윤리철학 강사가 되었다. 그는 사도 바울을 주로 강의했으며, 교구 내 한 교회에서 매일 설교하기도 했다.

그는 가톨릭교회의 절대적인 신학과 가르침에 따라 경건한 삶을 살아서 스스로 구원을 완성하기 위해 몸과 마음을 다 바쳤다. 그러나 가톨릭의 중요 교리에 따라 신앙고백과 고해성사, 금식과 철야 기도 등을 쉼 없이 해도 마음속에 평안함이 오지 않았다. 빌라도 집의 계단으로 추정되는 스칼라 상타의 28개 계단을 무릎으로 기어오르면서 계단마다 키스하고 라틴어로 된 주기도문을 외우며 구원의 완성을 스스로 꾀했지만, 크리스천으로서 당연히 있어야 할 행복과 구원의 확신이 생기지 않았다. 그는 내면에 깊숙하게 들어 있는 정욕을 제거하고 거룩하게 살고자 몸부림칠수록 영적인 고통만 더해간다는 것을 깨달았다.

그러던 어느 날 루터는 '의인은 믿음으로 말미암아 살리라.'라는 하박국 말씀과 신약성경 로마서(특히 1장 17절)를 깊이 있게 읽으면서, 사람의 노력 때문이 아니라 하나님이 인간에게 선물로 주신 오직 믿음으로 구원을 완성할 수 있다는 '이신칭의'의 심오한 진리를 깨닫게 됐다. 올바른 하나님의 자녀가 되고자 무릎을 깨뜨렸던 피나는 노력과 오직 성경에서 구원의 진리를 캐내고자 전력으로 연구 헌신했던 루터를 통해 세속화된 16세기 독일교회가 긴 잠에서 깨어나는 순간이었다.

수백 년 동안 잠자고 있었던 복음의 진수요 진리가 루터를 통해 비로소 긴 겨울잠에서 깨어나게 되었다. 인간적인 종교의식을 아무리 행해도 구원받을 수 없고, 오직 하나님 주신 믿음이라는 선물을 통해서만 천국 백성이 될 수 있다는 성경의 위대한 진리를 깨닫고 그는 비로소 마음속에 평화를 얻었다. 하나님이 자신의 마음속에 믿음을 선물로 허락하사 구원을 주셨기에 지옥에 떨어질 것을 걱정할 필요가 없다는 것을 알게 된 것이다.

한편, 이때 독일 브란덴부르크의 귀족 알베르트는 거액의 돈을 빌려 마인트의 대주교 직을 구매했기 때문에, 빌린 돈을 되갚을 방법을 골똘히 찾기 시작했다. 좋지 않은 방면으로 천재적인 능력을 지닌 그는 당시 교황을 꼬드겨 서로 간 윈윈(win-win)의 빅딜을 이루어냈다. 소위 면죄부(거룩한 장사)를 만들어 무지한 교회 성도들에게 팔아서 절반은 교황이 성 베드로 성당을 건축하는 데 사용하고, 절반은 자신이 챙겨 빚을 갚는 데 사용하기로 합의했다.

이토록 음흉한 빅딜을 효과적으로 수행하기 위해 그들은 당시 도미니쿠스의 수도사이자 유명한 설교가요 웅변가였던 요하네스 테첼을 면죄부 판매의 최고 책임자로 임명했다. 그는 전국교회를 돌아다니면서 탁월한 언변으로 '동전이 헌금함에 짤랑하고 떨어지면 연옥에서 고통 받는 영혼이 해방된다.' '죽은 친척과 친구들이 당신을 향해 우리를 불쌍히 여겨주세요, 우리를 불쌍히 여겨주세요, 우리는 견디기 어렵습니다. 당신이 약간의 기부금만 내면 우리를 이러한 연옥의 고통에서 벗어나게 할 수 있어요, 라고 애걸하는 목소리를 들어 보세요.'라고 침이 마르도록 설교했다. 사랑하는 친구나 친지들이 연옥에서 고통을 당하고 있다는 설교를 듣고 불쌍한 그들을 천국으로 보내기 위해 수많은 성도가 면죄부를 구매하고 기부금을 내기 시작했다.

16세기 당시 교황에 의한 사악한 면죄부 판매 정책으로 교회공동체는 부패할 대로 부패해서 심각한 세속화의 급물살을 타고 있었다. 총체적인 기독교의 타락과 위기의 때 공의의 하나님은 미리 훈련하고 준비해 놓은 루터를 참된 교회 개혁사역에 투입하셨다. 하나님을 진실하게 믿는 34세의 젊은 학자요, 신실한 신앙인 마르틴 루터는 1517년 10월 31일 소위 '모든 성인의 축일' 전야에 당시 가톨릭이 지닌 95개의 왜곡된 신학과 신앙을 조목조목, 그러나 용기 있게 지적하면서 선배 성직자들에게 그것을 깊이 있게 토론하여 달라고 요청했다. 루터가 비텐베르그 교회 정문에 못을 박아 부착한 95개의 반박문은 그렇게 만들어졌다.

이때부터 루터는 가톨릭 교리에 정면 대응하는 신학과 신앙의 최전방 투사가 되었다. 교회 전통 속에서 무분별하게 인정되던 '가톨릭 종교회의의 절대 무오성'과 '교황의 절대적인 권위'를 부인하기 시작했다. 지난날 구텐베르크에 의해 제작된 인쇄술을 선용, 자신의 은혜신학을, 책을 통해 분명히 밝히는 최선두 투사가 되었다. 선물로 미리 주신 탁월한 인쇄 기술을 이용해 신학 서적과 신학 주석 등을 편찬하고 종교개혁을 주도했으며, 40세 때는 격주마다 한 권씩 기독교 서적을 출판해서 종교개혁의 위대한 불씨를 힘 있게 당겼다.

120년이라는 짧지 않은 역사를 지닌 한국의 개신교회는 서슬이

퍼런 권력과 무기 앞에서도 목숨을 걸고, 오직 하나님의 신실한 말씀만을 당당하게 말하며 외쳤던 16세기의 마르틴 루터를 깊이 상고해야 한다. 오직 하나님 말씀으로만 교회 강단을 가득 채워 하나님의 교회를 교회답게 세워야 한다. 세속화 물결에서 절대 벗어날 수 없는 한국의 개신교회는 오직 성경 말씀으로만 제2의 종교개혁을 이루어야 한다. 사람을 보지 않는 진정한 용기를 가슴에 품고, 오직 하나님의 말씀만 선포할 16세기 루터 같은 영적 지도자를 한국 교회는 간절히 기다리고 있다. 성경에 있는 복음만이 교회 속에 외쳐지고, 그것이 제대로 실천될 때 궁극적인 교회의 승리와 성공이 이루어질 수 있다.

32

개혁 신학의 태두 장 칼뱅
(칼뱅은 세르베투스 화형에 책임이 있나)

　장 꼬뱅(Jean Cauvin, 장 칼뱅의 본명)은 1509년 7월10일 프랑스 북부 삐까르디(Picardie)의 누와용(Noyon) 마을에서 아버지 제라르 꼬뱅(Gérard Cauvin)과 어머니 쟌느 르프랑(Jeanne Lefranc) 사이의 둘째 아들로 태어났다. 그는 1523년 8월 파리 마르슈 학교(Collège de la March)에 입학했는데, 그때 자신의 이름을 라틴어 Ioanis Calvinus(요아니스 칼비누스)로 개명했고, 프랑스어로 Jean Calvin(장 칼뱅)이 된다.

　1523년 말 몽떼귀(Montaigu) 학교에 입학해 꼽(Cop) 가문 사람들과 사촌 삐에르 로베르 올리베땅(Pierre Olivetan)과 깊게 교제했다. 그들의 영향으로 칼뱅은 로마 가톨릭 신앙을 버리고 개신교도가 되었다. 1527년에는 아버지의 권유로 법학자 피에르 드 레스뚜

왈(Pierre de L'Estoile)이 교수로 있는 오를레앙 대학 법학과에 들어갔다. 당시 법학도가 되는 것은 출세와 성공을 보장받는 지름길이었다.

칼뱅은 오를레앙 대학에서 멜키오르 볼마르(Melchior Wolmar) 교수를 만나 헬라어를 접하고, 1529년 여름 부르쥬(Bourges) 대학으로 옮겨 역사학파의 설립자이며 법학자인 동시에 인문주의자인 이탈리아인 안드레아 알키아티(Andrea Alciati)를 만나 신학을 하는 데 중요한 기초가 될 역사학을 심도 있게 공부했다. 이후 왕립대학에 편입, 인문학과 신학을 조화롭게 결합하는 새로운 방법을 알게 되었다. 이때 구약성경을 깊게 공부할 수 있는 히브리어도 함께 배웠다.

그는 1536년 제네바교회 목사 파렐의 간청으로 제네바의 쌩 피에르 성당(St. Pierre Cathedral)에서 바울 서신을 강해하는 성경교사로 사역을 시작했다. 1537년 1월 16일에는 제네바교회의 개혁을 위해 필요한 규정들을 시의회에 제출하여 통과되자, 시민에게 교리교육서 및 신앙고백서를 제시했다.

그러나 제네바 시민이 그것에 동의하도록 하는 일은 순조롭지 못했다. 그래서 1538년 9월에 이르러 그는 마르틴 부처와 볼프강 카피토의 종용으로 슈트라스부르크로 건너가 4-5백 명 정도의 프랑스 망명객 성도들과 함께 새로운 교회를 설립했다. 그때 재세례파로 알려진 장 스또르되르(Jean Stordeur) 부부와 두 아이(1남1여)를 전도해 개신교회 회중에 합류시켰다. 1540년 봄 장 스또르되르(Jean Stordeur)가 페스트로 사망하자 1540년 8월 6일 그의 부인, 이델레뜨 드 뷔르(Idelette de Bure)와 칼뱅은 전격 결혼했다.

1541년 5월 1일 제네바 시의회는 칼뱅을 다시 제네바교회의 목사로 초빙했다. 1541년 9월 제네바에 도착한 칼뱅은 4명의 제네바 목사들과 새로운 교회법을 제정, 같은 해 11월 20일 시의회로부터 승인을 받았다. 제네바 시의회는 칼뱅 포함 3명을 시민법 제정위원으로 위촉했다. 그러나 칼뱅과 위촉된 위원들이 제정한 엄격한 교회법과 시민법 때문에 제네바 시민의 저항이 잇따르게 되었다. 그래서 1549년 1월 18일 시의회는 포고문을 발표하여 개혁주의를 표방하는 종교법을 제네바 시민이 모두 지키도록 요구했다. 모든 시민이 기독교적인 엄격한 생활을 준수하며 교회 예배에 충실히 출석하라고 권고했다. 특히 사회 지도자 위치에 있는 사람들이 법규 실천에 모범을 보이라고 요청했다.

파란만장한 삶을 살아온 칼뱅은 1564년 2월 2일 에스겔서를 인용하며 마지막 강의를 했고, 같은 해 2월 6일에는 마지막 설교를 했다. 4월 27일 그는 후계자로 베자를 추천했고, 1564년 5월 27일 55세를 일기로 사망, 다음날 비밀리에 매장됐다. 칼뱅은 자신의 이름이 세상에 드러나고 숭배되는 것을 두려워해 비밀리에 매장하도록 유언하였고, 오늘날 우리는 무덤의 위치조차 알지 못한다.

칼뱅의 생애에서 지금까지 많은 논란이 되는 것은 세르베투스의 처형에 대한 그의 역할이다. 세르베투스는 1530년에 〈De Trinitatis Erroribus(삼위일체의 오류에 대하여)〉라는 책을 출판했다. 그는 책에 삼위일체의 존재 방식은 '머리 셋 달린 Cerberus(신화 속의 동물)이며, 어거스틴의 망상이고, 마귀의 착상이다.'라고 적었다. 이것 때문에 세르베투스는 1533년 스페인 종교재판소로부터 사형을 선고받았다. 제네바 시의회는 세르베투스에 대한 재판을 열었고, 칼뱅은 세르베투스의 이론을 철저히 논박하도록 시의회로부터 요청받았다.

칼뱅은 프랑스 국민으로, 스위스 제네바에 거주하는 외국인일 뿐이었기 때문에 세르베투스의 재판에 직접 영향을 미칠 수는 없었다. 그래서 증인으로 재판에 참여한 칼뱅은 특유의 차분함으로 세르베투스의 잘못된 이설을 지적해 나갔다. 그럼에도, 세르베투스는 기독교 정통교리인 삼위일체를 계속 부정했다. 세르베투스에 대한 재판은 제네바와 자매 관계를 맺은 네 곳(취리히, 베른, 바젤, 샤프하우젠)에서 두 달 넘도록 동시에 진행됐다. 네 도시 모두 세르베투스는 사형에 해당한다고 편지를 보내왔다.

제네바 시의회는 3일에 걸친 논의 끝에 만장일치로 '가장 고통스러운 사형' 즉 화형을 그에게 선고했다. 이때 증인으로 참여한 칼뱅은 시의회 쪽에 감형을 요청하면서, 적어도 고통 없이 죽을 수 있는 참수형으로 바꿔달라고 간절히 구했다. 그러나 시의원들은 그의 요청을 거절했다.
결국, 세르베투스는 칼뱅 생전에 종교적인 이유로 제네바에서 사형당한 유일한 사람이 됐다. 이 사건은 현재까지 격론이 되고 있다. 칼뱅을 비난하는 사람들은 그가 세상의 권력을 탐해 시의회에 화형을 반대하지 못했다고 헐뜯고 깎아내린다. 따라서 그에게 주어진 세간의 존경은 부당하다고 지적한다. 이단 세르베투스의 사형에는 찬성했지만, 극한 처형인 화형에 반대한 것은 당시 칼뱅밖에 없었다는 사실을 그들은 일부러 무시한다.

개혁신학의 태두였던 칼뱅은 그의 대작 〈기독교 강요〉 등을 통해 개신교 신학을 집대성했고, 오늘날까지 개혁교회 및 장로교회를 통해 그것들은 대부분 계승되고 있다. 칼뱅은 성경만(Sola Scriptura)이 모든 삶의 기초나 중심이 돼야 한다고 주장했다. 신앙의 진정한 권위는 오직 성경에 있으며, 조직이나 교회 건물에 있는 것이 아니라고 선언한 탁월한 개혁자였다.

칼뱅은 그리스도 교회의 일치를 위해 노력한 참신한 목회자이기도 했다. 그는 심지어 개신교 신학이 존중된 로마 가톨릭 교회와 개신교 교회 간의 참된 일치와 대화를 위해 노력했으며, 각 개신교 종파들을 하나로 단결시키고자 온갖 노력을 했다. 또 자신의 이름이나 업적이 드러나는 것을 원하지 않고 오직 하나님의 이름만 드러나기를 바라며 헌신한 신앙인이었다. 오늘날 교회 속에서는 성경과 학문 및 삶이 일치하도록 노력한 세기적인 학자요 실천가로 평가된다.

현대로 갈수록 교회와 나라, 세계가 요구하는 사람은, 오직 성경이라는 유일한 진리의 창을 통해 정치·경제·사회·문화를 바라볼 수 있는 사람이다. 성경과 삶의 영역이 이분되지 않고, 성경을 토대로 그것이 바르게 세워져 가는 참된 세상을 꿈꾸는 것이다.

33
생명보다 소중했던 성경번역
(교회 개혁의 선두 윌리엄 틴데일)

　예수 그리스도의 신실한 종 윌리엄 틴데일은 1494년 영국 왈레스에서 태어났다. 옥스퍼드 대학에 입학하여 1515년 석사 학위를 취득하고 나서 루터의 개혁주의 신학을 기초로 설립된 케임브리지 대학으로 옮겼다. 그곳에서 종교 개혁자들의 작품을 심도 있게 분석 연구하는 '화이트호스인'이라는 동아리에 가입했다. 그런데 1520년 어느 날 학교 내 진보적 모임활동을 못마땅하게 여긴 가톨릭교회 당국자들이 급습해 루터의 책들을 모두 소각시키자 틴데일은 엄청난 정신적 충격을 받고 그곳을 떠났다.

　1521년 틴데일은 바스 북쪽 코츠월드에 있는 리틀 소드버리 장원 영주인 존 월시 경의 두 아들을 지도하는 가정교사로 입주했다. 월시 경의 집에서 많은 집사, 신학 박사들 및 당대 유명한 고위 성직자들과 교제하면서, 루터와 에라스뮈스, 그리고 교회 안에서 논란이 되는 성경 구절을 주제로 심도 있는 토론을 하게 되었다. 그는 논쟁 주제로 올라와 있던 신학과 성경 및 신학자들에 관한 자신의 의견을 논리적으로, 간단명료하게 설명했다. 성경의 상관 구절을 정확하게 인용해서 사악한 권위주의자들의 오류를 용기 있고 분명하게 지적했다. 논쟁에서 밀린 고위 성직자들은 현명한 틴데일을 시기했고, 증오하는 마음을 품었다. 화가 난 어리석은 사제들은 선술집에 모여 용기 있는 틴데일을 이단의 괴수라고 비아냥거리면서 교회법 고문과 주교의 관리들에게 고소하기에 이르렀다.

'오직 믿음으로만 의롭게 된다.'라는 종교개혁주의자 틴데일의 가르침은 15세기 가톨릭교회의 수입원을 줄이는 주요한 원인이 됐다. 당시 가톨릭교회는 헌금을 통해 구원을 얻을 수 있다는 잘못된 교리를 선포하면서 막대한 수입을 올렸는데, 그것을 틴데일이 방해한 것이다. 틴데일에 대한 가톨릭교회의 불평과 시비는 점점 심해졌다. 그들은 틴데일을 이단으로 정죄하면서 권력 기관에 수없이 고소했다. 가톨릭교회로부터의 시달림과 괴롭힘 때문에 틴데일은 어쩔 수 없이 코츠월드에서 런던으로 사역지를 옮겼다.

신실한 크리스천 상인 험프리 몬마우스의 런던 집에 약 1년 동안 거주하면서 틴데일은 말로만 듣던 고위 성직자들의 추한 실상을 보게 되었다. 거기서 만난 교회 지도자 거의 모두가 사악한 권위주의에 빠져 있었고, 격에 맞지 않게 호화로운 삶을 누리는 것을 보았다. 하나님의 사람 틴데일은 타락한 영국에 더는 거처할 수 없다고 생각하고 독일로 떠났다.

1525년 틴데일은 고국 성도들이 하나님의 말씀을 쉽게 읽고, 올바로 말씀을 깨닫게 하려고 모국어인 영어로 신약 성경을 번역했다. 당시 런던 주교인 그스버트 톤스톨과 토마스 모오경은 분개하여 '거짓되고 실수투성이의 번역'이라고 비하하면서 파기시킬 방법을 모색했다. 그럼에도, 틴데일은 또다시 모세 오경을 영어로 번역해 영국 각지 교회로 보냈다. 틴데일에 의해 번역된 영어 성경은 영국 전역에 퍼져 나갔으며, 경건한 사람들에게 영적 유익을 주었다.

반면 불경건한 교회 지도자들은 영문 번역판 성경을 읽고 자신보다 평신도들이 더 지혜롭게 되는 것을 크게 염려했다. 새롭게 번역된 영어판 성경이 자신들이 저지른 더러운 치부와 무지를 드러내는 것을 두려워했다. 권력을 한 손에 쥔 고위 성직자들은 틴데일의 영어판 번역본이 보급되어서는 안 된다고 강력하게 주장했다. 쉽게 번역된 영어판 성경을 평신도들이 읽고 그것에 비춰 왕의 사역을 비난하며, 결국 그들이 국가를 전복시키리라고 악담까지 했다.

그들은 수단과 방법을 가리지 않고 영어판 성경을 성도들의 손에서 모두 뺏으려고 사악한 책략을 사용했다. 주교들과 고위 성직자들은 왕에게 거짓으로 고하여 급기야 틴데일의 번역 성경이 시중에 배포되는 것을 금지했다. 그리고 신실한 하나님의 종 틴데일의 생명까지 빼앗으려는 음모를 꾸몄다. 사악한 주교들은 런던 등 기소에 직접 찾아가 틴데일에 관한 개인 자료들을 수집하고 나서, 그를 파멸시키기 위한 그물을 한 올 한 올 엮어갔다. 그것은 세상을 어둠 속에 가두고, 헛된 미신과 가짜 교리로 자신들의 욕망과 탐욕과 명예를 높이고자 하는 추악한 의도에서 나온 것이다.

사악한 교회 지도자들의 꼬임에 빠진 황제는 오그스버그 모임에서 칙령을 내려 틴데일은 이유 없이 사형선고를 받게 되었다. 1536년 10월, 42세의 젊은 나이에 '주여, 영국 왕의 눈을 뜨게 하소서!'라고 절규하면서 고단했던 그의 몸은 교살되어 태워져서 지상에서의 삶을 마감했다. 윌리엄 틴데일은 16세기 당시 오만한 교황 및 사악한 교회 지도자들의 뿌리와 기반을 전적으로 흔드는 데 쓰임 받은 하나님의 신실한 도구였다. 어둠 속의 통치자들은 무고한 틴데일을 함정에 빠뜨리고, 불의한 방법으로 그의 생명을 빼앗았다. 그러나 우매한 영국 백성에게 진리의 말씀을 깨닫게 하려고 목숨을 바친 그 사람, 마귀의 세력에게 비참하게 교살당한 윌리엄 틴데일을 오늘 우리는 능력자요, 신실한 종이라고 극찬한다.

권력 앞에서도 꿋꿋이 진리만을 외치며 실천하는 신실한 일꾼들을 대한민국과 교회는 오늘도 찾고 있다. 자리에 연연하지 않고 오직 대통령의 귀에 국가와 국민의 진실만을 알려주는 참된 참모들이 오늘도 아쉬워진다. 권력 앞에 아부하지 않으며, 개인의 유익을 구하지 않고, 오직 국가와 교회공동체를 위해서 몸과 마음을 바칠 21세기 윌리엄 틴데일이 요청된다.

34
영국의 종교개혁자 토머스 크랜머
(김대중 전 대통령의 국장을 보며)

16세기 프로테스탄트의 불모지 영국에서 희생으로 종교개혁의 기초를 닦은 교회 지도자 토머스 크랜머는 1489년 영국 노팅엄셔 주 애슬랙턴에서 가난한 자작농의 아들로 태어났다. 그는 14세 때 부모의 권유로 케임브리지에 있는 예수대학으로 유학 가서 1511년 그 학교의 명예 교우가 되었다. 매우 조용한 성격을 지닌 크랜머는 그곳에서 교회에 대한 새로운 개혁을 갈구하는 수많은 학자와 학문적으로 깊이 있게 토론하는 것을 즐겼다. 학자 크랜머는 그것만으로도 충분한 행복과 만족을 누리며 살 수 있었다.

그러나 1533년 당시 영국의 국왕인 헨리 8세(1509-1547)의 급작스런 부름을 통해 캔터베리로 이주하면서 예상치 않는 역동적 개혁주의자로 변신했다. 크랜머는 캔터베리의 대주교로 즉시 임명

돼 헨리 8세와 사이가 좋지 않은 캐서린 왕비가 이혼할 수 있도록 적극적으로 도왔다. 헨리 8세 부부를 위해 교황에게 이혼 청원서를 제출해 이를 성사시켰다.

헨리 8세의 지시대로 크랜머는 1533년 헨리 8세와 캐서린 왕비의 결혼을 무효라고 주장하면서 이미 임신 중이었던 앤을 새로운 왕비로 맞이하도록 적극적으로 도왔다. 또 당시 교회와 교황의 보편적인 생각과는 달리 "경건한 국왕은 교회 및 교황 위에 있다."라는 왕권 우월사상을 주장, 헨리 8세의 신임을 크게 얻었다. 이러한 사건들을 통해서 조용했던 크랜머는 영국 왕실과 국가에 큰 영향력을 가진 '소리 나는 지도자'로 급부상했다.

헨리 8세가 죽고 그의 아들 에드워드 6세(헨리 8세의 3번째 아내인 제인 시모가 낳은 외아들)가 왕으로 즉위하자, 사회적인 명성을 얻을 수 있는 시대가 열렸다. 어린 왕 에드워드의 후견인 서머싯의 공작 에드워드 시모는 처음부터 영국의 국교회를 프로테스탄트로 바꾸려는 개혁적 의지가 있었다. 그러나 이를 위해서는 올바른 개혁주의 교리를 체계적으로 정리하는 작업이 필요했다. 에드워드 6세는 아버지가 오랫동안 신뢰했던 토머스 크랜머를 교리 작업을 위한 위원회의 감독으로 발탁했다.

국왕의 강력한 후광을 업은 크랜머는 개혁주의 신학에 기초한 설교집(Book of Homilies)을 1547년 펴냈고, 1549년에는 온건 프로테스탄트 성향이 있는 영어 기도서(A)를, 1552년에는 매우 강력하고 분명한 프로테스탄트적 영어 기도서(B)를 발간했다. 프로테스탄트로 전향한 영국 국교회를 반석 위에 세우기 위해 42개조로 된 교리 진술서를 제정, 왕으로 하여금 만방에 공포할 수 있도록 했다. 영국 내 모든 성직자, 교수 및 학위 취득을 원하는 신청자들은 예외 없이 42개조로 된 '크랜머 교리 진술서'를 읽고 서명하도록 법규화 했다.

그는 또 프로테스탄트로 전환한 영국 국교회의 바른 질서를 위해 필요한 교회법 개정안을 만들었다. 1571년 이를 정리해 '교회법 개정(Reformatio Legum Ecclesiasticarum)'이라는 타이틀로 정식 출판했다. 또 탁월한 법률적 지식과 세련된 개혁주의 신학을 기초로 영국 국교회의 정체성을 드러낼 수 있는 프로테스탄트적 일반 전례서가 완성됐다. 그가 만든 전례서는 성직자의 결혼 허용, 성지 순례 금지, 성상에 돈이나 양초를 바치는 것 금지, 염주알을 굴리며 기도하는 것 금지, 불필요한 성일과 성상 및 유물 남용 금지 등을 담고 있었다.

또 당시 가톨릭교회가 주장한 성찬의 화체설을 부정하고, 개혁주의자들이 믿었던 영적 임재설을 주장했다. 사제들만 참여할 수 있었던 성체분리 의식을 모든 성도에게 확대했다. 위와 같은 역동적인 종교개혁은 오늘날 영국 성공회의 기반을 바르게 세우는 데 충분한 역할을 했다. 크랜머에 의해 어수선한 영국 교회법이 정비되고, 교회 발전을 위한 중요한 토대가 마련되었다. 그뿐만 아니라 국가 발전을 위한 행정개혁안이 그를 통해 마련되기도 했다. 그의 종교개혁 사상이 국가의 정치에까지 큰 영향을 미치게 되었다. 그의 역동적인 개혁으로 가톨릭적이었던 영국의 법과 사회가 프로테스탄트적으로 변하게 되었다.

그러나 개혁주의자 에드워드 6세를 이어 정권을 잡은 메리 1세의 가톨릭 반동정책으로 크랜머는 1556년 사람의 눈으로 보기에 매우 처참할 정도의 화형에 처했다. 그는 "주 예수여, 제 영혼을 받으소서."라고 크게 기도하면서 화형을 당당하게 받아들였다.

비록 화형을 당했지만, 16세기 크랜머를 통해 영국 교회와 국가에 일어난 새로운 개혁의 바람은 영국의 발전을 100년이나 앞당기는 역할을 했다. 사람의 눈으로 볼 때는 비참하기 그지없는 그의 순교가 영국의 정치와 경제, 사회, 그리고 종교 발전을 앞당기는 지대한 공헌을 했다.

얼마 전 인동초의 별명을 지닌 대한민국 15대 김대중 대통령이 세상을 떠났다. 이명박 정부의 전격 허락으로 그간 전직 대통령들의 장례식 관례를 깨고 국장이 치러졌다. 故 김대중 대통령이 지난 세기 군부에 의해 지배되던 비참한 철권 독재국가를, 민주국가로 바꾸는데 몸과 마음을 다 바친 지도자로 인정되었기 때문이다. 국민장이 아닌 국장으로 장례를 치른다고 그의 가문에 대단한 유익이나 고인의 명예가 높이 세워지는 것은 아니다. 그러나 그의 장례가 국장으로 치러진 것은, 지난날 국가와 민족 공동체를 군부 독재에서 구하려 했던 그의 희생이 인정되었기 때문이다.

크랜머가 국가와 교회 개혁에 몸 바쳐 헌신해 수백 년이 지난 오늘날까지 우리 뇌리에 잊히지 않는 것처럼, 공동체를 위해 희생한 지도자들의 역할과 이름은 영원히 역사 속에 남게 된다. 자신이 아닌 공동체를 위해 전적으로 희생하며 몸을 바칠 국가와 교회의 지도자가 필요한 때다.

35

스코틀랜드의 종교개혁가 존 녹스
(사역에 방해되는 사람을 만났을 때)

　존 녹스의 고향 스코틀랜드는 오래전부터 전통적으로 켈트파 신학을 수용해 수도원 중심의 공동체신앙을 지니고 있다. 주후 664년 휘트니 총회에서 로마 가톨릭교회의 제안에 따라 정부가 예수의 부활절을 인정했고, 그때부터 가톨릭화(化)되기 시작했다. 그 후 1093년 마가렛 여왕의 통치 때는 모든 정치와 문화를 로마 가톨릭교회의 전통이 잠식, 가톨릭 국가로 완전히 변모했다. 그러나 16세기에 이르러 당시 유럽 다른 나라들처럼 가톨릭화된 스코틀랜드의 교회와 사회도 타락의 길을 걷고 있었다.

　그러던 중 1520년대부터 의식 있고 참신한 교회 지도자들을 중심으로 스코틀랜드 지역에도 가톨릭교회에 대한 개혁 운동이 시작되었다. 위클리프파와 얀 후스가 주장한 개혁주의 사상들이 스코틀랜드에 전격 도입되면서 타락해 냄새가 나는 그곳에도 모처럼 서광이 비치기 시작했다. 그러나 이러한 변화를 못마땅하게 여긴 타락한 스코틀랜드 교회와 정부는, 개혁주의 사상을 담은 루터교 책들을 수입 금지했고, 1528년 루터교회 운동의 중심 지도자인 패트릭 해밀턴을 화형에 처했다. 1546년에는 해밀턴에 이어 개혁주의 운동을 주도하던 조지 위샤트 마저 순교하고 만다. 16세기 스코틀랜드의 중요한 개혁 운동가 위샤트가 순교할 때, 당시에는 세상에 전혀 알려지지 않았던 존 녹스가 그 광경을 지켜봤다.

아무 배경도 없이 오직 맨몸으로 개혁주의 신앙의 나팔을 불며, 가톨릭 국가인 영국과 프랑스로부터 신앙과 독립을 지켜낸 사람 존 녹스는 1513년 에든버러 근처의 해딩턴에서 태어났다. 그는 페트릭 해밀턴이 순교한 지 얼마 되지 않아 나라가 온통 시끄러울 때 세인트앤드루스 대학교에 입학했다. 얼마 후 대학을 졸업한 존 녹스는 가톨릭교회의 신부가 되어서 사제로서 가톨릭교회를 섬겼다. 그러던 1543년 어느 날, 요한복음 17장을 읽다 큰 감동을 받아 지금까지 신봉했던 가톨릭교회를 버리고 개신교도가 되어 개혁주의 운동가 조지 위샤트와 만나게 되었다.

1546년 위샤트가 순교 당할 때 그도 같이 죽으려고 했지만, 친구 위샤트의 만류로 순교를 포기했다. 위샤트가 죽으면서 '희생제물은 나 한 사람으로 족하다.'라고 녹스에게 말했기 때문이다. 존 녹스는 친구 위샤트의 죽음 앞에서 목숨을 걸고 바른 개혁주의 신학과 개혁교회를 고국 스코틀랜드 땅에 세울 것을 다짐했다. 개혁신학을 가슴에 품고 있었지만 행동하지 못했던 존 녹스의 마음을 죽은 위샤트가 역동적으로 움직인 것이다.

당시에는 로마 가톨릭을 열렬히 신봉하던 프랑스 황태자와 결혼한 메리 기즈가 왕으로 스코틀랜드 지역을 통치하고 있었다. 메리 기즈는 프랑스 군대를 등에 업고 스코틀랜드를 가톨릭화 시키기 위해 개신교도들을 닥치는 대로 박해했고, 급기야 존 녹스가 숨어 있던 세인트앤드류 성을 함락시켰다. 이때 개혁주의자 존 녹스는 개혁신앙의 동지들과 함께 붙들려 19개월 동안 갤리선인 '노틀담' 호의 선상 노예로 살았다. 잉글랜드 친구들의 중재로 1549년 풀려났다. 선상 노예로서 살았던 짧지 않은 기간의 경험으로, 그의 개혁신앙에 대한 확신은 점점 더 확고해졌다.

1552년 황실 교목이 돼 크랜머와 함께 영국성공회 기도서를 작성하고, 1554년 스코틀랜드를 떠나 칼빈이 있는 제네바로 이주했다. 그곳에서 존 칼빈을 만나 심오한 정통 개혁신학을 배웠고, 교회 사역을 하다 프랑크푸르트에 있는 영국 이민자들로 구성된 개혁교회의 담임목사로 부임했다. 그 교회에서 존 칼빈에게 배운 개혁주의적 예배의식을 그대로 적용하려고 시도했다.

그러나 프랑크푸르트 교회 성도들이 칼빈식 개혁주의 예배보다는 영국성공회식 예배를 원해서 그곳을 떠나 다시 제네바로 돌아갔다. 개혁주의와 관계없는 교회를 더는 섬길 수가 없었다. 그는 제네바에서 영국 이민자들로 구성된 개혁교회를 약 5년간(1555-1559) 열심히 섬기면서 인생 최고의 행복을 누렸다. 그의 마음속에 있는 개혁신학을 마음껏 전하며 가르칠 수 있었다.

이후 1559년 그토록 행복한 이민교회를 사임하고 고국 스코틀랜드로 복귀해 25개 조항으로 구성된 '스코틀랜드 신앙고백서'를 만들어 개혁교회 교리를 체계화했다. 그 고백서에는 하나님 말씀에 대한 절대적 권위 인정, 이신칭의 교리 인정, 선택교리 수긍, 가톨릭의 화체설 반대, 세례와 성찬만을 성례로 인정 등을 시행했다. 또 제1치리서를 만들어 개혁교회(또는 장로교회)가 나아가야 할 행정을 집대성했다.

위와 같은 존 녹스의 애국, 애교적 눈물과 헌신을 통해 스코틀랜드 개혁교회는 확고하게 뿌리를 내렸다. 그의 기도와 노력으로 만들어진 스코틀랜드 신앙고백서는 1647년 웨스트민스터 신앙고백서로 보완, 대치될 때까지 스코틀랜드 교회의 중심에 서 있었다. 타락한 스코틀랜드 교회를 바꾼 개혁주의자 존 녹스는 1572년 11월 24일 60세의 나이로 에든버러에서 소천, 생전 여러 해 동안 설교했던 세인트 가일의 공동묘지에 안장되었다. 녹스의 친구 모튼 백작은 그의 장례식에서 "평생 한 번도 인간의 얼굴을 두려워하지 않았던 사람이 누워 있다."라고 말했다.

사람을 두려워하지 않고 오직 하나님만을 두려워했던 존 녹스는, 그다지 길지 않았던 육십 평생을 이 땅에 살면서 여러 유형의 수많은 사람을 만났다. 메리 기즈 여왕, 프랑크푸르트 영국인 이민교회 성도들 같은 악한 사람들을 만나기도 했고, 위샤트, 존 칼빈 그리고 제네바 영국인 이민교회 성도 같은 선한 사람들을 만나기도 했다. 그러나 양쪽 모두가 존 녹스의 마음속에 있는 개혁신학과 개혁교회를 세우는 데 큰 도움이 되었다. 악한 자들을 통해 개혁의지가 더욱 확고해졌고, 선한 동지들을 통해서는 개혁신학이 이 땅에 놀랍게 활성화됐다. 악한 자들이 없었다면 영국의 개혁신학은 아마도 꽃을 피우지 못했을 것이다.

오늘날 우리도 16세기 존 녹스처럼 동지와 적을 동시에 만나며 이 땅에서 살아간다. 우리의 선한 사역에 장애가 되는 악한 사람들을 만나면 힘들고 어렵고 고통스럽기까지 하다. 그러나 방해꾼들을 사용해서도 하나님의 선한 사역이 탐스럽게 꽃을 피우고 열매를 맺는다는 사실을 늘 기억하고 용기와 힘을 내야 한다. 북한의 반민주 정책을 통해 남한의 군사력과 경제력이 더욱 강력해진 것처럼 말이다.

36
이그나티우스 로욜라의 가톨릭 개혁
(예수회 설립과 가톨릭 개혁)

1534년 예수회(제수이트교단)를 새롭게 세운 이그나티우스 로욜라는 1491년 기푸스코아 바스크의 로욜라 성에서 부유한 귀족의 막내아들로 태어났다. 157㎝ 정도밖에 안 되는 단신임에도 1506년 카스티야 왕국의 재무관인 후안 벨라스케스 데 쿠에야르의 시종이 됐고, 1517년 나헤라의 공작이며 나바레의 부왕(副王)인 안토니오 만리케 데 라라를 섬기는 기사가 돼 군사 및 외교 임무를 성공적으로 수행했다.

그런데 1521년 5월 20일 프랑스군에 대항해서 팜플로나 요새를 방어하던 중 포탄에 맞아 오른쪽 다리에 심한 골절상과 왼쪽 다리에 큰 상처를 입었다. 팜플로나에서 다친 다리의 상처를 치료받은 뒤 1521년 6월에 로욜라 성으로 돌아가서 그리스도와 성인들의 전기를 수없이 읽게 되었다. 시토 수도회에서 발행된 책들을 읽던 중 앞서 살다간 성인들의 금욕생활을 본받기로 했다.

1522년 2월, 그는 로욜라 성 가족들의 품을 떠나 스페인 북동쪽에 있는 몬트세라트로 들어가 무력을 상징하는 단검을 버린 후, 참회용 베옷을 입고 죄를 자백하며 신앙의 사람이 되었다. 1522년 3월부터 1523년 2월 중순까지는 만레사라는 시골 마을에서 거지처럼 구걸하는 삶을 살았으며, 매일 교회 미사에 참석해 7시간씩 기도에만 열중했다. 신약의 복음서를 새롭게 각색한 '영성수련'(The Spiritual Exercises)이라는 소책자를 만들어 성도들의 영적 지침서가 되게 했다.

이후 그는 1523년 3월 바르셀로나, 로마, 베네치아, 키프로스 및 예루살렘 등지를 순례하게 되었다. 순례 도중 수많은 사람을 만나면서 방황하는 인생들의 영혼을 치유하기 위해 신학을 공부하기로 했다. 1528년 2월부터 1535년까지 약 7년 동안 파리에 머물면서 오직 신학에만 전념했다. 오랫동안 잘 훈련 받은 사람이 짧은 기간 안에 이룰 수 있는 일도, 훈련받지 못한 사람은 평생 이룰 수 없다는 사실을 깨달았기 때문이다.

프랑스에 머무는 동안 유명한 대학에서 소원대로 석사학위를 받았고, 동시에 뜻을 같이하는 동료를 만나게 되었다. 그때 만난 사람들이 훗날 예수회(Society of Jesus) 공동설립자가 되었다. 그 가운데는 위대한 선교사 '프란시스 하비에르'도 끼어 있었다. 1537년 6월 24일 그는 교회로부터 성직을 받았고, 18개월간 현장에서 실질적인 성직 경험을 쌓았다. 고된 훈련과정을 통해 깊은 학문과 다양한 신앙체험을 하게 된 이그나티우스 로욜라는 금욕주의 및 신비주의 분야에서 가톨릭교회의 탁월한 지도자가 되었다.

1539년 그는 금욕주의에 입각한 청빈, 정결, 교황에 대한 순종과 상급자에 대한 절대순종 등을 기치로 내걸고 예수회(제수이트)를 세우게 되었다. 시대를 거스르는 신선한 신앙 노선에 따라 새롭게 설립된 예수회는 로욜라의 지도로 급속히 성장, 발전했다. 그가 죽을 무렵에는 12개의 관구(행정단위)에 약 1천 명의 수사들이 사역했고, 독일과 인도 및 콩고와 에티오피아에도 예수회 선교사들이 파송됐다. 또 그레고리우스 대학교의 전신인 로마 대학과 독일인 사제후보생 양성을 위해 게르마니쿰(Germanicum) 신학교 및 윤락 여성을 위한 요양소를 세우기도 했다. '예수회 헌법'을 제정해 악성 체벌, 고행의 복 등 인습적인 종교행위를 금했고, 예수회 수사 서약을 완화해 교단탈퇴가 쉽도록 했다.

로욜라는 오늘날 우리가 섬기고 있는 개신교회를 세웠거나, 개혁주의 교리를 정립한 지도자는 아니다. 루터나 칼뱅이 타락한 중세의 로마 가톨릭교회를 버리고 새로운 개혁교회를 세웠다면, 로욜라는 가톨릭교회 내부를 개혁해서 신앙 공동체로 새롭게 리모델링한 역동적인 신학자였다.

오늘날 우리가 사는 현대 교회와 국가도 선한 방향으로 끊임없이 개혁을 이루어야 한다. 개혁하지 않으면 개인이나 공동체는 절대로 발전할 수 없다. 따라서 지난날 우리 선배들이 잘못 수행한 기존 인습을 모두 제거하고 새롭게 바꾸는 것은 매우 중요하다.

  그러나 기존의 제도나 문화를 오늘날 감각에 맞게 역동적으로 리모델링하는 작업도 탁월한 개혁임을 알아야 한다. 아무리 다른 생각을 지닌 사람들의 것이라도 국가와 사회를 위해서 좋은 것들은 대의적으로 수용해서 현실에 맞게 수정하는 것도 탁월한 지도력임을 알아야 한다.

37
메이플라워호를 탄 17세기 청교도들

16세기 영국의 여왕 메리 1세 (Mary Ⅰ / 1516~1558)는 모후 캐서린 오브 아라곤으로부터 매우 전투적 기질을 물려받았다. 그녀는 1554년 영국 의회에 종교개혁 이전인 1529년으로 국가종교를 복귀시킨다는 법안을 제출하였고, 가톨릭을 국가종교로 다시 공식화하면서 개신교 목사 8천8백 명 중 2천여 명을 국외로 강제 추방하였다. 메리 여왕은 심지어 에드워드 6세 때 영국의 종교개혁을 추진한 개신 교파의 중심인물들인 캔터베리 대사교를 비롯한 300여 명을 체포하여 스미드 필드(죄수 처형장)에서 화형에 처했고, 이미 죽은 슈트라스부르크 출신 부처의 시체를 파내어 화형에 처하는 등, 듣기만 해도 매우 끔찍한 종교적 만행을 저질렀다. 이처럼 끔찍한 종교 박해가 진행되던 중에 영국의 개신교도들은 1620년 9월 6일 탁월한 지도자 '브르웨이트'의 영도 아래 두 척의 배(스피드월리, 메이플라워)에 나눠 타고, 신앙의 자유를 찾아 신천 신지의 대륙을 향해 출발하게 되었다. 험난한 선상 여정이 계속되면서 스피드윌리호는 도중에 영국으로 돌아갔고, 메이플라워호(180톤짜리 작은 배)만 102명(남 78명, 여 24명)을 태우고 장장 76일 동안 3,400마일의 먼 뱃길을 항해하여, 1620년 11월21일 꿈에도 그리던 미국의 메사추세츠 플리머스(Freemouth) 항구에 도착하였다. 102명 중 한 사람은 항해 도중 선상에서 죽었지만, "오나아스(태양)"라고 불리는 아이가 선상에서 태어나므로 총 102명이 꿈에 그리던 신대륙에 무사히 도착하게 되었다.

신대륙에 도착한 이후에도 추위와 의식주 문제, 그리고 토인들의 공격으로 말미암아 견딜 수 없는 고통이 얼마간 지속되었지만, 그들은 온 힘을 하나로 모아 하나님께 예배드릴 수 있는 교회당을 가장 먼저 건축하였다. 하루에 옥수수 낱알 5개를 서로 나눠 먹으면서도 눈물로 기도하며, 서로 사랑으로 격려하며 교회당을 아름답게 신축했다. 자신들이 살아갈 거처보다, 비를 피할 수 있는 공동의 회관보다 하나님을 경배할 장소인 예배당을 우선시했다. 어떤 역사가는 '만약 그들이 교회당이 아닌 자기들의 집을 먼저 신대륙에 지었다면 오늘날 세계를 이끄는 미국은 없었을 것이다. 당시 굶주림과 풍토병과 토인들의 습격 그리고 견디기 어려운 어려움을 이겨낸 유일한 원동력은, 교회공동체를 통하여 예배하며 서로 위로하고 격려하고 하나님 나라에 대한 미래지향적인 소망의 기도였다. 이러한 지난날에 있었던 하나님 중심신앙과 공동체성의 결실이 오늘 미국의 모습이다.'라고 말했다.

구약시대 족장들도 이주할 때마다 가장 먼저 하나님을 예배할 제단을 만들었고, 모세를 통해서 출애굽 한 이스라엘도 여호와를 경배할 성막을 먼저 갖추었고, 통일 이스라엘도 하나님을 예배하기 위한 성전건축을 우선시하여 범국가적으로 온 힘을 다했다. 오늘날 교회당은 제단, 성막, 성전과는 다른 신학적 의미를 지니고 있다. 교회당이 구약시대의 거룩한 성전이나 성막이나 제단이 될 수는 없다. 그러나 위대한 믿음의 조상들이 어려움과 고통 중에도 하나님 경배를 삶의 우선순위에 두었다는 것은 현대를 사는 우리에게도 큰 도전과 교훈을 주고 있다.

진정한 성장을 원하는 21세기 한국 교회가 회복할 것은 청교도들과 믿음의 선조가 심장에 새기고, 생명처럼 여겼던 교회중심, 하나님 중심의 신앙이다. 성도들의 흥겨운 단풍놀이 때문에 외롭고 쓸쓸해진 교회당을 바라보면서, 지난날 어려움 가운데에도 교회중심 신앙을 지녔던 청교도들이 무척이나 만나고 싶다!

38
네덜란드의 크리스천 화가 렘브란트

    17세기 네덜란드에서 보통사람들이 그렸던 종교화(宗教畵)는 신화를 소재로 한 허구의 세계에 바탕을 두고 있다. 반신반인 (半神半人)의 모습을 한 초자연적인 존재, 현실의 세계에서는 볼 수 없는 허구들을 당시의 화폭에서는 흔히 발견할 수 있다. 한편, 신앙이 있는 개신교 화가들은 성경에 나타난 사실적인 장면만을 그림 속에 단순히 담는 데에 그쳤고, 가톨릭 화가들은 그들이 존경하던 성자들의 거룩한 모습을 초상화로 근엄하게, 다소 과장하여 그려내는데 심혈을 기울였다. 교회에서 말씀을 듣고 예배를 드리던 기독교인 화가들의 그림 속에서조차도, 현실적인 신앙을 표현하는 성경의 메시지는 드러나지 않았다. 예수 없이는 살 수 없는 추한 인간의 내면세계를, 그들은 그림 속에서 전혀 그려내지 못했다. 당시 유럽의 화단에서는 성경에 근거한, 성경에서 말하는 미술철학을 담아낼 수 있는 크리스천 화가, 즉 예수의 제자로서의 신실한 화가를 만날 수 없었다. 교회의 메시지와 성경의 진리가, 당시 화가들의 삶과 예술 세계에 영향력을 나타내지 못하고 있었다.

이때에 렘브란트 하르멘스존 반 레인(1606-1669)이 크리스천 화가로 유럽의 화단에 등장하였다. 그는 당시 개혁주의 교회들이 '오직 성경만이 신앙생활의 유일한 규범'이라고 주장했던 신학을 그의 그림세계에 수용해서 '오직 성경만이 종교 예술의 유일한 규범이 될 수 있다.'라고 외치며 화단을 이끌어 가기 시작했다. 그는 신화에 나타난 허구적인 존재들을 그리는 것을 지양하고, 현실세계에서 흔히 볼 수 있는 실질적인 인물들을 소재로 하여 성경의 심오한 메시지를 화폭에 담아 전하려고 최선을 다했다. 예를 들면, 이스라엘의 왕을 그릴 때 초라한 옷차림에 터번을 두른 거지를 그린다거나, 1세기의 위대한 전도자 사도 요한을 거리에서 쉽게 볼 수 있는 수더분한 노인의 모습으로 담아내기도 했다.

렘브란트는 아무리 화려한 세속의 임금도 교회 속에서의 탁월한 실력자도 하나님 앞에서는 모두 거지들이요, 연약하고 수더분한 노인에 불과하다는 신학적 진리를 그림을 통해서 설교했다. 기독교적인 주제와 다소 거리가 있는 작품 속에서도, 렘브란트는 하나님이 창조한 자연의 아름다움을 표현하려고 노력했고, 성경의 입장에서 세속적인 인간들의 삶을 조명하여 그림으로 나타내는 데에 주력했다. 그의 눈에 보이는 현실세계를 우주운행의 유일한 진리인 성경이라는 프리즘을 통해서 새롭게 조명하므로, 위대한 설교적인 작품, 진리가 숨겨진 예술작품을 교회에 남겼던 것이다. 1662년에 완성한 '돌아온 탕자'는 그의 기독교적인 예술세계를 성경적, 신학적으로 표현한 대표적인 예술작품이라고 할 수 있다. 아들의 죄를 용서하는 자애로운 아버지, 과거의 잘못을 눈물로 참회하는 작은아들 그리고 17세기 복장을 하고 나타난 큰아들의 모습은 성경의 내용을 상황 속에서 사실대로 묘사하고 있을 뿐만 아니라, 성경이 나타내고자 했던 신학적 메시지를 충분히 드러내고 있다. 무오한 성경만이 예술세계의 유일한 기초요, 정신이요, 토대라는 사실을 그림을 통해서 선포했다.

개혁주의 신학의 산실이요, 오랫동안 세계교회를 이끌어 온 유럽에서조차도 신앙과 신학의 유일한 기초인 성경에 대한 무오를 오늘날 부인하기에 이르렀다. 성경에 오류가 있다고 믿는 사람들에게서 성경과 일치된 삶이란 애초부터 기대할 수 없을 것이다. 그러나 오늘날 대부분의 건전한 한국 교회는 성경무오를 철저하게 신앙으로 고백하고 있다. 21세기 세계교회의 지도자로 부름을 받은 한국 교회가 성경과 삶이 일치하는 신학, 예술세계를 포함한 모든 삶의 기초와 바탕이 오직 성경이라는 사실을 만방에 가르치며 선포해야 한다. 그동안 한국 교회에 넘치는 복을 주신 하나님의 유일한 목적이 여기에 있는 것은 아닐까?

39
천로역정을 쓴 존 번연
(뇌에도 '근육'이 필요하다)

17세기 천로역정이라는 걸작을 남긴 존 번연은 1628년 잉글랜드 베드포드 엘스토우 마을에서 가난한 떠돌이 땜장이의 맏아들로 태어났다. 어린 시절 시골 학교에서 영어 읽는 법과 쓰는 법을 배웠지만, 10살의 어린 나이에 장남으로 아버지의 가업을 전수받기 위해 학교를 중퇴하고 17살까지 아버지 밑에서 땜장이 일만 배웠다.

그러나 번연은 어릴 때부터 책 읽기를 좋아해서 케임브리지 근처에 있는 재래시장에 가끔 들러 모험담에 관한 중고 책들을 사서 읽었다. 그의 역작 천로역정에 나오는 배경인 '허영의 시장'은 어려운 시절 그가 눈물로 읽었던 책에서 얻은 영감을 글로 표현한 것이다. 그뿐만 아니라 당시 영국 청교도들에게 인기가 있었던 설교집, 도덕적 대화록, 하나님의 인도에 관한 책들, 폭스의 순교자 열

전(Book of Martyrs) 및 방대한 민담과 전승에 관한 책들도 닥치는 대로 읽었다. 폭넓은 그의 독서량은 훗날 그의 탁월한 저서들 안에 그대로 담겼다.

번연의 나이 16세가 되던 1644년은 혹독한 시련의 시간이었다. 그 해 6월 사랑하는 어머니가 갑작스럽게 죽었고, 7월에는 아끼는 누이동생 마거릿마저 세상을 떠났으며, 8월에는 아버지가 세 번째 아내를 얻었다. 그뿐만 아니라 청교도 혁명이 터진 11월에는 본인이 의회군으로 강제 징집돼 뉴포트 파그넬에 있는 수비대의 보충병이 되어 1647년 7월까지 군 복무를 하게 되었다.

군 생활을 하는 동안 크롬웰 군대 내의 급진 개혁파 사람들, 공적 권위에 도전하는 퀘이커교도 및 랜터파(Ranters) 성도들을 다수 만나서 비국교도들의 열정적 종교생활을 관찰하며 참된 신앙생활에 대해 배웠다. 특히 신형군(新形軍·New Model Army) 사람들의 경건한 삶은 번연이 앞으로 비국교도로 개종하는데 지대한 역할을 했다. 그는 그들에게서 받은 인상을 '거룩한 전쟁'이라는 저술에서 설교와 훈련에 매진한 크레던스와 보아너게스라는 에마뉴엘 군대의 중대장들로 설정해 사실적으로 재현했다.

번연은 1649년 거룩성이 몸에 밴 비국교도 아내와 결혼한 뒤 그녀의 영향을 깊게 받아 1655년 비국교도로 전격 개종했다. 개종 이후 신실한 아내와 함께 교회에서 성경공부를 하면서 평소 즐기던 세속적인 춤, 종치기 놀이, 시골 들판에서 벌이는 운동경기 같은 모든 오락을 포기하고 경건한 신앙생활에만 집중했다. 그러나 개종한 존 번연은 1660년 11월 12일 사우스베드포드셔에 있는 로어삼셀의 지방 치안판사 앞에 끌려가 과거 엘리자베스 시대에 포고된 구시대 법령에 따라 영국 국교회와 일치하지 않는 예배를 집례한 혐의로 기소당했다. 비국교도적인 예배 집례를 하지 않겠다는 서약문에 그가 서명하지 않자, 1661년 1월 순회재판소는 유죄판결을 선고하고 주(州) 감옥에 그를 가두었다. 그러나 경건한 아내의 헌신과 교회 성도들의 적극적인 도움으로 영적인 암흑기에서 벗어났다. 감옥에 갇혀 있는 동안 번연은 영적인 자서전 '넘치는 은혜'를 출판했는데, 자기 영혼의 상태를 정확하고, 정직하게 회상했다.

번연은 이후 1655년경 베드포드 분리파 교회에 출석해 존 기퍼드로부터 큰 영적인 도움을 받았고, 교회의 정식 교인이 되었다. 베드포드 교회는 예수 그리스도에 대한 절대적인 믿음과 거룩한 생활을 입으로 고백하는 사람들을 성도로 받아들였으며, 개방적이고 세련된 성찬식(open-communion)을 수행했다. 이때 존 번연은 평신도 설교가로서도 탁월한 재능을 나타냈다. 어려움을 극복한 경험이 있었기에, 연약한 사람들을 지도하고 격려하는 생생한 메시지를 전할 수 있었다. "쇠사슬에 묶여 있는 사람들에게 설교하기 위해 나 자신도 쇠사슬에 묶인 채 그들에게 갔고, 그들에게 주의하라고 설득하기 위해 내 양심에서 얼마 전에 타오르던 불을 담아 갔다."라는 그의 신앙고백은 번연이 설교 준비에 얼마나 철저하게 매진했는가를 보여준다.

그러나 그는 국교에 일치하지 않는 불법적 설교를 했다는 혐의로 다시 감옥에 갇혔다. 그의 두 번째 감옥생활은 비록 6개월 정도였지만, 그는 치욕스런 감옥 생활에서 천로역정이라는 대 역작을 완성했다. 그 책은 당시 잉글랜드 모든 계층의 사람들에게 대단한 인기를 끌었다. 천로역정은 근대 계몽주의 교육이 중대한 영향을 끼치기 전, 일반 대중의 민간전승을 사실적으로 표현한 최후의 걸작이기 때문이다.

17세기 개혁주의자 존 번연이 세기적인 역작을 쓸 수 있었던 것은 그에게 주어진 가난과 고통스러운 감옥생활 때문이었다. 가난 때문에 학교를 다닐 수 없어 중고서적을 닥치는 대로 읽은 것이 놀라운 역작을 만들어 낸 뿌리가 됐다. 길지 않은 우리 인생 속에도 수많은 고난이 닥칠 수 있다. 그것들을 신앙 안에서 역동적으로 극복해 내면 우리의 뇌에 무너지지 않을 강력한 '뇌 근육'이 생기게 된다. 고통은 미래의 문제 해결을 위한 뇌 근육 형성을 위한 필수매체요, 도구이다. 존 번연이 엄청난 고통 중에 대작 천로역정을 쓴 것처럼 말이다. 우리는 세계적 어려움을 미래 지향적인 뇌 근육 형성 도구로 삼고, 역동적으로 나아갈 수 있는 성숙한 신앙이 필요한 때이다.

40
정직한 교회개혁자 조지 폭스
(위장 전입과 탈세 릴레이 속에서도)

퀘이커 교회의 설립자 조지 폭스는 영국 중부의 레스터셔(지금의 페니 드레이튼)에서 태어났다. 아버지 크리스토퍼 폭스(Christopher Fox)와 어머니 메리 레이고(Mary Lago)는 매우 교양 있고 정직한 크리스천이었다. 폭스는 어려서부터 부모의 영향으로 신앙심이 깊고 정직했으며, 침착하고 분별력이 뛰어났다.

위와 같은 좋은 성품 때문에 부모는 그에게 권위 있는 사제 (priest)가 될 것을 권고했다. 그러나 부모의 권고와는 다르게 정직하고 성실, 정직한 크리스천의 모습을 세상 사람들에게 보여주려 노력했다. 그러나 그의 정직은 당시 사람들의 조롱거리가 되곤 했다. 검은돈을 챙기지 못하는 정직한 폭스가 그들의 눈에는 어리석게 보였다.

1644년 폭스는 "진정한 그리스도인은 하나님의 자녀로 죽음에서 생명으로 옮긴 자들이어야 한다. 옥스퍼드나 케임브리지 같은 일류 대학에서 공부했다고 참된 그리스도 일꾼의 자격을 갖추는 것이 아니다. 하나님은 사람의 손으로 만든 성전에 계시지 않고 사람들의 마음 가운데 계신다."라는 제대로 된 신학을 선포하며 혼미한 세상을 바꾸려고 몸부림치기 시작했다.

1647년부터는 본격적으로 잉글랜드, 웨일즈, 아일랜드, 스코틀랜드, 아메리카 지역까지 맨손으로 돌아다니면서 가슴에 지닌 참 진리를 담대하게 전했다. 국가 전복을 위한 반란을 주도한다는 이유로 한때 권력자들에게 오해를 받아 국가기관으로부터 경고를 받기도 했다. 주위의 수많은 방해 공작에도 폭스는 올바른 사회를 세우기 위해 담대하게 복음을 선포했다. 어려운 중에 그의 영혼은 무게와 깊이가 더해졌고, 말과 행실도 매우 진지해져 갔다.

폭스는 모든 사람을 평등하게 대접하며 사회의 약자(고아, 과부, 나그네)를 찾아보고 돌보는 것이 참된 성경적 기독교라고 가르쳤다. 당시 사회악(惡)인 노예들을 학대하지 말고 늘 사랑으로 대하라고 성도들에게 권고했다. 노예들에게도 주인에게 최선의 의무를 다하고 정직할 것을 동시에 충고했다. 위와 같은 그의 견해는 후배들에게 계승 발전되어, 미국 퀘이커 교도들이 노예제 폐지 운동을 주도하는 시발점이 됐다.

폭스는 사람을 차별하는 뜻에서 낮은 사람들에게 사용하던 당시의 호칭 'You'를 사용하지 말도록 권고, 대신 모든 사람을 같이 높이는 Thou(그대), Thee를 사용하도록 권면했다. 낮은 신분의 사람이 높은 신분을 가진 사람들을 만나면 모자를 벗어야 한다는 악습도 폐지하라고 목소리를 높였다.

1662년 영국에서는 이러한 사회 평등운동에 가담한 퀘이커 교도들을 억압하기 위한 법률안이 통과됐다. 의회가 높은 신분인 국왕에게 맹세를 거부하거나 맹세하지 못하도록 설득하는 행위는 불법이며, 하나님의 말씀과도 맞지 않는 것이라고 선언했다. 성경적인 인간 평등운동을 주도했던 폭스는 체포됐고, 재판관들은 잉글랜드 국왕의 주권과 그에 대한 충성을 입으로 맹세하도록 강요했다. 폭스는 평생 한 번도 사람에게 맹세한 적이 없으며 사람들과 약속이나 계약을 맺은 일도 없다면서, 국왕에 대한 맹세 선언을 거부했다. 결국, 폭스는 사회질서를 어지럽히고 사람들을 미혹한다는 죄로 다른 퀘이커 교도(친우회원)들과 함께 강제 투옥됐다.

성경에 입각한 사회운동을 주도한 폭스 때문에 영국 의회는 1664년에 국교 모임을 제외하고 다섯 사람 이상 모이는 종교 집회를 모두 금했고, 국왕에 대한 복종 선서를 거부하는 사람은 무조건 형사 처벌한다는 비밀 집회법(Conventicle Act)을 통과시켰다. 폭스를 포함한 수많은 퀘이커 교도(친우회원)들이 법에 따라 또다시 투옥됐고, 가장을 잃은 식구들은 엄청난 경제적·사회적 고난을 받았다. 폭스는 이런 현실을 극복하고, 가장이 없는 가정을 돕기 위한 월회(monthly meeting)를 조직했다.

장기간의 전도여행과 수차례 투옥으로 노년에 이른 폭스의 몸은 지칠 대로 지쳤다. 몸이 극도로 쇠약해져 한때는 눈과 귀가 먹기도 했다. 그러나 그는 영국 국민에게 전도하는 것에 만족하지 않고 형제 국가인 아메리카로 건너가 여러 섬을 돌면서 퀘이커 교도(친우회원)들을 확보했고, 국가로부터 억압당하는 그들을 복음으로 격려하며 진리만을 힘 있게 전했다. 소외된 토착 주민(인디언)을 찾아 평등을 강조하는 순수 복음집회를 열기도 했다. 추장을 비롯한 부족의 의회원 및 수많은 주민이 참여, 폭스가 전하는 신실한 복음에 공감하고 크리스천이 되기도 했다. 폭스는 매우 담대하고 솔직했으며, 독창적이었고 그의 영혼은 항상 가장 높은 존재에 대해 늘 충직했다.

17세기 정치적 혼란을 틈타 물건을 속여 팔고 부당하게 재판하던 속임의 시대를 역류해 퀘이커 교파를 세우고 진실한 삶을 강조하며 인생을 펼쳤던 그는 진정한 복음적 사회개혁자였다. 폭스는 하나님의 임재 의식을 늘 가슴에 지니고 살았으며, 성경 진리만을 세상 가운데 드러내는 일에 철저하게 헌신했다. 사람들의 오해를 무릅쓰고 이 마을 저 마을을 돌아다니면서 예수 복음만을 전했고, 전도를 위해서 피곤하고 위험한 항해를 마다하지 않았던 진리의 종이었다.

특히 그는 성경에 있는 참된 예배로의 개혁에 온 힘을 쏟았다. 당시 만연했던 모양뿐인 허상의 예배를 철저히 거절하고, 내용 있는 하나님 중심의 예배를 드리기 위해 온 힘을 다했다. 불평등한 당시 사회의 관습과 수직 구조를 신앙의 빛 아래 개혁하려고 힘을 다한 진정한 사회 개혁가요, 신실한 크리스천 지도자이기도 했다.

오늘날에도 한국 교회와 한국 사회를 향한 개혁의 바람은 계속 불어야 한다. 성경에 벗어난 무분별한 진리의 외침은 즉각 교체해야 하고, 거짓과 불평등에 뿌리를 두고 있는 교회와 사회의 정책은 반드시 개선되어야 한다.

우리 사회는 법을 제대로 지키면 칭찬을 듣지 못하고 오히려 조롱을 당하는 시대 속에 살고 있다. 이런 때 조지 폭스 같은 하나님 중심의 진실한 지도자가 출현해서 목숨을 걸고 정직을 외치는 복음 운동, 사회 개혁운동을 주도해야 한다. 정직한 지도자가 나타나서 교회와 사회를 성경대로 개혁해 나갈 때 한국 교회와 사회는 소망이 있을 것이다.

41

합리주의로 물든 교회를 개혁한 웨슬리
(존 웨슬리가 감리교를 세운 뜻은)

이 땅에서 감리교를 처음 시작한 존 웨슬리 목사(John Wesley)는 1703년 7월 17일 영국의 링컨셔주 에프워스(Epworth)에서 성공회 사제인 부친 새뮤얼 웨슬리(Rev.Samuel Wesley)와 매우 건강하고 신실한 성도인 모친 수산나의 19남매 중 15번째 아들로 태어났다. 그의 부친 새뮤얼 웨슬리는 40년 동안이나 성공회 교회의 교구 일을 성실하게 감당한 참 성직자였다.

특히 새뮤얼과 수산나는 자녀의 교육에 큰 관심과 열정을 갖고 있었다. 헬라어·라틴어·프랑스어와 성공회 신학을 19남매에게 직접 가르쳤으며, 아이들이 규칙적으로 예배하며 항상 기도해야 한다고 강조했다. 그런 부모들의 열정 때문에 존 웨슬리는 어릴 때부터 동년배들보다 탁월한 지적 능력과 하나님 중심, 교회 중심, 말씀 중심의 신실한 삶을 살 수 있었다.

그의 나이 10세가 되던 1713년 '차터 하우스 스쿨'에 정식 입학해 정규 과정을 공부하기 시작했다. 그곳에서 유명한 음악가인 헨델과 펩쉬를 만나 깊은 교제와 더불어 개인적 친분을 쌓았다. 그들과의 만남은 존 웨슬리가 앞으로 음악을 통한 목회와 하나님과의 감성적인 교제를 원활하게 만들었다.

1720년 부모의 권유로 옥스퍼드대학교 크라이스트 처치 칼리지(Christ Church College)에 입학한 웨슬리는 히브리어, 헬라어, 라틴어 등 신학연구를 위한 고전어와 논리학, 윤리학, 철학, 물리학, 신학 등 다양한 학문을 깊게 연구했다. 옥스포드를 우수한 실력으로 마친 후 자신의 진로 문제로 고민하던 존 웨슬리는 중세 영성가 토마스 아 켐피스의 〈그리스도를 본받아〉와 제레미 테일러가 쓴 〈거룩한 삶과 죽음〉, 로우의 〈중대한 부름〉 및 〈그리스도인의 완전론〉을 읽은 후 교회의 사제가 돼 하나님의 사역을 하겠다고 결심했다. 그는 드디어 1725년 아버지 새뮤얼을 따라 성공회 부제가 됐고, 1726년부터 링컨대학교의 부름을 받아 연구원으로 첫 사역을 감당하게 되었다.

1728년 9월 성공회 교회의 사제가 된 존 웨슬리는 1729년 모교인 옥스퍼드로 다시 돌아와 동생 찰스 웨슬리(1707년 12월 18일생)가 이미 결성해 놓은 홀리 클럽(Holy Club)의 중심 지도자가 되었다. 이때부터 감리교회의 설립이 이 땅에 준비되고 있었다. 이들은 당시 '신성구락'이라는 별명을 얻을 만큼 신앙의 경건을 매우 중시했다.

　이들은 클럽에서 동료와 함께 희랍어 및 고전문학을 깊이 연구했고, 사회 구호운동에 적극적이었으며, 옥중의 사람과 부채를 지닌 사람들을 섬기는 사역을 열정적으로 감당했다. 이 클럽은 비록 작았지만, 성실과 높은 이상을 지닌 세 청년, 즉 웨슬리 형제와 조지 휘트필드 때문에 한 대학교를 깨우쳤고, 나중에는 영국 전역에 믿음의 불을 일으켰으며, 바다 건너 북미 대륙과 전 세계에 거룩한 하나님의 불꽃이 일어나게 했다.

　당시 영국 교회는 합리주의 물결이 세속적인 계몽주의 형태로 표출되고 있었고, 토마스 페인의 영향으로 반기독교 사상이 영국 전역을 강타하고 있었다. 이에 발맞춰 당시 교회 지도자들은 생명 없는 세상 이야기에 그들의 설교 시간 대부분을 할애하고 있었다. 교회 지도자들은 하나님 말씀인 성경을 가르치고 그것을 성도들에게 강해해야 하는 목회자 본연의 임무를 게을리하고, 단지 세상에서 성공할 수 있는 세속적 방법을 가르치는 윤리 선생에 불과했다.

　이러한 현실을 본 존 웨슬리는 신학생 시절 배운 신학과 웅변 등 탁월한 학문적 배경을 사용해서, 청중들에게 매우 감성적이고 복음적인 설교를 하게 됐다. 하나님의 참된 말씀에 목말라하던 당시 교인들은 웨슬리의 복음적인 설교에 큰 감동을 받고 회심하는 자가 많이 늘어났다.
　이후 웨슬리는 1738년 5월 24일 런던 올더스게이트에서 루터가 쓴 로마서 강해서를 보고 큰 감동을 받아 1739년 브리스톨에서 감리교회를 이 땅에 설립했다. 감리교회의 설립자 존 웨슬리는 잉글랜드, 스코틀랜드, 웨일스, 아일랜드 등지를 직접 돌아다니면서 수많은 사람에게 복음을 전했다. 그는 죽을 때까지 약 40만km 이상을 여행하면서 전도했다고 전해진다.

존 웨슬리의 전도와 설교 사역은 결코 손쉽게 진행되지는 않았다. 여행 도중 폭도들로부터 습격을 당하기도 했고, 돌팔매질을 당해 죽을 위기에 처하기도 했다. 그러나 그토록 악랄하고 과격한 폭도들까지도 존 웨슬리의 영성 있는 기도와 설교를 들으면 회심하는 역사가 일어나곤 했다.

한평생을 오직 복음을 전하다가 죽은 감리교의 수장 존 웨슬리는 개인적 회심, 철저한 신앙생활, 품위 있는 예전적 신앙생활의 회복, 기독교인의 사회적 책임을 매우 중요하게 생각했다. 또한, 적극적인 복음전파, 절대적인 하나님 경외, 죄를 멀리하는 거룩한 마음, 하나님의 구원과 사랑을 상징하는 그리스도의 십자가를 기독교의 핵심으로 여겼다. 탁월한 교회 지도자 존 웨슬리는 1791년 3월 2일 친지들에게 '평안히 계십시오.'라는 단순한 유언만을 남긴 채 88세를 일기로 조용히 세상을 떠났다.

18세기 합리주의에 물든 교회를 오직 하나님의 복음으로 일깨우고, 교회의 중대한 성경적 사명인 사회적 책임을 열정적으로 가르치며 실천했던 신실한 복음주의자 존 웨슬리의 탁월한 교회 사역은 21세기를 사는 우리에게 아직도 크나큰 도전과 비전을 가슴 속에 머금게 한다.

성경에 있는 하나님의 교회는 복음만을 입으로 전하는 웅변가들의 모임도 아니요, 사회적인 책임만을 외치는 사회사업가들의 클럽도 아니다. 예수 그리스도의 피로 세운 교회는 말씀 선포와 더불어 사회적 책임을 다하는 성숙한 신앙 공동체가 되어야 한다. 쓴물을 단물로 바꿔 살 만한 세상으로 만드는 신앙 공동체가 되어야 한다. 한 손에는 말씀을 들고, 한 손에는 안타까운 세상을 들고 나가는 공동체가 하나님의 교회다. 자살이 보편화한 절망적인 세상을 희망적인 공동체로 바꾸는 운동을 21세기 교회가 감당해야 한다.

42
회개운동의 주자, 조나단 에드워즈

　17세기 중반에 영국을 떠난 또 다른 대규모의 청교도들이 미국 매사추세츠에 도착하여 본격적인 기독교 신앙 공동체를 건설하기 시작했다. 그들은 100년 전 플리머스에 정착한 최초 청교도 조상의 신앙을 이어받아, 오직 하나님 말씀에 기초한 우주적 공동체를 이 땅에 세우는 데 온 힘을 다했다. 하지만, 그들의 정착촌이 은혜 중에 확장되고 놀랍게 번영되면서, 하나님 왕국 건설보다는 세속적인 환락도시를 건설하는 데 주력하기 시작했다. 하나님 말씀이 목말라서 신천지로 이주한 청교도들의 거룩한 초심이 물질의 마력 때문에 변질되어 갔다. 그러나 1730년에 이르자 매사추세츠 노샘프턴 마을에는 자신들이 범한 크고 작은 지난날의 죄악들을 스스로 들춰내며 회개하는 운동이 폭발적으로 일어나기 시작했다. 자신만이 옳다고 주장하며 다른 사람들의 충고에는 귀마개를 두껍게 끼웠던 고대 이스라엘 백성의 모습은 이제는 그들에게서 찾아볼 수 없게 되었다. 작은 콩 하나라도 이웃과 함께 나누어 가지는 사랑의 충전소, 섬김의 공동체로 바뀌고 있었다. 까맣게 멍든 노샘프턴 마을은 폭포수처럼 솟아나는 기쁨과 행복의 발전소로 회복하고 있었다. 악취 나는 시궁창 연못에 무슨 일이 일어난 것일까? 말씀의 내비게이션을 거꾸로 돌림으로 세속화되어버린, 겉에만 교회처럼 치장된 청교도 마을에 어떤 사건이 도대체 일어난 것일까?

노샘프턴에 불어 닥친 신앙개혁의 진원지는 놀랍게도 한 지도자의 신실한 지도력에 있었다. 조나단 에드워즈는 예일대학을 졸업하고 그의 조부 솔로몬 스토더스와 매사추세츠의 노샘프턴 마을에서 공동목회를 시작했고, 1729년 조부가 죽자 단독목회를 하게 되었다. 많은 독서와 성경연구에 몰입해서 말씀 중심의 개혁주의 신학을 깊이 있게 성찰했을 뿐 아니라, 개혁주의적인 신학서적을 집필하는 데도 게을리하지 않았다. 에드워즈는 마을 사람들이 듣기 좋아하는 말을 골라서 선포하는 것을 지양하고, 성도들이 꼭 들어야 할 하나님의 말씀만을 소신껏 가르치고, 선포했다. 말씀 중심의 목회방침과 적극적인 실행이 세속화라는 마녀의 치마폭에 누워 있던 시궁창의 물꼬를 비전 있는 꿈의 동산으로 돌리게 했다.

듣고 싶은 말이 아닌, 꼭 들어야 할 하나님의 말씀만을 귓속에 넣으므로 심각한 영적 위기상태에 있었던 다윗 왕이 탁월한 지도자로 회복되었다. 하나님의 종 나단 선지자의 입술을 통해서 꼭 들어야 할 하나님의 말씀을 심장 속에 깊이 새긴 다윗은 누구도 할 수 없는 건강한 통일 이스라엘을 세울 수 있었다.

120여 년의 역사를 지닌 한국 교회는 현재 어떠한 모습을 하고 있는가? 지도자들의 거짓 학위취득, 성적 타락으로 말미암아 건전한 가정을 파괴한 파렴치한의 이야기는, 순진한 고등학생들이 이불 속에서 몰래 읽는 삼류소설의 주제만은 아닌 듯하다. 설교와 가르침이 왜곡되고, 성도들의 귓전에 달콤한 것만을 주 메뉴로 등장시킴으로써 교회로서 꼭 들어야 할, 그래서 건강을 회복시킬 수 있는 하나님의 메시지는 긴 겨울잠에 빠진 곰의 신세로 전락하고 말았다. 한국 교회 초창기 믿음의 선진들이 피를 흘리며 밤낮으로 세우고자 했던 말씀 중심의 기독교 공동체는 지도자들의 세속화와 인기몰이로 더는 싹트는 봄의 향취를 기대할 수 없게 되었다. 간음과 살인에 멍든 다윗을 변화시켜서 이스라엘 통일 공동체를 이루게 한 것도, 18세기 타락한 청교도 사회를 멋진 드림팀으로 일구어낸 것도, 들어야 할 것만을 올바르게 선포한 지도자들의 영적 지도력에 있었다는 사실을 한국 교회는 주목해야 한다.

43

예수에 목숨을 건 조지 휘트필드
(감리교 해법, 조지 휘트필드에게 물어보라)

18세기에 일어난 기독교 대각성운동의 최고 공로자 조지 휘트필드(George Whitefield, 1714-1770)는 1714년 영국 글로스터에 있는 한 여인숙에서 태어났다. 그의 부모들이 그곳에서 조그마한 여인숙을 경영하고 있었다. 학창시절 그는 드라마에 관심과 특기를 가지고 있었다. 학교에서 열리는 연극제에 많이 출연했으며, 그가 사는 동네 어른들이 연극을 배우려고 그를 연설자로 초청할 정도였다.

그러던 중 15살 때 여인숙에서 어려운 살림을 꾸려가는 어머니를 돕기 위해 학교를 중퇴했다. 중퇴 이후 3년이 지난 어느 날 친척들의 권면으로 옥스퍼드 펨브룩 단과대학에 입학, 학교 사환 노릇을 하면서 어렵사리 학업을 계속했다. 그때 그에게는 하나님과 성경에 대한 갈증이 크게 일어났고, 이를 해결하기 위해 정기적으로 금식하며 기도하기 시작했으며 하루에 두 차례씩 공중 예배에 참석하는 등 교회 생활에 열정을 보였다.

그는 당시 존 웨슬리가 옥스퍼드 대학교 안에 세운 홀리 클럽에 가입해 본격적인 기독교 운동에 가담했다. 클럽의 학교 선배들에게 성경을 배우고, 영적인 교제를 하면서 자신이 하나님에게서 멀리 떨어져 있다는 생각을 하게 되었다. 휘트필드는 그를 예수께로 인도해 줄 기독교 서적들을 많이 읽었고, 3년 후인 21세 때 하나님을 인격적으로 만나고 회심했다.

회심한 휘트필드는 안 글로스터의 주교를 만나 사제 서품을 받고, 1736년 6월 27일 그곳에서 목회를 시작했다. 3년간의 목회 동안 그는 늘 성경 중심의 복음적인 설교만을 했다. 수많은 사람이 설교를 듣기 위해 몰려들었고, 사방에서 종교 집회를 열어 그에게 설교해 달라고 부탁했다. 그러나 교회 목회자들은 대중에게 인기 있던 그를 시기해 강단을 빌려주지 않았다. 그래서 그는 1739년부터 교회당에서 설교하는 전통을 벗고, 옥외에서 새로운 모습으로 설교하기 시작했다.

옥외 설교에서 휘트필드는 매우 감성적인 설교로 많은 이들을 그리스도께로 인도했다. 그의 설교에는 자기 자랑이나 신세타령이 없었다. 설교에서 세상 이야기를 거의 하지 않았고, 오직 하나님의 복음과 구령의 열정을 위해 사는 사람처럼 설교했다. 하나님 품에 자신을 내던지고 그분의 이끄심을 기꺼이 좇아간 사람으로, 완전히 성령에 취해 설교했다. 그의 설교를 듣기 위해 어떤 때는 매일 8천 명 이상이 한 달 이상 몰려드는 기적도 일어났다.

이후 그는 미국에서도 활동했다. 1740년 2차 미국 방문 시에는 조지아에 보육원을 설립했으며, 순회 설교로 많은 사람을 전도했다. 특히 그의 노스햄프턴 교회(장로교 조나단 에드워즈 목사)에서의 설교는 미국 개신교 부흥운동 중 하나인 1차 대 각성 운동에 큰 영향을 줬다. 처음에 그는 같은 대학 동창인 존 웨슬리 목사와 동역했다. 그는 웨슬리 목사를 "앞으로 죽어서 천국에 가면 주님 곁에 제일 가까이 있을 사람"이라 칭찬하고 매우 존경했다.

존 웨슬리 목사가 노예해방 문제 같은 민감한 사회적 이슈에 관심이 있을 때, 조지 휘트필드 목사는 아동복지 문제 같은 구제 분야에 더 큰 관심을 보였다. 실제로 존 웨슬리는 성공회 성도인 윌리엄 윌버포스의 노예해방 운동을 적극적으로 격려했고, 조지 휘트필드는 보육원 기금 마련을 위한 설교에 더욱 적극성을 보였다. 휘트필드는 기성 교회에서 배제된 가난하고 무식한 사람들을 주 대상으로 가르치고 설교했다. 그들은 휘트필드의 그런 설교를 듣고 감동했으며, 크리스천으로 회심하기도 했다. 탁월한 두 지도자의 목회 비전은 서로 달랐지만, 영국과 미국의 교회를 복음적으로 부흥시키고 발전시키는 데 큰 공헌을 했다.

조지 휘트필드는 동역자 요한 웨슬리와의 분열을 막기 위해 감리교의 수장이 되는 것을 포기하기도 했다. 휘트필드가 수장직을 포기한 것을 놓고 그의 추종자들은 장차 휘트필드의 명성이 교회에서 사라질 것이며, 후세에 까맣게 잊힐 것이라 우려했다. 그때 휘트필드는 다음과 같이 대답했다.

"조지 휘트필드라는 이름은 사라지게 하고 모든 사람의 발길 아래 짓밟게 하라. 그리스도의 이름이 영화롭게 될 수 있다면, 나의 이름을 모든 곳에서 없어지게 하고 내 친구들조차 나를 잊게 할 것이다. 칼빈은 무엇이고 루터는 무엇인가? 이름과 분당 그 이상의 것을 보라. 오직 예수로 진리의 모든 것을 삼아야 한다. 그분만이 전파되도록 해야 한다. 나는 누가 제일 윗자리에 있는가에 관심이 없다. 설령 그것이 모든 사람의 종이 되는 자리일지라도, 나는 내 명성을 깨끗하게 지워버릴 심판의 날이 올 때까지 만족하며 기다릴 것이다."

찰스 스펄전은 "조지 휘트필드와 같은 사람에게 관심을 쏟는 것은 결코 끝이 없다. 종종 그의 생애를 읽을 때 어느 부분을 펼치든 즉각 마음이 뜨거워지는 것을 느낀다. 휘트필드의 모든 삶은 불이었고 날개였으며 힘이었다. 주님께 순종하는 데 있어 내게 모델이 있다면, 그것은 조지 휘트필드"라고 평가했다.

휘트필드는 1770년 미국 보스턴으로 여행하던 중 엑세터의 어느 여관에서 한밤중에 몰려든 청중에게 마지막 설교를 하고 하나님의 품에 안겼다. 건강이 매우 좋지 않았지만, 자신의 설교를 듣기 위해 몰려든 청중들에게 창문을 열고 촛불을 든 채 촛불이 꺼질 때까지 열정적으로 설교했다.
그의 고단한 육신은 미국 매사추세츠 뉴베리포트 교회 묘지에 묻혀 오랜만의 쉼을 얻었다. 영국에서는 1770년 11월 11일 휘트필드의 생전의 유언에 따라 그의 친구 요한 웨슬리가 눈물로 장례 설교를 했다.

"어느 누가 그처럼 수많은 사람을 그리스도께로 초청했으며, 그처럼 많은 죄인을 회개시켰다는 말을 읽거나 들은 적이 있는가? 어느 누가 그처럼 많은 사람을 어둠에서 빛으로 인도하고 사탄의 세력으로부터 하나님께로 인도하는 복된 도구가 된 사실을 듣거나 읽은 적이 있는가?"라고 울부짖었다.

무려 13회나 대서양을 넘나들며, 18,000회에 달하는 대중 집회에서 순수한 복음만을 전한 하나님의 사람, 조지 휘트필드! 그의 일기를 통해 그의 목소리는 21세기 지금까지도 우리에게 살아서 울려 퍼지고 있다.

세상은 바뀌고, 세월은 가도 그리스도에 대한 복음은 힘이 있고, 영원하다. 자신의 명예와 부와 칭찬과 권력을 모두 벗어던지고, 오직 예수만을 전하기 위해 목숨을 바친 조지 휘트필드는 오늘 우리의 가슴을 촉촉이 적시어준다. 가난한 영혼들을 위해서는 직접 빵을 주면서 열정적으로 말씀을 선포했던 조지 휘트필드의 목회관이, 21세기 오늘에도 살아 움직여야 한다. 하나님의 교회는 예수에 대한 복음을 전하는 역동적인 공동체이지만, 국가가 미처 돌볼 수 없는 가난한 영혼들에도 깊은 관심이 있어야 한다. 힘들고 어려운 이웃을 향해서 빵을 주는 것도 참된 복음이요, 예수가 원하는 복음의 실천이기 때문이다.

44
교회학교 운동가 로버트 레이크스

　1700년대 후반 영국의 교회와 국가는 영적인 혼수상태에 빠져서 식물인간의 모습을 하고 있었다. 성도들마저도 교회와 국가를 통해서 어떤 선한 일이 발생할 것으로 기대조차 하지 않았다. 상습적인 폭력과 강간 같은 가정 파괴 범죄들이 극성을 부리고 있었음에도, 국가와 교회는 그것들을 전혀 통제하지 못했다. 이때 하나님은 '글로스터 저널'이라는 조그만 신문사 편집인으로 일하는 로버트 레이크스를 불러내셨다. 공동체 안에 있는 빈곤과 범죄의 악순환에 대해 잘 알고 있었던 그는, 처음에 타락한 성인들을 대상으로 정신개혁운동을 시작했다. 범죄조직을 손수 찾아가서 범죄와의 고리를 끊기 위해 최대의 노력을 다했고, 출옥한 사람들을 대상으로 재활교육을 시행하여 사회를 정화하려는 노력도 수차례 시도했다. 그러나 그의 열정적인 노력에 비해서 사회에 미치는 영향은 매우 미미

했다.

 그러던 어느 날 레이크스는 영국의 사회를 근본적으로 바꾸기 위해서는 성인 대상의 재활교육보다는, 범죄 전에 있는 어린아이들을 교육하는 것이 장기적으로 바람직하다는 생각을 하게 되었다. '세상의 미래는 어린아이들에게 달렸다.'라고 신문지상을 통해서 외치면서 조그만 교회학교를 영국에 세우게 되었다. 수티앨리에 사는 메르디스 여사, 킹 여사 등의 부엌을 빌려서 주일마다 어린아이들에게 성경, 기독교윤리 그리고 기본적인 과목들을 가르치기 시작했다. 어려운 중에 시작한 영국의 교회학교가 급진적으로 수적인 성장을 이루면서 국가적인 이슈로 떠오르게 되었다.

 특히, 자신이 일하는 신문지상을 통해서 교회학교의 필요성과 효과를 알리면서 국가의 저명인사들이 후원을 아끼지 않게 되었다. 존 웨슬리 목사, 인기작가인 한나 모어, 사업가 윌리엄 폭스 같은 사람들은 레이크스가 사역하는 교회학교를 위해 후원회를 조직했으며, 샤를로트 여왕도 레이크스의 교회학교를 국가 기관으로 승인하여 지원을 아끼지 않았다. 부엌에서 시작한 교회학교에 1787년에는 총 25만 명의 영국 어린아이들이 참여했고, 그로부터 50년 이후에는 전 세계적인 모임이 되어서 1백50만 개의 교회학교가 지구촌에 세워지게 되었다. 조그만 신문사의 무명 편집인을 통해서 일어난 교회학교 운동, 즉 사회개혁운동은 혼수상태에 빠진 영국과 세계를 흔들어 깨운 영적 각성운동이 되었다.

 18세기의 레이크스가 일으킨 영적 각성운동, 교회학교 운동이 없었다면, 18세기 영국사회는 범죄 조직 때문에 간음과 폭력공화국으로 전락하고 말았을 것이고, 오늘날 같은 선진 영국을 이루지 못했을 것이다. 이름 없는 한 젊은이의 말씀을 통한 헌신적인 사회개혁운동이 국가와 사회와 교회를 바꾸는 놀라운 역할을 하게 되었다.

21세기를 맞이한 한국 교회는 전 세계의 교회공동체가 주목할 정도로 엄청난 수적인 성장을 이루었다. 화려한 교회 건물과 아름다운 편의 시설은 사회의 어떤 조직체보다 우월한 모습을 보이고 있다. 스카이라운지, 고급스러운 식당과 카페, 그리고 아름다운 사무실 등은 처음 나온 성도들을 맞이하는 데 전혀 손색이 없게 보인다. 오늘날 한국 중대형 교회의 상당수는 하나님의 은혜로 최첨단 공법을 통해서 예술성까지 갖춘 멋진 건축물을 자랑하고 있는 것 같다. 그것이 신학적으로 틀렸거나, 나쁜 것은 절대로 아니다. 다만, 삐뚤어진 한국사회를 개혁하고 아름다운 예수 공동체를 만들고자 원하는 미래 지향적인 교회의 열망이, 멋진 건물의 위용에 비례하지 못하는 것이 안타까울 뿐이다. 18세기 초라한 영국의 부엌에서 일어난 교회학교 운동, 하나님의 말씀만을 통한 무명 인사의 사회개혁운동이 지금 우리 한국 교회에 긴급히 요청되고 있는 것은 아닐까?

45
현대 선교의 아버지 윌리엄 캐리
(정원사에서 선교사로, 윌리엄 캐리)

현대 선교의 아버지로 불리는 윌리엄 캐리는 1761년 8월 17일 노스햄튼(Northampton)에 위치한 폴러스푸리(Paulerspury)라는 작은 마을에서 베 짜는 직공 에드몬드 캐리의 아들로 평범하게 태어났다. 캐리는 단 10살까지 정규 학교에 다녔지만, 어릴 때부터 늘 자신이 구할 수 있는 책은 모두 사야 직성이 풀리는 독서광이요, 책벌레였다.

어릴 때부터 식물 및 자연과학에 관심이 특별히 많았던 캐리는 첫 직업으로 정원사를 선택했다. 그러나 피부가 워낙 연약해 뜨거운 햇볕에 노출되면 염증이 생기기 일쑤여서 이를 포기할 수밖에 없었다. 아버지는 그를 피팅톤에 사는 친구인 구두 수선공 크라크 니콜스(Clarke Nicholos)의 견습공으로 보내서 당시 모든 사람의 필수품인 신발 만드는 기술을 배우도록 했다. 이때부터 그의 직업은 구두 제조업자로 바뀌었다.

그는 어린 시절 잉글랜드 교회에서 성장했지만, 사춘기 시절 친구와 같이 회중교회를 다니면서 그곳에서 진정한 기독교인으로 회심했다. 회심에 도움과 영향을 미친 사람은 구두 제조공으로 함께 일했던 친구 와르(John Warr)였다. 캐리는 가끔 친구 와르와 함께 밤새도록 기독교와 신앙에 대해 논쟁하곤 했다.

캐리는 와르와 수많은 토론과 논쟁을 경험하면서, 단순히 기독교 신앙을 마음에 받아들이고 예배만 드리는 것으로는 충분치 않음을 깨달았다. 그리스도와 진정한 인격적 만남으로 신실한 크리스천이 되어 세상에서 어려운 이웃을 위해 헌신하는 삶을 살기로 했다.

1779년 2월 10일 국가 기도일 캐리는 와르의 권유로 샤클톤 대중 기도회에 함께 참석했다. 기도모임 중에 캐리는 하나님의 깊은 음성을 듣고 자신의 모든 생애를 그리스도께 헌신하고 남을 위해 모든 인생을 살기로 결심했다.

이후 그는 1781년 직장 주인 처제인 도로시 플레킷(Dorothy Plackett)과 결혼했다. 당시 도로시는 25세였고, 캐리는 20세의 생일을 맞이하기 직전이었다. 결혼 이후 그들은 피팅톤으로 이사해 크리스천으로서 한 가정을 이루고 신실한 삶을 살기 시작했다. 그들은 자신들처럼 학교에 다니지 못하는 어려운 마을 아이들을 위해 야학을 열었다. 그는 동시에 자신이 어학에 탁월한 달란트가 있음을 발견하고, 시간을 쪼개 헬라어와 히브리어를 독학으로 마치고 원어 성경을 읽을 수 있었다. 다양한 언어로 된 기독교 서적을 읽기 위해 그는 라틴어, 이태리어, 프랑스어 및 화란어 등 현대 유럽 언어와 인도어, 벵골어 등 동양 언어를 독학으로 습득했다.

다양한 언어가 습득되자 그는 다양한 주제의 여러 책을 사들여 폭넓은 지식과 학식을 습득했다. 1785년 피팅톤에서 18km 떨어진 몰튼마을의 한 학교는 탁월한 지식을 지닌 캐리를 정식 교사로 임명했다. 교사로 초빙된 캐리는 그곳에서 구둣가게를 동시에 운영하며 어려운 학생들과 이웃을 돌보는 신실한 크리스천의 삶을 보여 줬다. 1785년 케터링 근처 몰턴에 있는 침례교회는 신학과 성경에 탁월한 그를 평신도 목사로 임명했고, 1787년에는 정식 목사 안수를 줬으며, 1789년에는 레스터 하비 레인교회로 목회 임지를 옮겼다. 당시 노샘프턴 목사회 일원이었던 그는 구원받지 못한 이교도들을 개종시키는데 지대한 관심을 두고, 회의에서 목사들을 만날 때마다 그런 주제로 토론했다.

이러한 그의 노력은 드디어 결실을 보아 이교도 개종을 위한 선교사 파송을 위한 단체 설립을 노팅컴 침례교 목회자회에서 결의했다. 설교자로 나선 그는 이사야 54장 2절을 인용해 깊이 있는 말씀을 전했다. 그때 그는 이교도 개종을 위한 하나님의 사자로 부르심을 받은 확신이 있었고, 그의 열정과 진실함 때문에 당시 설교를 들은 많은 청중의 마음이 크게 움직였다. '그것은 마치 영혼의 문이 활짝 열려 몇 년 동안 모인 물이 어쩔 수 없는 힘으로 한꺼번에 쏟아지는 것 같았다.'라고 라일랜드 박사는 고백했다.

집회 이후 이교도들에게 복음을 전파하기 위한 특별 침례교협회가 설립됐고, 캐리가 첫 선교사로 임명받아 1791년 인도로 향했다. 처음에는 남태평양 군도로 가고 싶었지만, 친구요 외과의사인 존 토머스가 인도의 의료선교사로 들어간다는 소식을 듣고 선교지를 인도로 바꿨다.

첫 선교지 생활은 그가 고백한 것처럼 욥과 같은 처참한 생활이었다. 아들을 이질로 잃었고, 사랑하는 아내는 정신 착란증을 일으켰으며, 물질은 이미 바닥났다. 이런 상황에서도 그는 하나님께서 주신 탁월한 어학 실력을 기초로 성경 번역 사업에 전념했고, 대중 설교로 인도인들을 회심시키려 최대의 노력을 다했다. 1800년 말 드디어 한 사람의 인도인이 세례를 받았는데, 인도 선교회 활동 7년 만의 첫 열매였다.

이후 13명의 벵골인이 기독교인으로 세례를 받았고, 2년 후에는 개종한 벵골인 청년들이 고질화한 인습을 깨고 결혼식을 올렸다. 캐리의 지도를 받은 천민 신분의 그리쉬나 딸이 귀족 신분인 브라만과 결혼했다. 캐리의 선교 동료 워드는 이를 '카스트에 대한 위대한 승리이다. 브라만과 수드라가 결혼하다니, 그것도 기독교식으로'라며 감격했다.

1809년 캐리와 동료 선교사들은 40개 언어로 성경을 번역했다. 1815년에는 420명이라는 사상 최대의 성인 개종자가 세례를 받아 총 1천 명이 넘는 세례 교인 공동체를 이뤘다. 1819년에는 인도인 학생들을 위해 세람포르 대학이라는 기독교 학교를 설립해 기독교인 지도자를 양성하는 데 주력했다.

1829년 72세가 되면서 자신의 죽음을 마음으로 인지한 캐리는 '나는 선교 기지였던 세람포 부지 및 모든 중요한 부분에 대한 어떤 권리나 자격 등을 포기한다. 나는 여기서 어떤 권리나 자격도 갖지 않았고, 가질 수 없다고 분명히 밝힌다.'라는 유언장을 머리 위에 놓고 조용히 잠들었다. 묘비에는 평소 유언대로 '1761년 8월 17일 출생, 1834년 6월 9일 죽음. 가엾고 비천하고 연약한 벌레 같은 내가 주님의 온유한 팔에 안기다.'라고만 적혀 있다.

세기를 거듭해도 변하지 않은 진리는, 하나님을 중심으로, 꿋꿋하고 지조 있게 남을 위해 헌신한 자는 위대한 열매를 맛보게 되며 존경받게 된다는 것이다. 기독교인을 포함한 많은 현대인은 너무나 인본주의적인 사고를 지니고 있어서, 하나님과 이웃보다 오직 자신의 유익만을 위해 머리를 깊게 사용하며, 자신에게 떨어질 조그만 유익만을 구하며 살아간다. 캐리의 헌신과 어려운 이웃을 위해 몸 바치는 사랑이야말로 세상을 아름답게 하고 자신을 아름답게 만드는 유일한 샘물임을 기억해야 한다. 남을 위해 죽는 것이 곧 나를 살리는 유일한 길이라는 것을 캐리는 말하고 있다.

46

노예해방 운동가 윌리엄 윌버포스
(45년간 오로지 '노예 해방'만을 위해)

영국의 노예해방 운동가요, 국가 상류층의 윤리를 바로 세운 정치인 윌리엄 윌버포스(William Wilberforce)는 1759년 요크셔 헐의 부유한 가정에서 출생했다. 그의 가족은 원래 색슨족의 후예들로 성공한 상인들이었고, 조부는 유능한 정치인으로 시장을 두 번이나 지낸 인물이었다. 윌버포스는 조상의 유능한 피를 그대로 이어받아 매우 명석했다. 일곱 살에 문법학교에 들어가 불어·산수·라틴어를 배웠고, 웅변술이 매우 뛰어나 동료를 매료시키곤 했다. 이후 영국 일류의 포크링턴 학교와 케임브리지 세인트존스 대학교를 졸업하고, 1780년 약관 21세의 나이로 요크셔 의원이 돼 국회로 진출했다.

25세 때 예수님을 마음으로 영접해 진정한 그리스도인이 됐고,

얼마 되지 않아 타락한 당시 영국 정치계를 떠나 목회자의 길을 가고자 했다. 그러나 '나 같은 죄인 살리신(Amazing Grace)'을 작사한 존 뉴턴(J. Newton)의 "나는 주님이 국가를 위해 일하도록 당신을 세웠다고 믿으며, 또 그렇게 되길 바란다."라는 고언에 감명을 받고 그대로 남았다. 1784년부터는 헐의 기독교 학교 교장 아이작 밀러와 함께 유럽 대륙을 두 번 여행, 지대한 영향을 받고 자신의 남은 인생은 물론 재산까지도 하나님의 일을 위해 모두 바치기로 결심했다.

윌리엄 윌버포스는 신실한 기독교인으로서 삶의 비전(목표)을 세웠다. 그것은 바로 사회 전반에 흥왕하고 있던 노예 매매 폐지와 상류층의 도덕성 회복이었다. 돈과 권력을 가진 상류층은 당시 수많은 부조리를 저지르며 불공정한 삶을 난잡하게 살고 있었다. 간음과 도박은 공공연한 현상이었고, 이는 노예무역을 통하여 얻은 이득으로 가능했다.

의회에 남은 윌버포스는 하원에서 반노예제 운동의 지도자가 됐고, 1787년 하원에 노예제 폐지위원회를 설립했다. 이듬해 그는 위원장 자격으로 장장 3시간 30분 동안 노예제가 끼치는 사회적 해악들을 구체적으로 연설했다. 그는 "노예 매매는 너무 엄청나고 무시무시하며 치유할 수 없는 악습이기 때문에, 나는 그것을 폐지하기 위해 싸우기로 굳게 결심했습니다. 결과가 어떠하든 나는 이 시간부터 폐지가 성사될 때까지 절대 쉬지 않겠노라 결심했습니다." 라고 외쳤다.

그의 감동적인 연설을 들은 제레미 밴담, 로드캐닝, 글로스터 공작과 같은 저명인사들이 운동에 적극적으로 동참했다. 1791년 이래 매년 영국 의회에 노예제도 폐지안이 상정됐다. 그러나 폐지 반대 운동도 의회 내에 심해져 무려 11번이나 상정안은 통과되지 못했다. 노예제 폐지안이 통과되면 나라 경제가 무너질 거라는 유언비어가 떠돌아다녔다. 그는 동료 의원들의 많은 조롱과 반대를 몸으로 겪어야 했다. 어떤 동료 의원은 그를 '잔챙이 새우'라고 빈정거렸다. 그러나 윌리엄은 기독교적 확신을 의회 정책에 구체적으로 반영시키려는 열망을 갖고 노예제도 폐지법안 통과를 지속적으로 추진했다.

그러나 윌버포스의 노예제 폐지운동은 의회에서 서서히 발판을 굳히고 있었다. 그가 적극적으로 추진한 노예제 폐지안은 통과되지 못했지만, 1807년 대체안인 노예매매 폐지안이 283대 16으로 영국 의회를 통과했다. 노예매매 폐지안이 의회를 통과하자 큰 사회적 문제가 생겼다. 노예들의 인권은 보장됐지만, 노예로 팔려나갈 사람들이 국내에 남아 국가 경제 문제가 심각해질 수 있었다.

그래서 윌리엄은 노예제도 폐지운동의 동역자였던 클래펌파가 작성한 노예이주 정책 프로젝트를 적극적으로 수용했다. 그의 프로젝트는 노예나 노예 후보자들의 정착지를 서아프리카에 세워 그들을 이주시키는 거대한 계획이었다. 영국은 그의 프로젝트대로 노예 거주지를 서아프리카에 세웠고, 처음에는 어려웠지만 이미 노예로 팔려갔던 사람들이 돌아오면서 크게 성공했다.

노예 제도는 오랜 관습으로 세계 각처에 퍼져 있었다. 미국은 남북전쟁의 원인이 되기도 했다. 그러나 영국에서는 윌버포스의 끈질긴 노력으로 그가 66세로 죽기 3일 전인 1825년 상·하원 모두에서 통과돼 영원히 사라졌다. 장장 45년간의 줄기찬 노력을 인정받아 그는 웨스트민스터 사원에 묻히는 영광을 얻었다. 그날 영국의 상·하원에 속한 대부분 의원은 장례식에 참여하기 위해 의회 일을 중단했다.

기독교 복음은 듣기만 하는 것이 아니다. 행동으로 옮기는 것을 포함한다. 복음은 살아 있어 개인은 물론이고 나라와 민족과 세계를 변화시키는 놀라운 능력을 지니고 있다. 예수 복음이 있는 곳에는 어디든지 영·육 모두 활력 있는 삶의 부활이 일어난다. 진정한 복음을 지닌 하나님의 교회가 있는 곳에는 노예폐지 운동가 윌버포스가 이룬 것처럼 세상을 향한 역동적인 개혁이 항상 일어난다. 쓴 물이 넘치는 세상을 단물나는 세상으로 만들 수 있어야 올바른 하나님의 교회라 할 수 있다.

47
감옥 선교사 엘리자베스

19세기 초반 영국의 부유한 은행가의 딸로 태어난 엘리자베스는 20살이 되어서 부유한 은행가 출신 조제프 프라이와 결혼하여 독실한 퀘이커 교회 성도가 됐다. 그녀는 교회에서 시행하는 성경공부 모임에 적극적으로 참여하면서 교회로서, 성도로서의 사회적 책임에 대해서 눈을 뜨게 되었다. 교회공동체 속에서의 내적인 역할과 더불어 하나님의 자녀로서 사회에 공헌해야 할 책임이 구원받은 자신에게 있다는 사실을 깨닫게 되었다.

그녀는 배운 말씀을 실천하고자 담임목사의 지도를 받아서, 런던 근교에 있는 여 죄수들만을 수용하는 뉴게이트 감옥을 방문하게 되었다. 그곳에 갇힌 당시의 여 죄수들이 모두 비인간적, 비위생적인 처우와 상황에 놓여 있다는 사실을 목격하고 크리스천으로서 큰 충격을 받게 되었다. 목사를 통해서 말씀을 배우면서도, 말씀 속에서 가난한 이웃을 섬기라는 주님의 명령을 받으면서도 그들을 한 번도 섬기지 못한 자신이 너무나 부끄럽게 느껴졌다. 사회의 냉대와 교회의 무관심으로 방치된 가난한 이웃을 한 번도 돌아보지 못하고, 지금까지 혼자만 잘 살아온 자신이 너무나 부끄럽게 생각되었다.

그녀는 자비를 털어서 감옥에 갇힌 여 죄수들을 섬기며, 하나님의 말씀을 가르치기 시작했다. 투옥된 여 죄수들과 깊은 대화를 나누면서 그들이 감옥에 들어오게 된 근본적인 이유가 가난 때문이라는 사실을 알게 되었다. 대부분의 여 죄수들은 노동능력이 없는 무능한 남편을 두고 있거나, 남편 없이 혼자 사는 과부들이었다. 불쌍한 자녀를 먹이기 위해서 급한 마음으로 도둑질하다가 붙잡힌 자들이 대부분이었다. 엘리자베스 프라이는 도둑질을 하지 않고 바른 직업을 가질 수 있도록 바느질 기술을 가르치기 시작했다. 그녀의 역동적인 희생으로 뉴게이트 감옥의 분위기는 활기차고 밝은 모습으로 바뀌었고, 기술을 배우고 출옥한 여인들은 다시는 도둑질을 하지 않게 되므로 어두운 슬럼 사회가 한층 밝아지게 되었다.

그녀의 아름다운 사역이 런던의 손꼽히는 기업가들에게 알려지자 수많은 기금을 보냈고, 따라서 엘리자베스의 감옥사역은 점점 확장되어 나갔다. 엘리자베스 프라이는 일약 영국 사회의 저명한 인사로 소문이 나게 되었고, 매스컴에 자주 오르내리는 유명한 크리스천이 되었다. 그녀는 급기야 1821년 '영국 여죄수 처우개선 협회 (The British Society for Promoting Reformation of Female

Prisoners'라고 하는 범국가적인 조직을 세웠고, 각계각층의 사람들로 하여금 영국의 어두운 뒷골목을 바라볼 수 있는 계기를 만들었다. 사회학자, 사회복지학자들은 영국사회의 어두운 곳에 방치된 제도와 시스템을 주제로 논문을 썼으며, 1823년에는 영국의회가 '감옥법'을 통과시키므로 오랫동안 내팽개쳐졌던 어두운 감옥에 대한 개혁이 이루어지게 되었다. 하나님의 말씀을 배우면서, 그 말씀대로 실천하고자 했던 가냘픈 한 여성의 조그만 헌신이, 영국과 유럽사회에 일파만파로 퍼져서 열악한 국가의 사회복지제도를 개혁하고, 교회를 바르게 세우는 선구자적인 역할을 하게 되었다.

짧지 않은 120년의 역사를 지닌 21세기 한국 개신교회는, 우수한 교사들과 귀중한 성도들의 시간 그리고 엄청난 교회의 예산을 투입해서 말씀공부에 최선을 다하고 있다. 오늘날 한국 교회의 어지간한 평신도들은 10여 년 전 신학대학원을 졸업한 목회자들보다도 훨씬 출중한 신학적 지식을 갖게 되었다. 그런데 복음의 사회적 실천은 우수한 말씀 공부와 비례하지 못하는 것은 매우 안타까운 일이다. 추운 겨울 따뜻하고 멋진 방에서 향내 나는 원두커피를 벗 삼아 성경공부에 열중하는 성도들에게 19세기 엘리자베스 프라이에게 일어난 사고의 전환이 일어나길 소망한다.

48

중국 내지 선교사 허드슨 테일러
(중국 옷 입은 테일러에게 동료들은…)

중국 내지 선교사 허드슨 테일러(Hudson Taylor)는 1832년 5월 21일 영국 요크셔 반즐리의 경건한 감리교 가정에서 태어났다. 그의 아버지는 반즐리를 본부로 한 순회설교단 소속 탁월한 설교자였다. 허드슨은 어릴 때부터 아버지를 방문한 각지 목회자들이 자신의 집 응접실에서 중국 선교에 대해 대화하는 것을 들었다. 어린 허드슨은 어른들의 중국 선교 이야기에 귀 기울였고, 자신도 때가 되면 훌륭한 중국 선교사가 되겠다고 다짐하곤 했다. 17세의 청년이 된 허드슨은 소책자를 읽다 감동을 하고, 어릴 때부터 가슴에 품어 온 중국 선교사의 꿈을 구체적으로 그리기 시작했다.

허드슨은 18세쯤 반즐리에 있는 회중교회 어떤 목사가 빌려 준 메드 허스트의 〈중국〉이라는 책을 접했다. 그는 책을 통해 중국 선교를 위해선 무엇보다 의학을 공부하는 게 좋겠다는 사실을 깨달았다. 그는 즉시 헐에 사는 친척인 의사 하디 박사를 찾아가 그의 조수가 돼 본격적으로 의학을 공부하였다. 그는 아주 형편없는 집에 세 들어 살면서도 모든 수입의 3분의 2를 가난한 이웃을 위해 사용했다. 점심은 빵과 사과로 때우면서도 '없이도 잘 지낼 수 있는지 한번 시험해보라.'라는 아버지의 유훈을 성도로서 실천했다.

1853년 9월, 그의 나이 21세에 허드슨은 항구에 배웅 나와 기도하는 어머니를 뒤로하며 중국으로 가는 배에 올랐다. 1854년 이른 봄, 상해에 도착한 그는 중국 복음화선교회에 가입하고 공식적인 선교사 사역을 시작했다. 그때 중국은 태평천국의 난과 홍건적의 침입이 절정에 이르러 사회, 정치적으로 매우 혼란스럽고 어려울 때였다. 총탄이 귓가로 날아오거나, 대포알이 집 근처에 떨어지는 경험은 다반사였다. 선교사 허드슨은 그런 가운데서도 무모할 정도의 담대함을 보였다. 오직 성경만을 손에 들고, 위험한 상해 전역을 돌며 10회 이상이나 전도여행을 감행했다.

상해지역 전도여행 중, 그는 신실한 부흥사 윌리엄 번스와 만나게 되었다. 번스는 박학다식한 사람이며, 훌륭한 인격을 지닌 목회자였다. 번스는 허드슨의 영적인 아버지로 수많은 영향을 끼쳤으며, 약 7개월간 중국 선교사로 동역했다. 이들은 험악한 날씨와 낯선 환경, 그리고 외국인에 대한 편견과 오해, 강도의 위협 속에서도 예수만을 전하고 다녔다. 위기가 올 때마다 허드슨은 동역자 번스와 함께 기도했고, 같이 울었다.

젊고 순수했던 허드슨의 눈에 비친 당시 중국 선교사 대부분은 필요 이상으로 물질적 낭비가 심했고, 사치스러운 생활을 했다. 허드슨은 그러한 선교사들을 멀리 떠나 한적한 곳에서 중국 현지인들과 어울렸다. 당시 중국인들 문화인 변발을 하고, 중국 옷을 일부러 입고 생활했다. 동료 선교사들은 기이한 선교사 허드슨을 시기해 공격을 가하면서, 젊은이의 객기라며 비웃었다. 그러나 번스는 테일러의 생각과 행동이 옳다고 여기고 자신도 변발과 중국 옷을 같이 입고 선교했다.

1860년 선교사 허드슨은 더욱 깊은 의학 지식을 터득하기 위해 장기 휴가를 얻어 영국에 들어갔다. 그때 허드슨은 중국인 조수를 데려가 닝포 신약전서의 개역판을 만들었고, 중국 내지 선교회를 설립했다. 중국 내지 선교회를 위한 규정에는 중국에서의 선교 경험과 그의 강직한 성격이 그대로 반영돼 있다.

쓸데없는 간섭을 피하고자 교단을 탈퇴하며, 경험이 별로 없는 노동자 계급 출신들을 선발해 직원으로 썼다. 오직 하나님께만 매달리는 재정의 운영원칙을 세워 사람들에게 헌금을 호소하거나 인간적인 도움을 요구하는 것을 엄격히 금했다. 다른 단체와의 경쟁은 절대로 금했으며, 효율적인 현지 사역을 위해 선교본부는 영국이 아닌 중국 본토에 두기로 문서로 밝혔다.

위와 같은 선교회 원칙에 따라 중국 내지 선교회는 중국 땅에서 1865년 정식으로 출범했다. 허름한 건물에서 시작한 교회의 교인 수는 이후 1년도 되지 않았던 1866년 크리스마스 무렵 이미 60명을 넘기는 기적을 낳았다. 그가 세운 병원에는 환자들이 하루 200명씩 몰려들었다. 시간이 흐르자 그가 세운 교회 성도 수는 1,500명을 넘어섰다. 이후에도 수많은 영혼이 병원과 교회로 몰려들어 엄청난 부흥을 경험했다.

그러나 선교사 허드슨에게도 어려움이 닥쳐왔다. 양조우 사건을 오해해서 중국에서 일하던 선교사들에게 비난의 화살이 가해졌다. 외국 선교사들이 대포와 총검으로 중국인들에게 기독교 신봉을 강요했고, 견디다 못한 현지 중국인들이 들고일어나자 선교사들이 영국 함대에 보호를 요청하면서, 중국과 영국이 전쟁 일보 직전에 와 있다는 소문을 중국 매스컴이 퍼트렸다.

테일러 일행은 비난의 대상이 될 만한 어떠한 행동도 한 적이 없는데, 이로 말미암아 몇몇 후원자들의 지원까지 줄어들어 선교부 재정은 심각할 정도로 위기에 봉착했다. 그러나 오직 하나님만을 신뢰하기로 작정하고 나선 중국 선교사 허드슨은 오직 기도로 모든 문제를 원만히 해결했다. 1904년 6월 1일 허드슨은 72세의 나이로 하나님의 부르심을 받았고, 시신은 중국 전장에 있는 가족묘지에 안장됐다.

사람을 바라보지 않고 오직 하나님의 능력만을 신뢰한 선교사 허드슨 테일러가 오늘 아침 유난히 그리워진다. 보잘것없는 사람의 경험과 지식의 잣대로 매사를 해결하려 하는 현대 사회와 교회에 그의 신실한 삶은 귀중한 메시지를 던져주고 있다. 하나님의 방법으로, 성경에 나와 있는 방법으로만 사역할 때 우리는 참된 승리를 경험할 수 있다. 19세기 복음의 불모지 중국 땅에서 교파를 초월해 일한 허드슨의 선교 사역은 우리 모두 되새겨 생각해 보아야 할 것이다.

49
탐험가요 선교사인 데이비드 리빙스턴
(노예 폐지 위해 항로 개척한 선교사들)

아프리카의 탐험가요, 선교사인 데이비드 리빙스턴(David Living stone)은 1813년 영국의 글래스고에서 남동쪽으로 약 2-3마일 떨어진 블랜타니어 마을에서 매우 경건한 신앙인의 아들로 태어났다.

그의 선조는 스코틀랜드 서부 해안의 울바 섬에서 이주해 온 가난한 사람들이었다. 리빙스턴에게 지대한 영향을 끼친 모친 로랜더는 칼빈주의를 따르는 장로회 투사 집단인 콘베난터스가(家)의 정통 후예였다. 리빙스턴은 어릴 때부터 클리드 강변에 있는 면화공장 노동자 아파트의 꼭대기 층 단칸방에서 형제 7명과 함께 살면서 전통적인 장로교 신앙교육을 철저히 받고 자랐다. 집안의 가난 때문에 10세 때부터 인근에 있는 면화 공장에 취직해 '실을 잇는 직공'이 됐다. 공장에서 일이 끝나면 피곤한 몸을 이끌고 밤 10시까지 회사가 세운 야간학교에서 공부했으며, 과학과 역사 및 고전 분야에 큰 관심이 있어 수많은 책을 새벽이 될 때까지 읽기도 했다.

10대 때 비로소 참된 크리스천이 된 그는 중국에 의료 선교사로 갈 것을 마음먹고 약 2년간 헬라어, 신학 및 의학 등을 공부했다. 그는 1838년 마침내 의사 정식 자격증을 얻었고, 런던 선교회로부터 의료 선교사로 인정받았다. 그러나 1839년 발발한 아편전쟁 때문에 중국 선교사의 꿈을 포기했다. 이후 스코틀랜드 선교사 로버트 모펏의 권유로 1840년 그와 함께 남아공으로 선교를 떠나 1841년 3월 14일 아프리카 최남단 케이프타운에 도착했고, 이후 15년 동안 아프리카 내륙을 여행했다.

1841년 7월 31일 케이프 경계의 쿠루만 모펏 선교구에 도착, 곧 개종자를 찾기 위해 아프리카 북쪽으로 떠나 1842년 여름에는 백인 출입이 통제된 아프리카 북쪽까지 진출하는 데 성공했다. 1845년 1월 2일 리빙스턴은 존경하는 선교사 모펏의 딸 메리와 결혼하고 아프리카 지역을 함께 여행했다. 그러나 급속히 나빠진 아내의 건강과 슬하에 태어난 자녀 교육 문제로 1852년 아내와 4명의 아이는 영국으로 보냈다.

가족이 스코틀랜드로 돌아간 이후, 리빙스턴은 자유롭게 남아공 경계를 넘어 아프리카 내륙 중심부까지 여행하며 복음을 전했다. 1853년 11월 11일 린얀티에서 잠베지 강까지 접근했으며, 여행을 위한 장비도 거의 갖추지 않고 아프리카인 몇 명과 북서쪽으로 이동, 대서양으로 향하는 길을 찾았다. 그 길을 찾으면 합법적인 상업만을 허가해 당시 성행하던 유럽인들의 노예무역을 근절할 수 있을 것으로 생각했다.

1855년 11월 17일 잠베지 강에 도착한 일행은 매우 아름다운 폭포를 발견했다. 애국심과 충성심이 투철했던 리빙스턴은 당시 영국 여왕의 이름을 따 이를 빅토리아 폭포라 명명했다. 이로 말미암아 그는 국가의 영웅으로 추대되어 1856년 12월 9일 영국으로 돌아갔다. 리빙스턴은 〈남아프리카에서의 선교여행과 조사(Missionary Travels and Researches in South Africa, 1857)라는 책을 출간, 당시로서는 천문학적인 숫자인 약 7만 부 이상을 팔았다. 출간 이후 6개월간 영국 곳곳을 돌아다니며 아프리카에서의 경험과 비전을 강연했다.

리빙스턴은 1858년 3월 12일 켈리마네의 영국 영사로 임명받아 영국을 떠났다. 그의 임무는 아프리카 동부 및 중앙부를 탐험하면서 노예무역을 폐지하기 위해 상업과 문명을 확산시킨 것이다. 10명의 아프리카인과 그의 동생 찰스, 에든버러의 의사 존 커크를 포함한 6명의 유럽인이 동행했다. 1862년 4월 27일 그의 아내 메리가 여행 도중 잠베지 강 수팡가에서 죽자, 영국 정부는 1863년 리빙스턴 탐험대를 다시 소환했다. 1864년 영국으로 돌아온 뒤 리빙스턴은 동생 찰스와 함께 두 번째 책인 〈잠베지 강과 그 지류 탐험에 대한 이야기(Narrative of an Expedition to the Zambesi and Its Tributaries, 1865)를 출판했다.

1866년 1월 2일 리빙스턴은 영국 영사가 되어 아프리카로 돌아 갔다. 기독교 복음을 확장하고 아프리카 동부 연안의 노예무역을 폐지하는 것이 그의 임무였다. 대원들과 함께 동부 연안 미킨다니 에서 힘차게 내륙으로 전진했고, 1871년 3월 29일에는 북서부 마 지막 목표지점인 니앙궤에 도달했다. 그는 나일 강의 근원을 찾고 아프리카에서의 노예무역을 폐지하겠다는 열정으로 선교와 탐험을 계속했다. 그러나 1873년 5월 리빙스턴은 현재 잠비아에 해당하는 일랄라 지역 치탐보에서 하나님께 기도하는 모습으로 일생을 마감 했다. 그와 함께한 탐험대원들은 9개월의 힘든 여행 끝에 그의 시 체를 영국으로 옮겨, 빅토리아풍으로 장례식을 치르고, 1874년 4월 18일 웨스트민스터 사원에 묻었다.

리빙스턴은 아프리카 땅에 복음 확장과 더불어 유럽인들에 의한 아프리카 노예무역 폐지를 위해 30년 동안 선교와 탐험에 온 힘을 다했다. 탐험 중 그가 얻은 지리·기술·의학 및 사회적 자료는 사람 들의 관심 밖에 있던 검은 대륙 아프리카를 올바로 이해하는 데 큰 도움이 되었다. 리빙스턴은 검은 대륙 아프리카 땅에서 미개한 그들에게 민족주의 의식을 깨우쳐 준 탁월한 선구자요, 참된 복음 선교사였다. 그는 연약한 자들을 위해 자신의 몸과 마음을 다 바친 성경적 교회 모델을 우리에게 제공한다. 한국 교회는 성경대로 실 천하는 참된 목회자와 성도를 오늘도 애타게 찾고 있다.

50
칼라바르의 여선교사 메리 슬레서
(원주민들이 앞다퉈 복음을 듣고 싶어 했던 여인)

칼라바르의 선교사 메리 슬레서는 1848년 스코틀랜드에서 입에 풀칠하기도 어려운 집안의 일곱 자녀 중 둘째로 태어났다. 매우 무지했던 메리의 아버지는 대를 이은 극심한 가난을 비관, 매일 술로 세월을 보내다 결국 알코올 중독자가 됐다. 급기야 그녀의 아버지는 다니던 직장에서 쫓겨났고 폐인으로 전락했다. 메리는 어려운 가정을 살리려 11살이 되던 해 에버딘의 방직 공장에 취업했다. 낮에는 학교에서 공부하고, 밤에는 직장 생활을 하는 어려운 '반 일제 학동'이었다. 14살부터는 아예 학교생활을 그만두고, 매일 10시간 이상씩 일하는 전업 노동자가 됐고, 13년 동안 그런 생활이 지속했다. 그녀는 수도와 전기, 화장실이 없는 혼잡하고 더러운 빈민가에 살면서 집과 방직 공장만을 오가며 생활했다.

그런 슬레서에게 교회당에서의 예배는 유일한 탈출구였다. 그녀는 어느 날 칼라바르(지금의 나이지리아) 선교사의 설교를 듣고 깊은 감명을 받았다. 칼라바르 선교사가 되어 예수 복음을 전하고 싶은 꿈이 가슴 깊이 자리 잡기 시작했다. 하지만, 여자인데다 매우 천한 노동자 신분이어서 그 비전을 감히 말할 수 없었다. 그러던 1876년 어느 날 선교정보지를 통해 마음으로 늘 존경하던 선교사 리빙스턴의 사망 소식을 1876년 접하고, 그의 뒤를 이어 칼라바르 선교사가 될 것을 서원했다. 마침 여성도 선교사 후보로 받아주는 선교회가 설립되자 그는 즉시 선교회에 가입했다. 그리고 1876년 8월 선교 지부의 파송을 받아 그때까지도 노예 매매에 관여하던 서남아프리카 칼라바르로 떠났다.

메리는 칼라바르 듀크 타운에 정착해 현지 언어를 배우며 선교사 학교에서 가르치는 일을 시작했다. 그렇지만 그는 늘 내륙 깊숙한 곳에서 역동적으로 교회 개척을 하고 싶었다. 이후 3년도 안 되어서 말라리아를 여러 번 앓았던 그는 병가를 가졌다가 사역에 복귀하면서 내륙 선교의 기회를 얻었다. 그곳은 주술과 마술, 사악한 풍습들이 복음 사역을 가로막았기에 성과는 천천히 진행되었다. 쌍둥이가 태어나면 아빠와 쌍둥이들을 모두 죽이고, 엄마를 먼 지역으로 추방하는 무서운 풍습이 있었다. 메리는 그들의 악습을 없애려 추장 및 원주민들과 투쟁했으며, 추방된 여자들과 쌍둥이를 돌보는 사역도 겸했다.

이후에도 극심한 말라리아로 고향 스코틀랜드에서 안식년 휴가를 보내게 됐다. 이후 다시 복귀했을 때 어머니와 누이동생의 사망 소식을 들었다. 그러나 그는 슬픔 대신 이제 깊은 오지에 들어가도 염려할 가족이 없다며 큰 자유를 느꼈다. 그리고 많은 선교사가 목숨을 빼앗겼고, 과거에 들어갔던 백인 중 한 사람도 살아남지 못했던 오지 오코용으로 들어갔다.

당시 오코용은 사나운 에픽족과 격한 전쟁 중이어서 매우 위험했다. 그러나 슬레서는 목숨을 걸고 그곳에 들어가 25년 이상 원주민들과 사역했다. 스코틀랜드식의 거추장스러운 옷을 벗어 던지고, 그들의 문화를 수용해 간단한 옷으로 갈아입었으며, 전통 신발인 즈크신을 신었다. 수입한 음식은 전혀 먹지 않고, 원주민들이 상용하는 전통 음식을 먹었다. 원주민들은 자신들의 전통과 문화를 긍정적으로 수용하는 슬레서를 매우 존경하고 환영했다. 그들은 메리에게 도움을 요청하고, 어려운 문제가 생기면 충고를 구했다.

또 그녀는 스코틀랜드에서 배운 의술로 원주민들의 질병을 치료했다. 그러자 원주민들은 그에게 성경을 가르쳐 달라고 적극적으로 요청하기에 이르렀다. 악한 미신에 사로잡혀 있던 원주민들에게 복음을 전할 기회를 자연스럽게 얻은 것이다. 추장들은 메리를 재판장으로 위촉해 원주민들의 재판을 맡겼다. 그녀는 간음한 여인의 사지를 묶고 국소에 끓는 기름을 부어 죽이는 악한 형법을 폐지하는 데 일조했다.

오코용 부족들은 메리를 추앙해 '모든 민족의 어머니'라는 의미가 있는 '에카 크푸크푸로 오아'라는 칭호를 부여했다. 몸을 사리지 않고 역동적으로 사역했던 메리는 수차례 열병에 걸렸다. 무서운 열병도 개의치 않고 열심히 일하던 그는 1915년 과로로 졸도해 사망했다. 그녀의 시신은 듀크 타운 공동묘지에 안치됐고, 모든 원주민은 조기를 달아 희생적인 슈퍼 리더 메리의 죽음을 마음으로 추모했다.

자신과 자신의 가족만을 위해서 모든 것을 거는 한국 교회 '셀프 리더'들에게, 남을 위해 기꺼이 자신의 모든 것을 나눠준 슈퍼 리더 메리를 소개하고 싶다. 참된 크리스천은 셀프 리더의 모습을 벗어나 슈퍼 리더의 삶을 살아야 한다. 한국 교회가 모두 메리 같은 슈퍼 리더를 양육하고, 양성하는 기관으로 변화되어야 함은 물론이다.

51
남양제도의 선교사 존 윌리엄스
(철물점 종업원이 남태평양의 선교사로)

19세기 활동했던 남태평양 군도(群島)의 선교사 존 윌리엄스(John Williams)는 런던 선교회가 더프호를 남태평양으로 출항시킨 1796년 영국의 신실한 기독교 가정에서 태어났다. 그는 영국의 노동자 계급이 모여 사는 토텐햄 하이크로스에서 자라면서 찬송가와 기도서를 만들 정도로 열정이 있었다. 그러나 사춘기로 접어든 14세 철물상 점원이 되면서부터, 마음속에 있던 뜨겁고 순수한 신앙을 모두 버리고 불량소년이 됐다. 그러나 하숙집 주인의 부드러운 관심과 인도로 올드 휫트필드 교회에 출석하게 되었고, 18세 때 극적인 회심을 경험했다.

이후 그는 무시로 전도하면서 교회학교 교사로 열심을 다해 봉사했다. 그러던 어느 날 본 교회 담임목사 매튜 윌크스(Matthew

Wilkes)가 예비 선교사 후보생들을 초청해 선교에 관한 특별한 강의를 개설했다. 그때 초청받은 존은 강의에 감동해서 권위 있는 런던 선교회에 곧바로 지원했다. 당시 존은 어린 나이였고, 국외 선교사로 훈련받은 적도 없었다. 그러나 남태평양 선교 강화를 위해 많은 선교사가 절실히 필요했고, 그는 매우 성실한 신앙의 청년이었기 때문에 선교회는 그의 입회를 전격 허락했다.

1817년 그는 선교를 이해하는 메리 쇼너와 결혼해 곧바로 타히티 근처 소시에테 남양제도를 향해 처음으로 사역을 떠났다. 선교사 윌리엄스 부부는 남태평양에 도착하자마자 다른 선교사들과 함께 타히티 근처 작은 섬 모레아에서 1년간 머물렀다. 이후 13년 동안 선교해야 할 후보지인 라이아테아 섬으로 옮겼다. 그곳은 인신 제사와 유아 살해, 그리고 매우 난잡한 성 문화가 인습적으로 존재했다. 존은 양심에 화인 맞은 듯한 비윤리적인 주민에게 어떻게 복음을 전해야 할지 심각하게 고민했다. 타 문화권 선교 훈련을 전혀 받지 않고 급히 파송됐기 때문에 적절한 수단을 취할 수 없었다.

무릎을 꿇고 눈물로 기도하던 중 하나님의 세미한 음성을 들었다. 매우 합리적이고 윤리적인 서구의 문명을 복음과 함께 전하라는 말씀이었다. 또 그 섬사람들은 대부분 게을러 섬 생활에 반드시 필요한 보트를 만들지 않고 불편한 대로 지냈으며, 부지런히 사탕수수를 재배하면 나름대로 풍요로운 삶을 살 수 있는데도 전혀 그 부분에 손을 대지 않고 빈둥거리고만 있었다.
그래서 존은 그들에게 보트 만드는 기술과 사탕수수 재배 방법을 가르쳐 자급자족할 수 있도록 해 주었으며, 인쇄소를 만들어 누가복음과 그들의 신앙생활을 위해서 반드시 읽어야 할 기초적인 책들을 출판했다. 동족을 통해 복음을 전하는 것이 매우 효과적이라는 사실을 깨닫고, 회심한 원주민 기독교인들에게 전도사역을 맡겼다. 선교에 관한 훈련이 매우 부족했고 기독교인으로서 삶이 성숙하지 못해 여러 어려운 장애에 부딪혔지만, 존보다 그들이 자기 민족에게 복음을 전하면서 섬이 복음화되는 데 지대한 역할을 했다.

개척자 정신이 매우 강했던 존 윌리엄스는 라이아테아 이외의 다른 군도에 사는 영혼들이 죽어가는 것을 그냥 바라보고 있을 수 없었다. 유산으로 물려받은 부동산을 팔아 군도 사이를 항해할 스쿠너 한 척을 샀다. 그 배로 남양에 있는 많은 섬을 하나씩 탐험하기 시작했다. 약 11년 동안 라로통가섬, 그보트로타히티섬, 새비지섬, 프랜들리제도, 사모아섬 등을 탐험하면서 곳곳에 군도의 선교를 위한 지부를 세웠다.

1837년부터 그는 바울 사도처럼 이미 섬에 세운 선교 기지를 반대로 순회하고 교회의 상황을 점검하면서 도움을 줬다. 그러나 1839년 그는 동료인 제임스 해리스와 에로망가에 있는 딜론만에 상륙했다 원주민들에게 붙잡혀 아무 이유 없이 살해되고 말았다. 얼마 전 영국기를 달고 상륙한 배의 승무원들이 섬사람들에게 잔혹한 행위를 한 것에 대한 보복을 존 윌리엄스에게 했던 것이다. 그의 유해(遺骸)는 크로커 선장이 거두어 사모아우폴로섬에 묻었다.

존 윌리엄스에 대한 비극적인 사망 소식은 국제적으로 크게 알려졌고, 모든 교회는 애도를 표했으며 청년들 수십 명이 그의 뒤를 잇겠다고 헌신하는 일들이 일어났다. 존은 수준 높은 교육도 받지 못한 노동자 출신이었고, 남양제도의 선교를 위한 훈련도 제대로 받지 못했다. 그럼에도, 그가 선교사역에 성공할 수 있었던 것은 자신의 안위가 아닌, 오직 원주민 공동체의 복지만을 생각하며 열심히 사역했기 때문이다. 특히 그가 세상을 떠나기 바로 직전, 1837년 4월에 출판한 책 〈A Narrative of Missionary Enterprise in the South Sea Islands, With Remarks on the Natural History of the Islands, Origin, Languages, Traditions and Usages of the Inhabitans〉는 전문적 지식을 갖춘 학자들은 물론 과학자들마저도 그것의 정교함에 찬사를 보냈다. 그의 책은 지금까지도 태평양 군도(群島)를 찾는 많은 사람에게 지리적, 과학적으로 큰 도움을 주고 있다.

19세기 남양제도의 선교사 존 윌리엄스의 이타적 삶이 우리나라와 한국 교회에 큰 영향력을 끼칠 수 있기를 바란다.

52
한센병 선교사 웰즐리 베일리
('셀프 리더' 아닌, 남 위한 '슈퍼 리더')

한센병 환자를 위한 선교회를 이 땅에 가장 먼저 설립한 웰즐리 베일리(Wellesley Bailey)는 1846년 더블린 남서부 애비레이시에서 태어났다. 베일리는 그곳 스트래스벨리 주택개발 직원이었던 아버지로부터 신실한 신앙을 전수받아 다른 세 형제와 아일랜드 교회에서 그리스도를 영접하고 세례를 받았다. 그는 젊은 시절 사업가의 꿈을 품고 오스트레일리아로 건너가 큰 부를 축적하는 데 많은 힘을 쏟았다. 그러나 사업에 실패하고, 집으로 다시 돌아와 아무 일도 하지 않고 빈둥거리며 놀고 있었다.

그러던 어느 날, 하나님 주신 귀중한 인생을 살아가면서 크리스천으로서 무엇인가 의미 있는 일을 해 보라는 아버지의 간절한 권고를 들었다. 그래서 당시 형이 군인 장교로 복무하던 인도행 배를 무작정 타고 떠났다. 인도에 도착한 그는 힌두어를 열심히 배워 훌륭한 경찰이 되려는 마음을 먹었다. 사회를 정화할 수 있는 민중의 지팡이로써 의미 있는 크리스천의 삶을 살기로 했다. 그러나 주위에서 여러 어려운 사정이 생기자 임관을 포기하게 되었다.

이후 그는 우연한 기회에 독일 CMS 선교사이자 빈민촌에 지대한 관심이 있었던 로이터 목사의 집에 잠깐 체류하게 되었다. 그와 함께 주변에 살던 가난한 사람들을 수없이 만나면서 마음속에 어려운 이웃에 대한 측은지심을 품었다. 가난과 육체적 아픔에 시달리는 어려운 이웃들에게 예수 복음을 전해 새로운 삶의 의욕을 불러일으키고 싶은 마음이 생겼다. 민중의 지팡이인 경찰보다, 예수 복음을 전하는 선교사로 가난한 이웃을 돌보는 것이 자신을 향한 하나님의 뜻이라고 생각했다.

그는 즉시 미국 장로교 소속 선교회에 지원해 암발라에 있는 선교회 소속 학교의 교사가 되었다. 그곳에서 그는 선교회 지도자인 모리슨 목사를 만났다. 이 만남은 그의 운명을 바꿔놓았다. 그는 한센병 환자들에게 늘 관심이 있는 모리슨 목사와 환자촌을 수시로 방문했다. 그리고 환자들과 교제를 나누면서 그들을 평생 돌보기로 했다. 한센병 환자들에게 복음을 전하고, 그들의 팔다리가 되는 것이야말로 아버지가 말씀하신 가장 가치 있는 삶이라는 것을 발견했다.

베일리는 홀로 한센병 환자촌을 방문하면서 그들에게 예수 복음을 열심히 전했다. 그러다 한센병 환자들에게 복음과 더불어 편안하게 생활할 수 있는 적절한 시설과 좋은 음식, 간편한 의복과 의학적 도움 등이 절대적으로 필요하다는 것을 느꼈다. 그래서 1871년부터 약혼녀 앨리스 그레이엄과 복음을 증거하면서 환자들의 생활 개선을 위해 노력, 현장에서 만난 친구인 미국인 의사 뉴턴 박사와 팀을 이뤄 심라힐에 있는 사부타에 구빈원을 세웠다. 구빈원에서는 무료로 환자들의 의료, 음식, 의복 등을 지원하도록 했다. 가난하고 어려운 환자들이 그곳에서 영혼은 물론, 육신의 고통까지 지원받고 치료받게 되었다.

신실한 베일리 선교사를 통해 한센병 환자들을 돌보는 사역이 지속적으로 성장하면서 무보수로 봉사하겠다는 사람들이 몰려들기 시작했다. 그들을 관리하고 효율적으로 환자들을 돌보기 위해 그는 '인도 한센병 환자 선교회'를 세웠다. 그리고 선교협회의 도움으로 제1대 행정 총무가 됐다. 그동안 한곳에 치중했던 현장 사역을 잠깐 멈추고 다양한 지역을 방문하며 미래 한센병 환자 선교를 위한 사역지를 넓혀갔다.

1889년 4월, 한센병 환자촌이 있는 몰로카이 섬에서 일하던 다미앵 신부의 사망 소식이 매스컴을 타게 되었다. 갑작스러운 신부의 사망 소식은 일반인들의 관심을 베일리 선교사와 한센병 환자들에게 돌리는 계기가 됐다. 먼저 웨슬리 감리교 선교회의 관심과 지원으로 미얀마(당시는 버마)에 한센병 환자들을 위한 거주지를 세웠다. 인도 이외의 나라에 한센병 환자들을 위한 수용소가 최초로 세워졌다. 중국의 항저우, 일본, 남아공, 남아메리카, 수마트라 및 한국에서도 한센병 환자들을 위한 사역 지원요청이 쇄도했고,

미국과 캐나다, 호주에서도 한센병 환자들을 돌보는 기관이 세워졌다. 인도에서는 정부와 민간단체들의 관심이 크게 일어나 그의 한센병 선교가 드디어 빛을 발했다.

1917년 베일리는 선교사 직을 사임하면서, "하나님은 우리에게 큰 짐을 절대로 지우지 않습니다. 하나님은 우리의 짐을 늘 가볍게 만드십니다. 하나님은 저로 하여금 짐을 지기에 합당한 존재로 만드셨습니다."라고 고백했다. 이후 한센병 환자들을 다른 선교사들에게 맡기고, 1937년 평화로운 죽음을 맞았다.

한 사람의 헌신으로 그동안 병 때문에 소외당했던 환자들이 예수 복음을 듣게 됐다. 연약한 선교사 한 사람이 몸과 마음을 헌신하자, 이 땅에 위대한 복음과 선교의 역사가 다시 쓰였다. 그간 선교 불모지로 남아 있던 한센병 환자들의 마음속에 구원의 서광이 비쳐, 쓴 물이 단물로 바뀌는 역사가 나타났다.

이웃을 위해 한 사람이 자신을 던지자, 국가와 민족과 세계가 행복해졌다. 혹자들은 이런 사람을 슈퍼 리더라 부른다. 자신만을 위해 사는 셀프 리더에 대항한 개념이다. 더 많은 슈퍼 리더의 탄생을 염원한다.

53

기도의 사람 죠지 뮬러
(술꾼에 도벽까지 있었던 죠지 뮬러)

죠지 뮬러(George Muller)는 1805년 9월 27일 독일 크로펜스타트에서 태어났다. 그의 아버지는 세무 공무원으로 술을 무척 좋아했고, 오직 세상 사람들의 원리에 따라 자녀를 양육했다. 뮬러가 14세 되던 해 어머니가 돌아가셨지만, 그때도 아버지는 술에 취해 거리를 비틀거리며 돌아다녔고 아들 뮬러는 질 나쁜 친구들과 함께 새벽 2시까지 카드놀이를 했다. 그는 상습적인 도둑이요 술꾼이었으며, 순전히 거짓말쟁이였다. 그런데도 스무 살 되던 해 어떤 유명인의 추천서로 할레대학에 입학해 신학생이 됐고, 이후 루터란 교회에서 설교할 수 있는 허가도 받았다. 그러나 뮬러는 거의 예배에 참석하지 않았으며, 복음에 대한 설교를 들은 적도 없었다.

그러던 1825년 11월 중순 어느 날, 친구 와그너의 집에서 열리는 기도모임에 우연히 참석해 하나님을 만났다. 그날 이후 뮬러는 나쁜 친구들과의 교제를 모두 끊었으며, 술집에 드나드는 것과 습관적으로 하던 거짓말도 그만두었다.

이후 1830년 10월 7일 그는 25세의 나이에 정직한 연상의 여인 메리 그룹스와 결혼했다. 그녀는 거친 신앙의 주인공 뮬러에게 훌륭한 믿음의 동반자가 되었다. 메리는 시집올 때 화려한 은제품들을 지참금으로 가져왔는데, 그것이 죠지의 마음에 늘 걸렸다. 죠지는 자신들의 화려한 생활이 가난하셨던 주님의 생활과 어긋나며, 특히 누가복음 12장 33절에 '너희 소유를 팔아 구제하라.'라고 하신 말씀을 반드시 지켜야 한다고 아내 메리에게 말했다. 메리는 남편의 말대로 모든 것을 팔아 구제에 사용했다.

1832년 5월 21일 뮬러는 친구 크레익의 권유에 따라 브리스톨로 갑자기 이사했다. 브리스톨에 온 지 얼마 되지 않았을 때, 전염병이 퍼져 뮬러와 크레익은 감염 위기에 처했다. 그러나 아랑곳하지 않고 병에 걸린 어린이들과 병자들을 심방해 성경을 읽어주고, 그들의 치유를 위해 적극적으로 기도했다. 9월이 되자 피로에 지친 아내 메리는 뮬러를 걱정하며 곧 태어날 아이를 위해 남편의 외출을 막기도 했다. 그러나 전염병이 기승을 부리던 9월, 건강한 여자아이가 태어났다. 사역하는 교회는 계속 부흥됐고, 1년 만에 109명의 새로운 사람이 등록하는 기적을 체험했다.

1834년 뮬러는 국내외에 복음을 전파할 수 있는 '성경연구원'을 설립했다. 그것을 설립한 목적은 가난한 아이들에게 성경을 무료로 배포하고 현지 선교사들을 지원하는 것이었다. 그들은 사람의 도움으로 사업을 확장하지 않고 오직 하나님의 도우심만을 구하는 것을 경영의 철칙으로 정했다. 7개월 만에 수많은 아이들이 연구원 도움으로 교육을 받았고, 482권의 성경전서와 520권의 신약성경이 배포됐으며, 상당 금액을 현지 선교사들에게 지원할 수 있게 됐다.

1846년 2월 2일 기도 중, 뮬러는 7에이커가량의 애쉴리 다운(Ashley Down) 경매에 대해 듣고는 주님께서 그곳에 고아원 건물을 짓도록 하신다는 확신을 강하게 느꼈다. 1847년 1월 예정된 고아원 기공 시간이 다가오고 있었으므로, 건축 기금이 신속히 마련되도록 더 열심히 기도했다. 뮬러가 기도를 마친지 약 1시간쯤 지난 아침, 건물 신축비용으로 2천 파운드의 기부금이 들어왔다. 같은 해 4월 29일에는 건물 신축을 위해 받은 총액이 11,000파운드를 넘어섰다. 이는 고아원을 위해 땅을 사고 건물을 신축하는데 드는 모든 경비를 충당할 수 있는 금액이었다. 1847년 7월 5일 드디어 애쉴리 다운에서 고아원 기공식이 시작됐고, 1849년 6월 18일 300명의 고아가 아름다운 새집으로 이사했다.

고아들의 아버지 조지 뮬러는 하나님의 영광을 위해 평생을 사역한 주님의 종이요, 성경 말씀을 그대로 믿고 실천한 순종의 사람이며, 사람의 생각이나 관습을 초월하고 하나님을 절대 신뢰하고 의지한 기도의 사람이었다. 뮬러에게 주어진 93년의 생애는 이미 끝났으나, 그의 믿음을 통해 역사 하신 하나님의 신실하심은 21세기를 사는 우리에게 그대로 유전된다. 하나님을 믿는 신앙인은 전능하신 하나님의 능력만을 믿고, 하나님 원하시는 사역을 뮬러처럼 적극적으로 수행할 때 능력이 나타난다. 하나님의 뜻이라면, 우리에게 불가능은 절대로 있을 수 없다.

54
구세군 교회 최초 설립자 윌리엄 부스

구세군 교회의 최초 설립자로 알려진 윌리엄 부스(William Booth) 목사는 1829년 4월10일 영국 노팅험(Nottingham)에서 태어났다. 나중에 많은 사람에게 '구세군의 어머니'로 불린 동갑내기 캐서린 멈포드와 1855년 6월 결혼해 9명의 아이를 키웠다.

그는 14세의 어린 나이에 가장인 아버지를 잃고 가족을 부양하기 위해 전당포에서 일하게 됐다. 전당포 방식의 거래를 매우 싫어했지만, 맡긴 가족을 부양하기 위해 어쩔 수 없이 6년간 도제 실습을 했다. 가장이 없는 어려운 가정을 어린 나이에 홀로 꾸려가던 윌리엄은 고통을 견딜 수 없었다.

그래서 15세 때 고통 해소의 방편으로 감리교회에서 크리스천이 되었다. 고향 노팅험에 있는 웨슬리 교회에 등록해 매주 예배에 참석하기 시작했다. 교회를 출석하면서 부스의 선교에 대한 관심과 재능은 확실해졌고, 특히 자신처럼 가난한 이들에 대한 관심이 매우 지대했다. 병들고 가난한 자들이 있는 곳이라면 어디든지 생명을 걸고 메시지를 전하러 다녔다. 이후 그는 감리교 목사가 돼 복음 전도사로서 다양한 감리교 종파들과 가난한 자들을 위해서 일하기도 했다.

구세군 사역을 평생의 목표로 삼게 된 것은 런던의 빈민 거리에서 병든 걸인들에게 설교하면서였다. 부스는 런던의 동쪽 빈민가에 살고 있어 가난으로 상처 입은 사람들을 전도해서 지역 교회들에 연결하고자 했다. 그런데 당시 부유하고 존경받는 교회 성도들이 그런 걸인들을 술 취한 부랑자로 간주하고 교회로 오는 것을 환영하지 않았다.

그로 말미암아 마음이 아팠던 윌리엄 부스는 복음을 받아들였으나 교회공동체가 성도 되는 것을 거부한 걸인들을 위해 공동체 조직을 만들었다. 부스는 가난한 사람들과 어려운 하층 근로자들 모두가 배척당하지 않고 서로 가깝게 지낼 수 있는 교회를 세우기를 원했다. 런던의 빈민 거리가 바로 그러한 목적을 갖고 구세군을 시작한 최초의 장소였다. 당시 감리교 목사였던 부스가 1865년 런던 슬럼가에서 사실상 구세군 교회를 최초로 설립했다.

본래 기독교선교회(The Christian Mission)라는 이름으로 세워진 이 단체는 윌리엄 부스가 1878년 '구세군(The Salvation Army)'으로 개칭했다. 그리고 선교단체의 효율적 운영을 위해 교회 조직의 모든 구조를 군대식으로 변경했다. 그는 비어 있던 퀘이커교도 묘지 위에 천막을 치고 걸인들을 위한 구세군 교회를 시작했다. 그러나 지역에 살던 못된 사람들이 몰려와 집회를 방해하고 행패를 부리기도 했다. 사명에 불타는 부스는 그런 행패에도 흔들림 없이 기도하며 복음 사역을 계속했다. 그해 말에는 하나님의 은혜로 약 60명 정도의 회심자가 생겼고, 권투선수였던 피터몽크와 주정뱅이 아줌마 마더무어도 같은 사람도 그 속에 끼어 있었다.

빈곤한 대중들에 대한 그의 관심은 복음을 전하는 일에만 국한되지 않았다. 당시 영국은 산업혁명을 통한 기계화 및 자동화로 퇴출당한 수천 명의 단순 근로자들이 발생했다. 그들은 하루아침에 직업을 잃고 거리를 방황하며 슬럼가를 형성했다. 실직한 일용직 근로자들과 가족들의 삶은 비참하기 그지없었다. 그러한 현실을 바라보면서 부스 목사는 교회의 시대적 사명을 재정립하게 되었다. 복음을 전하는 영적 사역과 함께 어려운 사람들에게 음식을 나눠주고 쉴 곳을 제공했다. 가난으로 매춘하게 된 연약한 여성들을 위한 숙박시설 등을 포함한 다양한 사회복지 프로그램들도 운영했다.

1890년대 초에 그는 영국을 사회적 불행으로부터 건져낼 야심적이고 거대한 계획을 담은 '최 암흑 영국으로부터의 탈출(In Darkest England-and the WayOut)'이라는 책을 출판했다. 토머스 헉슬리 경 같은 사람은 윌리엄 부스의 거대한 계획을 '비현실적인 유토피아'라고 부르기도 했다. 그러나 그는 세상의 비난에도 기죽지 않고 정부의 도움을 적절히 받으면서 거리로 내몰린 수천 명의 실직자가 직업을 가질 수 있도록 노동(인력)교환 서비스센터를 개장했다. 또 매년 런던에서 9천여 명 정도의 사람들이 실종되는 것을 발견하고 실종자 찾기 사업도 시작했다.

윌리엄 부스는 사회 낙오자들에게 공정한 노동과 쾌적한 환경이 주는 농장 거주지 설립도 꿈꾸었다. 가난한 자들을 위한 소시민 은행 건립을 원했고, 그들을 위한 법적 도움을 제공했다. 구세군은 실직자들을 위한 일자리가 시급했으므로 과감히 사업에 뛰어들어 빈민층을 위한 일자리를 창출하기도 했다. 이것이 오늘날 전 세계 108개 국가에서 지속하고 있는 구세군 사회봉사 네트워크의 시작이다.

구세군 교회의 최초 설립자 윌리엄 부스는 하나님의 사랑을 설교했고, 하나님의 사랑을 실질적으로 실천한 참된 목회자였다. 또 복음과 빵을 동시에 전달한 지혜롭고 마음이 따뜻한 소시민이었다. 누구보다 검소했던 그는 자신을 위해서는 적금 통장도 갖지 않았지만, 어려운 사람들을 위해서라면 몸과 마음을 아끼지 않았던, 19세기가 낳은 예수의 참된 사도였다.

하나님의 교회는 세상의 모순을 성경대로 바꾸는 역할을 해야 한다. 입으로만 예수를 외치는 소극적인 집단이 아니라, 고통 받는 사람들에게 하나님의 말씀과 더불어 현실적인 필요를 채워주는 사랑의 공동체가 되어야 한다. 21세기의 바울 사도는 로마황실이 만들어 놓은 대로를 돌아다니며 예수 복음만을 전하는 자가 아니라, 하나님 세우신 복지제도를 복음과 동시에 사용해 하나님을 전파하는 사람이다.

55
성경만을 강해한 찰스 스펄전
(설교의 황제 스펄전에게 없었던 한 가지)

오직 성경만을 성도들에게 강해하여 탁월한 설교가로 알려진 찰스 해돈 스펄전(C. H. Spurgeon)은 1834년 영국의 한적한 시골 에섹스 켈비던에서 경건한 순회 목사의 아들이요 손자로 태어났다. 그의 조부와 부친은 모두 영국 국교회를 반대한 개혁파 계통의 목사였다. 스펄전은 평온하고 독실한 목회자 가정에서 신앙생활을 했지만, 그의 사춘기는 구원에 대한 회의로 가득했다. 가정 분위기 때문에 어린 시절부터 시작한 교회 생활은 그의 몸에 익숙하게 배어 있었지만, 마음 깊은 곳에서는 예수를 그리스도로 고백하지 못했다.

15세가 되던 1849년 어느 날, 찰스 스펄전은 콜체스터에 있는 수구파 감리교회에서 예배를 드렸다. 그날따라 설교하기로 했던 목사가 심한 눈보라 때문에 예배에 참석할 수 없게 되자, 회중석에 앉아 있던 무명의 성도가 급하게 대신 설교 했다. 대타로 나선 그 설교자는 구원을 받기 위해서는 어떤 선한 행동이 사람들에게 필요한 것이 아니라, 단지 십자가에 죽으시고 부활하신 예수 그리스도만 믿고 바라보면 된다고 강조했다. 구원에 대한 회의를 크게 갖고 있던 스펄전은 그 순간 망치로 머리를 맞은 것 같은 느낌을 받으면서, 크리스천으로서 극적인 회심을 하게 되었다.

성령으로 온전한 회심을 경험한 그는 1850년 5월 라크 강에서 물세례를 받고 신실한 교회의 일꾼으로 편입했다. 수세 중 마음에 큰 감동을 하여 앞으로는 오직 예수가 기뻐하시는 방식으로 하나님의 교회를 확장시키는 삶을 살겠다고 서원했다. 성령으로 뜨겁게 타오르는 마음을 도저히 가눌 수 없어서, 그는 16세의 어린 나이에 테버스햄에 있는 오두막에서 인근 농장 근로자를 모아놓고 생애 첫 설교를 했다.

설교를 들은 근로자는 설교에 감동하였고, 입에서 입으로 소문을 퍼뜨리기 시작했다. 인근 교회에서도 그를 설교자로 부르기 시작했다. 케임브리지 근처에 있는 워터비치 침례교회 성도들은 열정적인 그의 설교를 듣고 깊이 감동을 하여 17살의 어린 청년 스펄전을 담임목사로 초빙했다. 그곳에서 스펄전은 오직 성경만을 힘 있게 설교했고, 40명이었던 교회의 성도 수는 순식간에 1백 명으로 늘어났다.

1854년 3월, 열아홉 살 되던 해에는 영국의 수도 런던 서저크에 있는 뉴파크스트리트 침례교회(New Park Street Baptist Church) 담임목사로 초빙됐다. 당시 그 교회는 2백여 명의 성도가 출석했지만 어려운 내부 문제를 안고 있었다. 그 교회에 부임한 스펄전은 평소 존경하던 최고의 설교가 휘트필드 목사를 모범으로 삼아 오직 성경만을 열정적으로 강해했다. 그는 성경의 본문에서 벗어난 제목 설교나 주제 설교를 한 적이 한 번도 없었으며, 오직 성경 본문에 충실한 강해 설교만 했다.

목회활동 20년 후 그 교회는 출석교인 4천여 명으로 크게 성장했고, 그가 목회를 마무리할 무렵에는 6천여 명의 성도가 공예배에 출석했다. 지성과 영성을 겸비한 설교가로서 그의 명성은 당시 영국 런던을 뜨겁게 달구었고 성도들의 마음을 흥분시켰다. 힘 있고 복음적이며, 매우 감미롭고 신학적이기까지 한 스펄전을 사람들은 '설교의 황제'라고 부르기 시작했다.

그는 바쁜 일정 속에서도 매주 화요일은 개별성도 면담을 위해 시간을 남겨놓았고, 토요일은 정기적으로 개별성도 심방을 수행했다. 캠버웰에 패스터즈 칼리지를 세워 정규 대학에 입학할 수 없는 학생들을 모아 가르쳐서 수많은 크리스천 인재들을 양성했다. 1866년에는 2만 파운드의 기부금을 받아 스톡웰에 고아원을 세워 집 없는 어려운 소년·소녀들을 교육했다. 탁월한 강해 설교가 스펄전은 1891년생을 마감할 때까지 크리스천으로서 중요한 덕목인 정직과 진실을 마음속에서 버리지 않았다. 또 하나님 중심의 개혁신학에 대한 확신을 굽히지 않았으며, 불타는 열정으로 오직 성경만을 만방에 선포한 예수 전파자였다.

인간적인 기교로 사람들의 감성만을 만지는 가벼운 설교가 아니라, 오직 성령에 의지해 하나님의 말씀만 뜨겁게 외치는 목회자가 21세기에도 필요하다. 19세기 스펄전처럼 지성과 영성을 겸비한 설교자를 오늘 한국 교회는 간절히 기다리고 있다. 사람 중심의 간지러운 메시지가 아니라, 하나님 입장으로 작성된 개혁주의 설교를 오늘날 성도들은 만나고 싶어 한다.

56
현대 대중 복음전도자 드와이트 무디
(19C 무디의 설교, 21C인 지금도 통할까)

미국의 현대 대중 복음전도 운동가로 오늘날까지 널리 알려진 드와이트 무디(D. L. Moody)는 1837년 매사추세츠 노스필드(North Field)에서 소작농이자 석수인 에드윈 무디(Edwin Moody)와 베시 홀튼(Betsy Holton) 사이에서 여섯 번째 자녀로 태어났다.

그가 초등학교 5학년 때 아버지는 술을 너무 많이 마신 나머지 알코올 중독으로 돌아가셨다. 아버지가 살아 있을 동안 돈을 빌려 준 사람들이 대거 몰려와 집안에 있는 가구들마저 빚 대신 가져갈 정도로 극심한 가난에 시달렸다. 무디는 그토록 어려운 가정형편에 도움이 되고자 어린 나이임에도 학교를 중단하고 인근 농장에서 비정상적인 아동 노동을 해야 했다. 가난 때문에 어쩔 수 없이 초등학교를 중퇴한 그는 평생 철자법도 제대로 몰라서 죽을 때까지

배운 자들을 만나면 늘 주눅이 들었고 그들을 불편하게 생각할 정도였다.

17세 때인 1854년 그는 집을 떠나 보스턴에 사는 외삼촌 사무엘 홀튼(Samuel Holton)이 경영하던 제화점에 영업사원으로 취업했다. 지긋지긋한 가난을 극복하고 부자가 되려는 꿈과 열정으로 억척스럽게 일했던 그는 5년 만에 7천 달러라는 큰돈을 모았다. 그러다 1855년 회중교회의 교회학교 교사였던 킴볼의 지속적인 전도로 회심하여 신실한 기독교인이 되었다. 회심 후에는 시카고로 건너가 회중교회 교회학교 교사로 빈민가 어린이들을 전도하는 사역을 열정적으로 담당했다.

빈민가에 살던 어려운 어린이들에게 구두를 팔듯 겸손하고 화려한 언변으로 전도해서 수많은 아이를 교회로 인도했다. 아이들은 무디의 동정 어린 따뜻한 마음과 유머 있는 탁월한 언변에 끌려서 교회에 나왔다. 급기야 주일예배에 출석하는 무디의 반 아이들 수는 6백 명을 훨씬 넘게 되었다. 그들을 수용하기에는 교회당이 너무 비좁아 인근 술집을 빌려 공과 수업을 진행할 정도였다.

복음의 열정에 사로잡힌 그는 1875년 시카고 빈민가에 교회를 설립했다. 그는 구두판매원 출신답게 쉽고 설득력 있는 설교를 예화와 함께 섞어 청중들에게 피력하기 시작했다. 성도들의 수준을 고려해 적절한 예화를 담은 설교를 열정적으로 선포하자 수많은 사람이 교회로 몰려들었다. 인근의 불신영혼들을 교회로 인도하는 데 몸과 마음을 다 바쳐서, 동네 사람들은 그를 '미친 무디'라 불렀다.

당시 미국에서 대중 가수로 인기를 누리던 아이라 생키(Ira D. Sankey 1840-1908)와의 만남은 무디에게 천군만마를 얻은 것과 같았다. 영국 요크에서 집회를 열었을 때 아이라 생키가 부른 특별 찬양 때문에 수많은 불신자가 회심하는 기적이 일어났다. 무디와 생키는 듀엣으로 영국과 스코틀랜드, 아일랜드 등지를 순회하며 뜨거운 말씀과 감동적인 찬양으로 집회를 열었다. 그들이 복음전도 집회를 개최할 때마다 주최 측이 준비한 좌석이 모자랄 정도로 폭넓은 대중들의 사랑을 받았다. 비형식적이고 쉬운 무디의 설교와 생키의 감미로운 찬양이 절묘하게 조화를 이루면서 많은 불신자를 교회로 불러들였다. 그들의 집회에 참여한 부유층 청년들마저 안락한 과거의 삶을 포기하고 어려운 선교현장에서 헌신하기도 했다. 회심한 부유층 젊은이들은 런던 최악의 이스트엔드 슬럼가에 들어가 복음을 전했다.

무디와 생키는 남북전쟁 때 총알이 빗발치는 전쟁터에서도 군인들을 위해 미니 복음전도 집회를 개최하곤 했다. 군인의 상황과 수준에 맞게 재미있고 유쾌한 집회를 열자 수많은 군인이 모여들어서 회심했다. 이러한 그들의 열정적인 활약은 청년들로 하여금 국외선교 특히, 아시아와 조선 선교(한국선교)에 관심을 두도록 했다.
무디는 생애 말년에 미국 전역을 순회하며 설교했으며, 영국을 가끔 방문해 복음전도 집회를 열었다. 그러나 너무 많은 일에 대한 중압감과 무거운 체중으로 심장병에 걸린 그는 1899년 62세의 나이로 숨을 거두었다.

19세기 수많은 영혼이 무디의 쉬운 설교를 통해 예수 그리스도의 복음을 들었고, 교회로 인도함을 받았다. 그러나 목회자로 정상적인 교육을 전혀 받지 못한 무디는 인간에게 주신 이성적 능력을 배제하고 감정에만 호소하는 설교 방법을 전도 집회 때마다 주로 사용했다. 실제 무디의 전도 집회는 당시 대형교회들의 문제점 중 하나였던, 인간 심리를 교묘하게 이용한 종교 이벤트라는 비판을 받기도 했다.

집회에 참여한 청중들은 자신이 정말 그리스도의 복음에 복종할수 있는가를 이성적으로 생각하는 자기 성찰도 하지 않고 단지 감성적이고 재미있는 집회 분위기에 이끌려 일시적으로 그리스도인이 되기도 했다. 무디의 전도 집회를 통해 교인이 된 사람들은 자신의 감성적 지식의 선용으로 잘못된 사회 및 교회의 현상을 성경적으로 건전하게 비판하거나, 기독교적인 건강한 대안을 제시할 줄모르는 무지한 기독교인으로 남겨질 위험을 늘 안고 있었다.

19세기를 살았던 성도들의 지적 수준이 매우 낮았기 때문에 무디 같은 예화 중심의 쉬운 설교기법은 당시 교회에 큰 영향을 끼쳤다. 그의 설교를 통해 19세기에 살았던 수많은 사람이 뜨거운 회심을 경험하며 구원을 얻었던 것도 우리는 인정해야 한다. 그러나무디가 사용한 19세기 설교기법을 21세기 오늘날의 교회에서도 같이 구사하면 어떤 현상이 일어날 것인지는 목회자 스스로 고민해야 한다. 성경은 영원하되, 성경을 설교로 듣는 성도들의 수준은시대에 따라 크게 변한다는 생각을 해야 하는 것은 아닐까!

57

성령에 사로잡힌 설교가 로이드 존스
(유머가 뛰어났던 로이드 존스, 설교할 땐⋯)

영국 런던에 있는 웨스트민스터 교회의 담임목사로 거의 평생을 살았던 마틴 로이드 존스(Martyn Lloyd Jones)는 1899년 영국 남 웨일스 카디프에서 태어났다. 그는 당시 왕실 주치의로 일했던 토 머스 호더경의 적극적인 지도를 받아 런던 성바돌로매 병원에서 의사 자격증을 취득했다. 그의 스승 호더경은 제자들에게 소위 '소 크라테스식 진단법'을 가르친 의사로 유명했다. 질병과 관련된 모 든 사실을 충분히 수집한 다음 정확한 결론에 이르기까지 상상력 을 동원해 추론하는 매우 논리적인 진단법이었다.

호더경의 탁월한 제자였던 로이드 존스는 1922년 스승의 임상 조교장으로 임명받아 할리가에서 많은 돈을 벌 기회를 얻었다. 스 승의 지원과 선천적인 탁월한 능력으로 전도유망한 내과의사인 로이드 존스는 수많은 환자를 소크라테스식 진단법으로 철저히 돌보면서 사람들에게 대단한 인기를 얻었다. 그런데 육신을 치료하는 의사로 성실하게 일할수록 사람들이 지닌 질병의 원인이 영적인 데 있다는 사실을 깨닫게 되었다. 육신만을 치료해서는 마음속에 있는 중대한 질병을 온전히 치료할 수 없음을 알게 되었다.

1927년 로이드 존스는 스물일곱 살 젊은 나이에 목회자로서의 소명을 마음 깊이 깨달았다. 그러나 돈과 명예가 보장되는 고급 의사 사역을 그만두고, 수입도, 별로 없는 목사의 길을 쉽게 결정할 수 없었다. 왕립의사였던 호더경의 조교장으로 일하면서 세상에 대한 인간적 매력이 목사의 길을 가려는 데 큰 장애가 됐다. 그래서 그는 목사의 소명을 받은 후 18개월 동안 하나님 앞에 무릎을 꿇고 기도했고, 목회자가 되어야 한다는 하나님의 응답을 강하게 받았다. 그는 주위의 많은 사람의 반대에도 불구하고 의사직을 버리고 목회자의 길을 갔다. 세상의 의술로는 해결할 수 없는 영적인 공허감에 사로잡혀 있는 사람들에게 복음이라는 처방전을 두 손에 들고 광야로 나선 것이다.

사실 로이드 존스는 의학 교육만 성실하게 받았을 뿐 정식으로 신학 교육을 전혀 받지 않았지만, 스물일곱 살에 자신의 고향인 웨일즈 포트톨벗 부두에서 가까운 샌드필즈의 한 교회(Bethlehem Forward Movement Mission Church) 담임목사로 취임했다. 그는 무지한 노동자 계층도 사회 엘리트 계층과 마찬가지로 수준 높고 논리적인 설교를 충분히 이해할 수 있다고 믿고, 체계적이고 지적인 자신의 설교방법을 고수했다. 당시 교회 밖 사람들은 기독교에 속한 성도들이 논리도 전혀 없고 무모하며 매우 무지한 존재라고 평가했다. 당시 교회에 모여든 사람들이 대부분 배우지 못해 무지하고 매우 감정적인 존재들로 비쳤다.

로이드 존스 목사는 세상의 교회를 향한 잘못된 고정관념을 깨뜨리고자 소위 '소크라테스식 접근법'을 응용해 조직적, 교리적, 체계적, 지적인 설교를 지속적으로 실행했다. 기독교야말로 매우 수준 높은 논리를 지니고 있으며, 세상의 어떤 종교보다 이치에 잘 맞는 체계적인 종교로 인식할 수 있도록 최선을 다했다. 위와 같은 그의 방법은 그대로 적중해 1929년에 70명이었던 성도 수는 1년 만에 128명으로 부흥하게 되었다. 이후 샌드필드에서 12년 동안 목회하면서 그의 지적이고 논리적인 설교를 듣기 위해 주일예배에 참석한 자가 무려 850명으로 늘어나는 놀라운 기적을 체험했다.

1939년에는 영국에서 매우 유명한 웨스트민스터교회에서 캠벨 몰간과 공동 목회를 시작했다. 동시에 IVF의 회장이 되면서 학생들에게 성경의 확실한 교리적 근거를 지적으로 제시해서, 반지성적이고 요란한 종교라는 오명을 사회 속에서 벗게 했다. 1943년부터는 웨스트민스터교회 공동사역자 캠벨 몰간이 은퇴하면서 홀로 목회에 전념했다. 그 교회는 당시 전쟁 때문에 심하게 파손돼 소수 교인만 남아 있었다. 그는 담임목사로서 지속적으로 논리적이고 체계적이며 수준 있는 설교를 했고, 수많은 성도가 다시 모여들었다. 교회는 주일 아침에 평균 1,500명, 주일 밤에는 2천 명 넘는 성도들이 문전성시를 이루었다.

그러나 로이드 존스는 기교 있는 설교로 성도들의 마음을 바꾸려고 시도한 적이 한 번도 없었다. 오직 성경의 본문만을 체계적으로 강해하면, 성도들의 피폐한 정신을 성령이 바꾸신다고 믿었다. 평소 그는 유머감각이 뛰어난 사람이었지만, 설교할 때는 농담이나 예화마저도 전혀 사용하지 않고 오직 성경 본문만 구절구절 설명했다. 그러한 설교기법은 당시 영국교회 다른 목사들과 차별화됐고, 수많은 사람이 설교를 들으러 주일 밤낮을 가리지 않고 로이드 존스가 목회하는 교회에 참석하게 했다.

그는 69세가 된 1968년 건강상의 이유로 웨스트민스터교회 담임 목사직을 사임했다. 은퇴 이후 1981년 하나님의 부르심을 받을 때까지 그는 책을 쓰거나 작은 교회를 순회하며 후배 목회자들을 격려하는 사역을 했다. 사망하기 전날에는 병원에서의 치료 행위를 모두 중단하고 구독하던 신문도 모두 끊고 가족들에게 "천국에 못 가도록 붙잡지 마라."라는 유언과 함께 하나님의 품에 안겼다.

기독교 교회는 수준 높은 신학 지식을 가르치며 수준 높은 신앙 인격자를 양성하는 곳이다. 세상 사람들로부터 시끄럽고 야단스러운 무모한 곳이라는 조롱을 받아서는 안 된다. 로이드 존스가 수준 높게 설교하고 목회한 것처럼 오늘 한국 교회도 모든 것을 성령에게 맡기고 수준 높은 성령 중심의 교회와 성도를 만들어야 한다.

58
도나버 공동체 창시자 에이미 카마이클
(절망 딛고 팔려가는 아이들을 구해내다)

도나버 공동체의 창시자로 알려진 에이미 카마이클(Amy Carmichael)은 1867년 북아일랜드의 유복한 중산층 가정에서 7남매 중 장녀로 태어났다. 그녀의 부모는 밀리슬이라는 시골의 작은 마을에서 제분소를 운영하는 신실한 장로교인이었다. 18세가 되던 해에 부친이 갑작스럽게 세상을 떠나면서, 식구들이 도저히 갚을 수 없을 정도의 부채를 남겼다. 극성스런 채권자들 때문에 그녀의 가족들은 많은 고통을 겪었다.

이후 그녀는 아버지가 돌아가신지 얼마 후 벨파스트로 이사했는데 그곳에서 도시선교 사역에 참여했다. 평신도 복음사역 기회를 통해 그녀는 영적인 문제에 관심을 기울이게 되었다. 특히 1888년 영적 생활에 강조점을 두는 사경회로 알려진 케직 운동에 참여했다가 집회의 창시자인 로버트 윌슨을 만나 평생 친구가 되었다. 이 인연으로 에이미는 예수 복음을 증거 하는 선교사로서의 소명을 마음속 깊이 가졌고, "가라."라는 하나님 명령에 순종해 케직 사경회가 파송한 첫 선교사가 되었다.

에이미는 1892년 24세의 나이로 '마게도냐로의 부름'을 받고, 중국이나 아프리카 선교사로의 꿈을 갖게 되었다. 그러나 아무리 기도해도 선교지에 대한 확신이 없자 다음 해인 1893년 '문을 두드리라.'라는 선교 원리 따라서 배를 타고 무작정 일본으로 떠났다. 그녀는 부푼 꿈을 안고 선교에 뛰어들었지만, 문화적 장벽 때문에 고통 받던 중 육신에 병이 들어 15개월 만에 잉글랜드로 복귀했다.

이후 에이미는 실론(Ceylon) 지역에 잠시 머무른 후 1895년 영국 성공회 제나나 선교회(CEZMS)에서 파송 받아 두 번째 선교지인 인도 방갈로르를 향해 떠나게 되었다. 그러나 남인도에 도착한 지 1년이 채 안 돼 도나버(Dohnavur)로 옮겨가게 되었다. 동네 사람들이 폭력을 가해서 그녀의 사역을 지속적으로 방해했다.

도나버로 옮긴 에이미는 평생 헌신하고 싶은 일을 발견했다. 힌두교 사원에 팔려가던 소위 사원 아동들(Temple Children)을 절망의 늪에서 건져내는 것이었다. 당시 사원 아동 중 창녀로 팔려간 여아들은 신과 결혼한다는 명분으로 힌두교 사원 소속 남자들의 성적 노리갯감이 되었다. 이런 힌두교의 은밀한 죄악 가운데 있는 불쌍한 아이들을 구하기 위해, 그녀는 몸과 마음을 다해 선교사로 헌신하기 시작했다. 힌두교도들을 비롯한 주위 사람들의 방해에도 신실한 선교사 에이미는 갓 개종한 인도 여인의 도움으로 그 끔찍한 범죄의 진상을 세상에 드러냈다.

1906년에는 70명의 아이가 그녀가 세운 공동체에 들어왔고, 1913년에는 140명의 사원 아이들을 신앙으로 돌보았다. 에이미는 그들을 제대로 교육하고 돌보기 위해 기부금을 받아 숲 속의 집으로 명명된 수양관, 기도의 집 및 천국 치유소라 불린 병원 등을 세웠다. 이런 일을 하면서도 사람들에게 직접 입을 벌리지 않았으며, 오직 기도만으로 사역을 해 나갔다. 천국 치유소인 병원을 세울 때도 사람들에게 부탁하지 않고 그곳 아이들과 함께 기도했는데, 1만 파운드가 천사들을 통해 모금되어서 불쌍한 아이들을 위한 병원을 세울 수 있었다.

수십 년 동안 수백 명의 불쌍한 아이들이 구출되었고, 도나버 공동체에서 건강하게 양육 받았다. 그녀는 기독교 정신에 입각한 도나버 공동체(Dohnavur Fellowship)를 세우고, 가진 모든 것을 공동체를 위해 헌신했다. 도나버 공동체는 아이들을 위해 영적인 교사와 어머니로 자신을 바칠 사역자들을 원했다. 그러나 하나가 됨을 강조했음에도 공동체에는 많은 내, 외부 갈등이 존재했고, 반복되는 불안과 긴장으로 그녀 자신도 고통을 당했으며 기대만큼 이상적인 곳은 아니었다.

하지만, 오직 연약한 여성들에 의해 조직되고 운영된 주목할 만한 선교단체라 말할 수 있다. 선교사 에이미는 죽기까지 마지막 20년간 병약해져서 사역을 제대로 할 수 없었다. 그러나 마지막까지 아이들을 도와줄 것을 기도로 호소하며 1951년 도나버 공동체에서 83세를 일기로 숨을 거두었다.

그녀는 '너희 중에 가장 작은 자를 섬기라.'라는 하나님 말씀을 이 땅에서 몸소 실천한 하나님의 신실한 도구였으며, 많은 사람이 꺼리고 반대했던 빈민가의 어린 소녀들을 보호하기 위한 사역을 감당했다. 에이미는 오직 하나님을 기쁘게 하고 하나님 사랑을 전하고자 하는 신앙 일념에 불탔다. 비록 하나님의 때에 세상을 떠났지만, 그녀를 통해 세워진 도나버 공동체는 오늘날까지도 중요한 영향력을 세상 속에 끼치고 있다. 도나버 공동체에 속한 전 세계의 어린이집은 지금도 버림받은 아이들을 적극적으로 양육하며 섬기고 있다.

하나님의 사람들은 입으로만 복음을 전하는 자가 아니다. 복음을 들을 대상이 필요한 것을 구체적으로 발견하고 이를 사용해서 살아 있는 예수의 복음을 전해야 한다. 집이 없는 약한 자들에게는 그들이 생활할 수 있는 장소가 복음 선포의 도장이 되어야 하고, 병들어 누워있는 어려운 사람들에게는 그들을 치료할 병원이 복음의 센터가 되어야 한다. 어려운 어린이들을 사랑으로 돌보며 복음을 전했던 도나버 공동체의 복음 선포 방법은 오늘도 유용하며, 지속해야 한다.

59
사랑의 사도 코리 텐 붐
(아버지와 언니를 죽인 독일군까지 품은 사랑)

　오늘을 사는 우리에게까지 진정한 그리스도의 대사요, 사랑의 사도로 널리 알려진 코리 텐 붐(Corrie ten Boom)은 1892년 네덜란드의 수도 암스테르담과 북해 사이에 있는 할렘이라는 도시에서 태어났다. 그녀는 조상 대대로 내려온 경건한 신앙심으로 하나님을 경외하는 삶을 살았다. 그녀의 가족들은 성경 한 장을 매일 읽으며 하루를 시작했고, 그녀의 부친은 매일 밤 모든 자녀에게 예수의 이름으로 기도해 주면서 하루를 마무리했다.

　그녀 가족들의 경건한 삶의 전통은 제2차 대전 당시 독일 나치군들이 네덜란드를 침공해 죄 없는 유대인들을 학살하는 광경을 그냥 넘길 수 없게 했다. 나치의 무참한 공격을 이유 없이 받고 있는 불쌍한 유대인을 코리와 그 가족들은 목숨을 걸고 숨겨주고 보호했다. 당시 그녀의 집은 나치에게 쫓기는 유대인들의 피난처로 바뀌었다. 1937년 아들 윌렘도 모전자전으로 어머니 코리의 사역을 적극적으로 돕기 시작했다. 악독한 나치의 공격과 압제 때문에 독일에서 네덜란드로 도망쳐 나온 늙고 병든 유대인들을 보호하기 위해 노인의 집을 열었다. 엄청나게 몰려든 유대인들을 그가 세운 노인의 집에 수용할 수가 없어, 윌렘은 이웃에 사는 기독교인들을 찾아다니며 불쌍한 유대인들을 한 명씩만 보호해 달라고 부탁했다.

코리는 가족들과 상의해서 집안에 유대인을 보호하기 위한 비밀스러운 방을 의식 있는 건축가의 도움으로 마련했다. 집 꼭대기에 있는 코리의 방을 건축 전문가의 도움으로 고쳐 유대인을 숨길 수 있는 밀실로 만들었다. 밀실 외벽에는 더러운 얼룩이 심하게 묻어 있었고, 밖에서 보면 낡은 벽 모습을 하도록 지붕 밑 방을 고쳤다. 그럼에도, 지붕 밑 방을 '천사들의 밀실'이라고 칭했다. 독일의 나치들이 그곳을 급습해도 숨어 있는 유대인들을 보호할 수 있었다.

1944년 2월 어느 수요일 밤, 독일의 비밀경찰인 게슈타포의 급습으로 코리와 가족들은 모두 체포됐다. 게슈타포 경찰은 헤이그에 있는 비밀경찰 본부로 그들을 압송한 후 풀어주고자 했다. 석방 조건으로 더는 유대인을 숨겨주지 않겠다는 각서를 쓰도록 코리의 가족들에게 강요했다. 그러나 그녀의 아버지 카스퍼는 "우리를 집으로 돌려보낸다면 내일 아침 다시 도움이 필요한 사람 누구에게든 우리 집 문을 열어줄 것"이라며 그의 제안을 단호히 거절했다. 이 일로 코리와 그의 가족들은 독일군 교도소로 압송되었고, 적 앞에 당당했던 그녀의 아버지 카스퍼는 악독한 나치의 고문을 견디다 못해 이송 후 9일 만에 세상을 떠났다.

이후 코리와 그녀의 언니 베시는 슈브닝겐에 있는 감옥으로 이송됐다. 그때부터 열 달간의 지독한 감옥 생활이 시작되었다. 수용소에서 지내는 동안 코리와 베시 자매는 사람으로서는 도저히 상상할 수 없는 잔혹함과 고통, 때로는 공포와 두려움, 온갖 악취와 더러움, 그리고 지속적으로 반복되는 질병과 고난을 겪게 되었다. 악독한 감옥 생활 속에서도 교도관 몰래 사람들을 은밀히 만나서 성경을 가르치며, 고통 속에 있는 그들을 마음으로 위로하는 데 온 힘을 다했다.

같은 해 9월 유엔 연합군이 나치를 폭격하기 위해 프랑스와 벨기에를 통과했다는 소식이 감옥까지 전해졌다. 그곳에 잡혀 있던 유대인 포로들과 코리 및 베시 자매는 곧 석방될 것을 기대했다. 그런데 그들의 무지갯빛 기대와는 달리 더 나쁜 환경을 가진 독일 라벤스브르크 포로수용소로 이송됐다. 코리와 언니 베시는 그곳에서도 성경과 이송 도중 그녀의 식구들로부터 선물 받은 영양제를 손에 들고 연약한 포로들을 찾아다녔다. 그들을 전도하고 위로하며 건강을 챙기는 일에 최선을 다했다. 국적과 교단을 초월해 만나는 사람마다 복음을 들려주며, 고달픈 삶에서 희망을 잃지 않도록 격려하는데 목숨을 걸었다. 평소에 몸이 약했던 언니 베시는 감옥에서의 고된 사역을 이기지 못하고 그만 세상을 떠났다.

1944년 12월 31일 드디어 감옥에서 석방된 코리는 전쟁의 상처와 흉터를 마음속에 안고 있는 사람들을 위한 휴양소를 제공하는 것이 자신의 사명임을 깨닫고, 그들을 위해 휴양소를 짓고 돌보는 일을 시작했다. 전쟁 중에 나치의 악한 도구가 되어서 유대인과 포로들을 괴롭혔던 사람들까지 사랑으로 친절하게 돌보았다. 라벤스부르크에서 가장 잔인했던 보초, 총을 들고 여죄수들에게 옷을 벗으라고 재촉하며 음흉한 눈길로 여체를 바라봤던 전 독일군 간수마저도 성심껏 돌봤다. 그런 코리의 이해할 수 없는 행동은 사회적으로 엄청난 분란과 비난을 몰고 왔다. 그러나 신실하고 경건한 신앙을 가진 코리를 통해 진정한 예수의 사랑과 용서의 복음이 만방에 선포되었다.

코리는 평생 자신의 힘으로 갈 수 있는 모든 나라를 순회했다. 예수가 성경을 통해 가르친 진정한 사랑과 용서의 복음을 마음껏 전했다. 파렴치한 죄인을 십자가 죽음으로 모두 용서하신 예수 그리스도의 사랑을 온 세상에 마음껏 전했다. 사랑과 용서의 복음으로 영혼의 깊은 안식을, 죄인 된 인간들이 누리도록 세상을 향해 힘껏 외쳤다. 사랑의 사도요, 그리스도의 대사인 코리는 1983년 91세의 나이로 하늘나라에 갈 때까지 용서와 사랑이라는 메시지를 실천하며 살았다.

오늘 예수를 믿는 우리에게도 변함없이 필요한 메시지는 사랑과 용서의 복음이다. 지난날 우리를 괴롭혔던 원수라 할지라도 예수 그리스도의 복음으로 용서하고, 사랑하는 것이야말로 예수 믿는 교회의 진정한 모습이다. 미움과 시기로 물든 세상, 쓴 물이 가득하여 절망적인 세상 속에서 예수가 성경을 통해 가르친 사랑과 용서의 복음을 적극적으로 실천하는 교회공동체가 되었으면 좋겠다.

60
제주도 최초의 선교사 이기풍 목사
(신동이라 불렸던 이기풍의 회개)

　　이기풍 목사의 증조부는 홍경래의 난 당시 역적으로 몰려 고난을 겪었다. 그때 사형을 당할 뻔했으나 구사일생으로 황해도 구월산에 몸을 피했다. 그의 부친은 고향인 평양으로 다시 돌아와 신분을 감추고 농민으로 행세하며 살았다. 1868년 11월 21일, 이기풍 목사는 그런 아버지 밑에서 태어났다.

　　이기풍은 어려서부터 재치 있고 슬기로워 신동으로 불렸다. 여섯 살 때는 사서오경을 줄줄 외웠으며, 묵화에도 남다른 재주가 있어 어른들의 탄성을 자아내게 했다. 열두 살 때는 붓글씨 백일장에서 장원이 되었다.

　　뛰어난 재주가 있었음에도 증조부의 역적죄로 인해서 이기풍은 관료가 될 수 없었다. 의식 있는 민족주의자였던 이기풍은 외세의 제국주의적 침략으로 조선이 몰락해 가는 것을 바라보면서 세상에서 출세하고 싶은 마음도 가질 수 없었다. 이러한 환경은 혈기 방자한 청년 이기풍의 성품을 급하고 괄괄하게 만들었다. 술과 박치기의 명수로도 알려진 이기풍은 당시 그 누구도 당할 수 없었다.

그런 그가 하루는 술이 가득 취해 평양 거리를 비틀거리며 걷고 있었다. 마침 평양 좌수의 행차가 그의 앞을 지나갔다. 도도하게 말을 탄 것에 비위가 상하자 그는 평양 좌수를 끌어내려 바닥에 내동댕이쳤다. 이 사건으로 청년 이기풍은 석 달 동안이나 목에 형틀을 쓰고 옥살이를 해야 했다.

이후 1885년 어느 날 이기풍은 길거리에서 생전 처음으로 코가 큰 백인을 만났다. 한국에서는 보기 드문 큰 체구인데다 도도한 몸짓으로 가슴을 내밀고 걸어가는 모습이 이기풍의 비위를 건드렸다. '저 양코배기가 무엇 때문에 우리나라에 왔을까? 저것들도 날도둑놈들이 아닌가? 저놈들을 우리나라에서 빨리 몰아내자.'라고 생각했다. 그날 밤 이기풍은 친구 대여섯 명과 함께 그 백인(마포삼열 선교사)의 집에 몰려가서 돌을 우박같이 쏟아 부었다. 물건들이 부서지는 소리가 심하게 났지만, 준비한 돌을 모두 던져도 인기척이 없었다. 거만한 양코배기와 직접 대결하지 못한 것이 분했지만, 물러설 수밖에 없었다.

한 달이 지난 어느 날, 장터를 건들거리며 지나던 청년 이기풍은 수많은 사람이 한곳에 모여 있는 것을 보았다. 그가 친구들과 함께 돌 공격을 감행했던 백인이 서투른 조선말로 사람들에게 무언가를 가르치고 있었다. 성격이 고약한 청년 이기풍은 아무런 이유도 없이 그를 향해 다시 돌을 날렸다. 던진 돌은 성경을 가르치던 마포삼열 선교사의 턱을 정통으로 강타했다. 마포삼열 선교사는 땅바닥에 거꾸러졌고, 피가 낭자하게 흘러 바닥을 시뻘겋게 물들였다. 군중은 모두 두려워서 흩어졌고, 이기풍도 아무 일 없었던 것처럼 시치미를 떼고 그 자리를 떠났다.

1894년 청일전쟁이 발발하면서, 그가 살던 평양성에도 전쟁이 극심해졌다. 집집이 말할 수 없는 기근으로 허덕이게 되었다. 할 일 없이 방 안에 있는 게 너무 답답해서 원산으로 여행을 떠났다. 기고만장했던 패기도 모두 사라지고 풀이 꺾인 채 그곳에서 살아갈 방법을 찾고 있었다. 이기풍은 친구들의 권유로 담뱃대에 그림을 새겨 팔기로 했다.

어느 날 담뱃대를 한 묶음 손에 들고 힘없이 걸어가다 길가에서 코 큰 스왈른(Swallen) 선교사를 보게 된다. 이기풍은 순간 정신이 아찔해지면서 평양에서 돌로 친 양코배기의 화신이 원산까지 와 있다는 생각이 들었다. 이기풍의 양심은 갑자기 괴로워졌고, 꿈에서 자신을 나무라는 사람(예수)를 만나게 된다. 눈물과 콧물이 뒤범벅되도록 과거에 저지른 죄를 회개했다. 지난날 저지른 죄들이 꼬리에 꼬리를 물고 생각나서 가슴을 치고 머리카락을 쥐어뜯으며 통곡했다. 전도자 김석필은 그런 이기풍의 손목을 잡고 선교사 스왈른의 집으로 데려갔다.

이기풍의 진술한 자백을 들은 스왈른 선교사는 "분명히 당신을 예수님이 귀하게 쓰실 것이요. 형제의 죄는 이미 예수님이 사하여 주셨소."라고 말했다. 이기풍은 지난날 마포삼열 선교사에게 저지른 죄를 스왈른에게 모두 고백하고 회개한 이후 세례를 받았다.

이후 그는 1898년부터 함경도 일대에서 성경 반포 및 전도사역을 하다 평양신학교에 입학했다. 1907년에는 평양신학교 제1회 졸업생 7인 중 한 사람으로 한국인 최초의 목사가 되어, 장로교단의 효시인 독노회(獨老會)가 조직되면서 제주 선교사로 파송됐다. 1919년 광주 북문 내 교회 초대목사가 된 이후에도 제주 선교에는 늘 관심을 기울였다. 1920년 전라도 장로회총회 부회장을 역임했다. 이후 일제의 신사참배(神社參拜)에 완강히 거부하며 호남지방 교회 지도자들과 반대투쟁을 하다가 체포되어, 심한 고문 후유증으로 1942년 6월 20일 오전 8시에 쉼을 얻었다.

아무리 악한 사람도 성령의 강권적인 간섭과 사역을 피할 수 없다. 하나님이 원하시면 세상에서 아무렇게나 살았던 사람도 새로운 사람으로 거듭난다. 성령은 강철도 녹이며 다이아몬드도 가볍게 파괴한다. 우주에서 가장 강력한 힘은 바로 삼위 하나님의 작정이요, 예정이다.

61

기도의 사람, 복음주의 목사 김익두
(빚보증 잘못 서 전 재산 날린 김익두…)

한국 초기 장로교회가 낳은 유명한 목사로서 세간에 알려진 김익두(金益斗)는 1874년(고종 11년) 11월 3일 황해도 안악군 대원면 평촌리에서 아버지 김응선의 3대 독자로 태어났다. 그의 가족은 대단한 부의 상징인 기와집에 살면서 가난한 사람들을 힘써 구제하며 노인 공경에 힘쓴 아름다운 사람들이었다.

김익두는 어려서부터 인근에 있는 서당에 다니며 한학을 열심히 공부했고, 10살이 되어서는 어려운 사서삼경을 외울 정도로 총명한 아이로 소문이 났다. 동네 사람들은 총명한 김익두를 장래가 촉망된 거목으로 생각했다. 16세에 과거에 응시했으나 많은 사람의 기대와 달리 낙방하고 말았다. 합격을 조금도 의심하지 않았던 부모는 몹시 실망했다. 아들에게 모든 희망을 걸었던 아버지는 몸 져

자리에 누웠고, 그 길로 세상을 떠나고 말았다. 청년 수재 김익두
는 스스로 살아나가야 할 인생관에 대해 심각하게 생각했다.

　청년 김익두는 불교 사찰에 들어가 얼마 동안 불도에 심취하기
도 했다. 그러나 윤회론을 포함한 불교의 어려운 교리를 도저히 마
음으로 이해할 수 없어서 사찰을 떠나고 말았다. 사찰에서의 생활
은 그의 인생에 혼란만 가중시키고 말았다. 그래서 그동안 가슴에
품었던 사치스러운 인생철학 및 가치관을 모두 던져 버리고, 치열
한 생존 현장인 시장에 들어가 장돌뱅이가 됐다.

　청년 김익두는 거친 장돌뱅이 생활이 아무리 힘들고 어려워도
생전 아버지에게서 듣고 배운 정직과 진실은 가슴에 늘 품고 살았
다. 한번은 시장에서 일하다 묵직한 돈 보따리를 길가에서 주워 주
인에게 돌려준 적도 있었다. 주인은 안악읍에서 제법 큰 상점을 운
영하는 부유한 사람이었다. 주인은 정직한 김익두를 자신의 상점에
서 점원으로 일할 수 있도록 허락했다. 그는 대형 상점의 지배인이
돼 나름대로 행복한 생활을 누릴 수 있었다.

　생활이 안정된 김익두는 이웃 마을에 사는 착한 처녀와 결혼해
아름다운 가정을 이루게 되었다. 그런데 사기꾼 친구를 그만 잘못
만나서 선 빚보증 때문에 힘써 모았던 모든 재산과 부모로부터 받
은 유산까지 하루아침에 날리고 말았다. 김익두는 다시 한 번 인생
에 회의를 크게 느끼기 시작했다. 자포자기의 심정으로 날마다 길
가에서 술주정을 일삼으며, 이웃들과 싸우는 망나니로 변해 버렸
다. 이웃 사람들은 그런 김익두를 부잣집 총명한 아들로 보지 않

고, 비전 없는 동네 깡패로 인식했다.

이후 27세 되던 1900년 봄, 김익두는 절친한 박태환의 전도로 안악군에 있는 금산교회에 나가게 되었다. 그때 미국인 선교사 스왈렌(Swallen, W. L.)의 '영생'이라는 설교를 듣고 기독교에 입교했다. 그는 신약성서를 1년에 100번이나 독파하는 독실한 신앙인으로 점차 변화되어 갔다. 1901년 7월에는 부인, 어머니와 함께 교회에서 스왈렌 선교사에게 물세례를 받았다.

그는 1901년 10월 재령교회 전도를 위해 헌신하라는 스왈렌 선교사의 권유를 받고 순종함으로 전도사역에 첫걸음을 내디뎠다. 그곳에서 1백 명 넘는 사람들을 전도해 성도들을 놀라게 했다. 스승인 스왈렌 선교사로부터 실력과 신앙을 인정받은 김익두는 1903년 신천지역 개척 전도사로 파송되었다. 신천에서도 매일 새벽기도를 드리며 신구약 성경을 하루 2장씩 숙독하고, 하루 3번 이상 가정예배를 드리면서 스스로 신앙의 원칙을 지켜나갔다. 그는 성경을 늘 들고 다니며 틈나는 대로 읽었으며, 길을 걸을 때도 하나님께 기도드리는 습관이 생길 정도였다.

1910년 평양신학교를 졸업하고, 1911년에는 염수동 교회에 모인 제4회 노회에서 목사 안수를 받은 후 소위 신유부흥회를 다니게 되었다. 1919년 현풍 교회에서 집회를 인도하던 중 아래턱 기형환자 박수진이 나았고, 중풍병자 김경애 및 30년간 종기로 고생하던 최석황도 집회 중 치료되었다. 이후 그가 인도하는 집회에는 수많은 사람이 몰려들어 건물 안에 들어오지 못하고 교회당 밖에서 멍

석을 깔고 집회에 참여할 정도였다.

승동교회에서 집회할 때는 당시 19세의 김재준이 은혜를 받고 목사가 되었으며, 1921년 웅천집회에 참여한 주기철도 은혜를 받고 목사가 되어 순교의 종이 되었다. 그가 인도한 부흥집회는 만주와 시베리아에 이르기까지 776회, 설교는 28,000여 회, 그를 통해 신설된 교회는 150여 곳, 집회에 참여해 목사가 된 사람은 2백여 명 정도로 추산된다.

그러나 1926년 5월, 그가 섬기던 남문밖교회 신진 세력들이 그를 미신적 신앙 소유자 및 거친 언어를 구사한 무식한 목사로 정죄해 배척하기도 했다. 일본 강점기 때 신사참배를 한 목사로도 오늘날까지 낙인찍혀 있다. 그럼에도, 목사 김익두는 기도의 사람이었고, 성경을 성경으로 믿었던 한국의 복음주의 목사였다. 그의 마음속에 있는 구령의 열정은 누구도 따라갈 수 없을 정도로 강력했다. 흠도 많고 실수도 많이 한 김익두 목사였지만, 그가 품은 기도와 성경사랑, 구령의 열정은 오늘 우리에게 본보기가 되고 있다.

62
템플턴상의 주인공 한경직 목사

　한국이 낳은 최고 최대의 복음주의 목사, 한경직(1902-2000)은 1902년 12월 29일 평안남도 평원군 공덕면 간리에서 전업 농부인 부친 한도풍(韓道豊)과 모친 청주 이(李)씨 사이에 장남으로 태어났다. 고향에 세워진 자작교회와 진광학교(선교사 마포삼열 설립) 및 평북 정주에 있는 오산학교(이승훈 설립)는 한경직에게 새로운 기독교 신앙과 사회 및 민족 사랑을 일깨웠다.

　졸업 후 그는 첨단 과학을 터득해 부강한 민족국가를 세우겠다는 야무진 비전을 가슴에 품고 평양의 숭실대학 이과에 입학했다. 그러나 대학 시절 이승훈, 조만식, 마포삼열, 그리고 방위량 등 당대의 탁월한 기독교 지도자를 만나, 목사가 되기로 했다. 그들은 신실한 하나님의 사람 한경직을 미국 유학의 길로 인도하여 폭넓은 학문을 할 수 있도록 배려했다.

유학생 한경직은 미국 켄사스주의 엠포리아 대학에서 역사철학 및 심리학을 공부하여 문학사 학위를 받고, 프린스톤 신학교에 입학하여 신학을 공부했다. 신학교를 마친 후 예일대에 입학하여 박사학위 과정을 공부하려 했는데, 갑작스러운 폐결핵으로 꿈이 좌절되었다. 뉴멕시코에 있는 요양원에 거처하는 동안 목회와 민족봉사의 길을 택할 것을 서원하고, 병이 치유되자 학문을 포기하고 곧바로 귀국하여 사회를 위한 봉사를 시작했다. 모교인 숭실대학 교수가 되어 교육으로 봉사하려고 했지만 일본 경찰의 반대로 신의주 제2교회에서 목회자의 길을 걷기 시작했다.

그는 전도와 교육, 사회봉사를 3대 주요한 목회지침으로 정하고 성경적 교회를 꿈꾸며 교회를 세워나갔다. 그가 설립한 고아와 노약자를 위한 보린원은 성경적 교회의 모델을 새롭게 조명하였다. 그런데 제2차 세계대전의 상대국인 미국에서 공부한 것 때문에 일본 경찰의 반대로 목회마저 할 수 없게 되자, 어쩔 수 없이 보린원에서 광복이 될 때까지 농사일하며 고아들과 함께 허드렛일을 하고 지나게 되었다.

일제의 철수로 말미암은 치안 공백을 메우기 위해 평안북도 지역의 치안을 담당하기도 했고, 민주사회 건설을 위해 기독교 사회민주당을 조직하기도 했다. 그런데 소련군 진주와 더불어 내려진 체포령은 그를 월남하지 않을 수 없게 만들었다. 월남 이후 피난민들을 위해 영락교회를 세워 예배를 드렸으며, 피난민들이 재회할 수 있도록 적극적으로 배려했다. 1973년 원로목사로 추대되기까지 그는 영락교회를 중심으로 일생의 사역을 이루어갔다.

    교회 강단을 통해 수많은 성도를 복음적으로 양육했으며, 학원·군·농촌·도시·공장지대 및 그늘진 곳에 메시지를 전하기 위해 5백여 교회를 세웠다. 대광중고교, 보성여중 고교, 영락 중고교, 숭실대와 서울여대 등을 설립하거나 재건하여 인재 양성에 적극적으로 이바지했다. 국외 기독교인들과 연합하여 선명회를 조직하고 부모를 잃은 전쟁고아를 보살피기도 했다. 군 복음화, 외항선교, 사랑의쌀 나누기 등 사회 복음사역을 주도했고, 한국기독교 1백 주년 사업을 성공적으로 이끌었다. 1970년대부터는 경찰 복음화에 심혈을 기울였다. 템플턴상 상금 1백만 불을 북한 선교를 위해 헌금하여 북한선교 사역에도 심혈을 기울였다.

63
'한국의 간디' 고당 조만식

한국의 간디로 널리 알려진 조만식 장로는 1883년 2월 1일(음 12월 24일) 평남 강서군 반석면 반일리 내동에서 아버지 조경학(曺景學)과 어머니 김경건(敬虔)의 독자로 태어났다. 그의 아버지는 병약한 조만식에게 격투기의 일종인 날파람을 익히게 했고, 의리와 곧은 절개의 중요성을 삶의 원리로 강조했다. 이런 아버지의 굳은 가정교육은 조만식의 평생에 지대한 영향을 끼쳤다.

조만식은 22세에 기독교 장로교에 귀의해 평양 장대현교회에 출석했다. 평소 놀기를 좋아하고 대주가(大酒家)였던 그는 신앙생활을 하면서부터 술과 담배를 끊고 방탕한 생활을 정리했다. 그는 1905년 초 장대현교회 신년사경회에 참석, 설교에 은혜를 받고 평양에 있는 기독교 학교인 숭실학교에 입학했다. 학창시절 안창호의 연설에 감화를 받은 그는 실력만이 일제에서 한민족을 구하는 길이라 확신하고 일본 유학을 결심했다.

1908년 숭실학교를 졸업한 뒤 바로 일본으로 건너가 1910년까지 정칙영어학교에서 열심히 공부했다. 유학 시절 조만식은 인도의 독립운동가 마하트마 간디의 일대기 〈간디전〉을 감명 깊게 읽고 그의 인도주의와 무저항주의, 민족주의 사상에 깊이 공감했다. 1910년 봄 정칙영어학교를 졸업하고 메이지대 교 법학부로 진학, 1913년 메이지대 법학부를 졸업했다.

대학 졸업 후에는 귀국해 정주 오산학교 교사로 근무하다가 1915년 그 학교 교장이 되었다. 이후 1919년 오산학교 설립자인 이승훈과 함께 3·1운동에 참가했다가 체포되어 평양 감옥에서 1년 간 복역했다. 1921년 석방된 뒤 그는 평양 YMCA 청년회 총무가 되었고, 산정현교회(山亭峴敎會) 장로에 선출되었다. 1922년 국산품 애용을 독려하기 위해 조선물산장려회를 결성해 회장에 취임했으며, 이때부터 조선의 간디로 불리기 시작했다. 1932년에는 경영난에 빠진 조선일보를 인수해 사장이 되었다. 그때에 조선총독부로부터 신사참배와 지원병제도에 협조하라는 요청이 왔으나, 양심 있는 하나님의 사람 조만식은 이를 모두 거절했다.

해방 후인 1945년 8월 16일 '조선건국 준비 위원회 평안남도 지부'를 결성하고 혼란기를 극적으로 수습했다. 조만식은 치안 공백 상태에 있던 당시 북한 지역의 정치적 혼란을 크리스천으로서 훌륭하게 정리해 나갔다. 이북에 진주했던 소련 25군 정치사령부 정치담당관이었던 G. 메크레르는 '평양은 조만식의 판이었다.'라고 회상할 정도였다. 같은 해 9월 12일 평양 산수소학교에서 '인민 정치위원회'가 조만식의 사회로 개최되었지만, 공산 측의 방해로 민족진영의 의견은 빈번히 무시되었다. 공산 진영 측에서 민족진영을 향해 인신공격까지 퍼붓자, 조만식은 분연히 일어나 이들을 강하게 질책했다.

1945년 11월 3일 조만식은 민족·민주 계열이자 최초의 기독교 정당인 조선민주당을 창당했다. 조선민주당은 '105인 사건'을 기념하여 105인의 창당발기인을 두었고, 3·1운동 당시 민족대표 33인을 상징해 33인의 중앙상임위원을 두었다. 조만식은 조선민주당 당수(黨首)가 돼 반공 노선과 신탁통치 반대운동을 양심적으로 적극적으로 펼쳤다. 조선민주당은 창당 수개월 만에 50만 당원을 확보할 정도로 열렬한 지지를 받았다. 당원 대부분은 조만식의 인품과 독립국 건설에 대한 순수한 염원을 보고 입당했다.

조만식은 인도의 간디가 주창한 비폭력 무저항주의와 민족주의 사상을 일관된 평생의 지표로 삼았다. 그는 광복을 맞을 때까지 그 사상에 근거하여 일제에는 불복종하되 비폭력과 무저항을 수단으로 삼는 민족자본 육성, 민족교육 및 민족 언론 활동 등에 몰두했다. 조만식은 태평양전쟁으로 탄압이 심했던 일제 말기까지도 그들에게 협조하지 않고 지조와 신앙양심을 끝까지 지켰기 때문에 사람들의 존경을 받았다.

조만식이 이북 지역에서 정치적으로 몰락하고 그를 따르던 기독교계 사람들이 대거 월남, 북조선 공산주의자들은 아무런 장애도 없이 수월하게 이북 지역에 공산체제를 수립할 수 있었다는 부정적 견해도 있다. 그러나 신실한 크리스천으로 비폭력과 무저항을 인생관으로 삼고 살다 간 그는 오늘날까지도 우리에게 깊은 감동을 주고 있다. 특히 자신의 생각과 다르면 폭력도 마다하지 않고 행사하는 현대 교회와 크리스천들에게 신선한 교훈을 주고 있다. 그는 크리스천과 교회라면 어떤 상황이라도 폭력을 행사할 수 없다는 그리스도의 사신이었다.

64

끝까지 신앙의 절개를 지킨 손양원 목사
(사랑의 원자탄 같은 참 목자 없소?)

손양원은 1902년 6월 3일 경남 함안군 칠원면 구성리 653번지에서 손종일 장로와 김은주 집사의 장남으로 출생했다. 그는 1914년 4월 1일 칠원 공립 보통학교에 입학해 일본의 왕이 사는 동쪽을 향해 절할 것을 강요하는 동방요배(東方遙拜)로 어려움을 겪었다. 보통학교 3학년 때인 1916년 그가 궁성요배는 성경이 금하는 제1계명을 범하는 것이라 거절하자 퇴학을 당했다.

이후 맹호은 선교사 도움으로 복학해 학업을 계속하던 중 주일날 학교에 출석하라고 하자 하나님께 예배드려야 한다며 출석하지 않았다. 1919년 3월 24일 보통학교를 졸업하고 성적이 우수한 그는 서울 중동학교에 진학해 낮에는 공부하고 밤에는 만두장사를 했다. 중동학교 시절, 안국동교회에 등록해서 주일을 성수하며 십일조 생활을 철저히 했다. 1920년 4월 3일 3·1운동 여파로 아버지가 독립운동을 주도하다 징역 8개월의 실형을 받고 옥고를 치르게 됐다.

극심한 생활고에 빠진 그는 학업을 중단하고 수중에 남은 돈 70전을 안국동교회에 헌금으로 모두 바치고 낙향했다. 이후 1921년 일본으로 건너가 동경 스가모(巢鴨)중학교 야간부에 입학했다. 아침과 낮에는 우유와 신문을 배달했고, 밤에는 공부해 1923년 졸업과 함께 귀국했다.

1926년 3월 경남 성경학교에 입학해 부산 감만동 한센병자 교회 전도사로 일했고, 1935년 4월 5일 33세로 평양신학교에 입학해 대동강 변 능라도교회 전도사로 사역했다. 손양원은 일제가 강요하는 신사참배를 강력히 반대했다. 1938년 3월 제33회로 신학교를 졸업한 후 1년간 부산지방 순회전도를 하면서 신사참배 반대운동을 적극적으로 펼쳤다.

1939년 37세로 7월 14일 한센병 환자들이 모여 있는 여수 애양원 교회 담임으로 부임했다. 평양신학교 2학년 때 애양원 교회 사경회 강사로 초청된 것이 인연의 시작이었다. 애양원 교회는 외부 사람이 방문할 때 하얀 가운을 입고, 하얀 장갑을 끼도록 규정했다. 그런데 강사로 초빙된 손양원은 교회당에 들어가면서 이를 거절하고 그냥 들어갔다. 교회 성도들은 그런 손양원의 용기에 큰 감동을 받아 애양원 교회 담임으로 청했다.

교회에서 설교할 때마다 그는 신사참배의 신학적 부당성을 강력히 지적했다. 반기독교적 신사참배를 강요하는 일본은 곧 망하리라고 소리 높여 주장했고, 성도들이 신사참배를 못하도록 철저히 교육했다.

그는 한센병 환우들과 함께 음식을 먹었으며, 심지어 잠자리도 같이했다. 당시 애양원 교회에는 눈을 잃어버린 사람, 손이 꼬부라진 사람, 걸음걸이가 부자유한 사람, 얼굴이 알아볼 수 없을 정도로 일그러진 환자들이 많았다. 사람들이 출입하는 식당, 다방, 극장, 목욕탕 및 이발소에 그들이 간다는 것은 상상도 못했다. 누구도 그들을 사람으로 대접하지 않았고, 심지어 가족들까지도 외면했다. 특히 14호실은 상태가 매우 심한 중환자들이 모여 있는 병실이었다. 그 중환자실에는 같은 한센병 환우들도 들어가기 꺼리는 곳이었지만 손양원은 그곳에서 중환자들의 얼굴을 어루만지며 안고 기도했다. 세상에서 버림받은 한센병 환우들이 손양원의 신앙 지도를 받으면서 소망을 품게 되었다.

1940년 9월 25일 손양원은 수요예배 후 여수 경찰서 소속 형사에 의해 '신사참배 거부와 선량한 주민 선동죄'로 연행돼 1년 6개월 형을 받았다. 1943년 5월 17일 만기 출옥을 앞두고 담당검사가 그에게 신사참배를 하도록 강요했다. 손양원은 신사참배에 대한 유혹과 핍박의 손길을 단호하게 뿌리치고 광주·경성·청주 등의 구금소를 옮겨 다니면서 6년간 옥고를 치렀다. 옥중에서도 기도와 찬송, 성경 읽기를 게을리하지 않고 사랑을 실천해 동료로부터 옥중 성자로 불렸다. 8·15 해방과 함께 감옥에서 나오자마자 곧장 애양원 교회를 찾았고, 교우들의 신앙은 더욱 강하게 불탔다. 그는

1946년 3월 경남노회에서 목사 안수를 받고 한센병 환우들을 위해 더욱 헌신했다.

1948년 10월 19일 제주 폭동사태를 진압하기 위해 여수에 집결했던 남로당 계열 사람들이 반란을 일으켰다. 약 4시간 만에 여수 시내 경찰서와 파출소, 군청, 역 등 주요 기관을 공산주의자들이 장악했다. 반란군들은 인민위원회를 만들어 자신들에게 동조하지 않는 사람들을 무조건 잡아 죽이는 민족 대 학살극을 벌였다. 손양원의 두 아들 동인과 동신은 각각 순천 사범학교와 순천 중학교에 다니고 있었다. 아버지를 닮아서 신앙과 민족정신에 불탔던 두 형제는 학교 안에서 기독교 복음을 전하며 공산주의의 잘못을 폭로했다. 학교에 숨어들어온 공산주의 프락치들은 그들을 체포해 한꺼번에 총살했다. 손양원은 두 아들의 장례식장에서 다음과 인사했다.

"첫째, 나 같은 죄인의 혈통에서 순교의 자식들이 나왔으니 하나님께 감사한다. 둘째, 보배들을 내게 주셨으니 하나님께 감사한다. 셋째, 3남 3녀 중에서 가장 아름다운 두 아들을 바치게 하신 하나님께 감사한다. 넷째, 한 아들의 순교도 귀한데 두 아들을 순교의 제물로 삼으신 하나님께 감사한다. 다섯째, 예수 믿다가 누워 죽는 것도 큰 복인데 전도하다 총살 순교 당했으니 하나님께 감사한다. 여섯째, 미국 유학 가려고 준비하던 내 아들이 미국보다 더 좋은 천국 갔으니 하나님께 감사한다. 일곱째, 나의 사랑하는 두 아들을 총살한 원수를 회개시켜 내 아들로 삼고자 하는 마음을 주신 하나님께 감사한다. 여덟째, 두 아들의 순교로 말미암아 무수한 천국의 아들들이 생길 것이 믿어지니 하나님께 감사한다. 아홉째, 하나님의 사랑을 찾는 기쁜 마음과 여유 있는 믿음을 주신 예수 그리스도께 감사한다. 열 번째, 분수에 넘치는 큰 복을 주신 하나님께 모든 영광을 돌린다."

여수, 순천 반란 사건이 진압된 이후 동인과 동신 두 형제를 죽인 안재선도 체포되었다. 손양원은 계엄사령관을 찾아가 그의 석방을 간청했다. 손양원은 석방된 안재선을 양아들로 삼아 부산의 고려 성경 고등학교에서 수학하도록 배려했다.

손양원은 1950년 9월 13일 공산군에 체포돼 28일 저녁 11시 여수 근교 미평에서 48세의 젊은 나이로 총살당했다. 마지막까지 하나님 맡기신 양들을 사랑으로 보호하고, 자기를 죽이려는 자들에게 그리스도의 복음을 전하다 총 머리로 입을 맞아 얼굴이 피투성이 되었으며, 마지막 죽음의 자리에서도 기도를 잃지 않으며 신앙의 굳은 지조를 지켰다.

개인의 유익만을 삶의 유일한 가치관으로 정하고 살아가는 이 시대에, 내가 아닌 이웃을 위해 몸과 마음을 모두 바칠 참 목자와 교회를 우리는 만나고 싶다. 나라와 민족과 교회와 우주를 위해 자신을 철저히 죽일 수 있는 참사도, 21세기형 손양원의 출현을 하나님은 기대하고 계신다. 신실한 하나님의 교회는 신앙의 지조를 지키며, 나의 것을 잘라서 부족한 이웃에게 베푸는 공동체이다.

65
신앙의 지조 지킨 주기철 목사
(이 몸도 시들기 전 온전히 드려지길)

한국 교회가 낳은 자랑스러운 참 목자 주기철은 1897년 11월 25일 경상남도 창원군 웅천면 복부리에서 주현성의 4남 3녀 중 넷째아들로 태어났다. 1905년 한국을 침탈한 일제에 의해 강제로 을사보호조약이 체결되자 주기철의 친척 주기효는 1906년 대한의 젊은이들에게 민족정신을 일깨우기 위해 고향에 개통학교를 세웠다. 어린 주기철은 학교에 입학해 투철한 민족정신과 탁월한 민족애를 마음껏 키웠다. 개통학교 7년 과정을 성실히 끝낼 무렵, 주기철은 부산에서 춘원 이광수의 애국 강연을 듣고 깊이 감동했다. 급기야 이광수가 교장 대리로 있는 평북 정주의 오산학교로 진학해서 민족 지도자인 이승훈·조만식 등의 인물을 만나 철저한 민족교육과 투철한 신앙교육을 받았다.

1916년 오산학교를 우수하게 졸업한 뒤 그는 같은 해 4월 연희전문학교 상과로 진학했다. 입학한 지 몇 달이 안 돼 고질병인 안질이 심해지자 학업을 중단하고 치료차 낙향했다. 그는 고향에 있는 교남학교에서 교편을 잡고 청소년들을 가르쳤으며, 야학과 청년운동에도 정열을 쏟았다. 이때 김해교회 이기선 목사의 중매로 신실한 신앙인 안갑수와 결혼해 가정을 이루었다.

이후 1920년 마산 문창교회에서 김익두 목사가 강사로 나선 심령부흥회에 참석해서 성령체험을 깊게 한 뒤 목회자가 되기로 했다. 1922년 3월 평양장로회 신학교에 입학, 당시 매우 유명한 마포삼열, 배위량, 왕길지, 곽안련, 나부열 등 훌륭한 신학교수를 만나 성경적 보수 신학을 철저히 교육받았다. 신학교 재학 시절 양산읍교회 전도사로 성실히 사역했고, 1925년 12월 신학교 졸업과 동시에 경남노회에서 목사안수를 받은 뒤 부산 초량교회 위임목사로 청빙됐다.

1936년 담임한 지 10년 만에 초량교회를 사임하고, 평양 산정현교회 위임목사로 부임했다. 이때 일제는 신사참배라는 악한 무기를 교회와 성도들에게 들이대면서 한국 교회의 목을 죄었다. 일제는 신사참배에 반대하는 사람들을 무조건 체포 구속하며 잔인하게 고문하기 시작했다. 결국, 평양에서 열린 제27회 장로회 총회에서는 온 교회가 신사참배를 수용하기로 공식 결의했다. 목사들 대부분이 신사 앞에 무릎을 꿇고 신앙양심을 저버렸다. 그러나 지조 있는 신앙인 주기철과 그를 따르는 소수 목사는 신사참배를 강요하는 일본군 총칼 앞에서도 당당히 맞섰다.

이로 말미암아 주기철은 1938년부터 1944년까지 5차례, 총 5년 4개월간 감옥생활을 했다. 그는 옥중에서 몽둥이찜질, 채찍질, 쇠못 밟기, 거꾸로 매달아 코에 고춧가루 뿌리기, 발바닥 때리기 등 사람으로서 감히 상상할 수 없는 고문을 당하면서도 끝까지 신앙의 지조를 지켰다. 주기철은 구속과 석방을 반복해 안질, 폐병, 심장병 등으로 몸이 매우 약화해 점점 폐인이 되어갔다.

마지막 5번째로 교도소에 끌려가 갇히기 전 그는 자택에서 늙은 노모와 처자 및 20여 명의 산정현교회 성도들을 모아놓고 다음과 같은 설교를 했다. "우리 주님 날 위해 십자가에 고초당하고 돌아가셨는데, 나 어찌 죽음이 무섭다고 주님을 모른 체 하오리까. 나에겐 오직 주님을 향한 일사 각오의 신앙만 있을 뿐입니다. 소나무는 죽기 전에 찍어야 시퍼렇고, 백합화는 시들기 전에 떨어져야 향기롭습니다. 이 몸도 시들기 전에 주님 교회에 온전히 드려지기를 바랄 뿐입니다."

투옥된 이후 일제의 혹심한 조사와 고문을 견디다 못해, 그는 1944년 4월 21일 금요일 밤 9시 평양교도소에서 49세의 젊은 나이로 세상을 떠났다. 정부는 1963년 그를 독립유공자로 삼고 건국훈장 독립장을 추서했다.

육신의 안위보다 하나님과 성경을 모든 삶에서 최고 우선순위에 두었던 주기철은 오늘까지 한국 교회 목회자와 성도의 본보기가 되고 있다. 편의주의와 금권주의에 빠져 허우적거리는 21세기 한국 교회에 경종을 울리는 참 목자다. 하나님의 복음을 몸으로 사수하

기 위해 목숨 걸고 나아갈 지조 있는 현대판 주기철 목사를 한국
교회는 필요로 한다.

66
한국의 슈바이처 장기려 박사
(월급으로 받은 수표를 거지에게…)

한국이 낳은, '한국의 슈바이처'로 잘 알려진 장기려 박사는 1911년 음력 8월 14일 평안북도 용천군에서 장윤섭과 최윤경의 작은 아들로 태어났다. 그는 어릴 때부터 독실한 기독교 신자였던 할머니의 사랑을 받으며, 기독교 문화 속에서 신실하게 살았다. 그의 할머니는 어린 손자에게 어려운 이웃을 위해 희생하며 사는 것이 참된 크리스천임을 입버릇처럼 말했다.

신앙 속에서 개성 송도 고등보통학교를 다니던 장기려는 여순 공과대학에 입학하기 위해 입시를 치렀으나 예비시험에서 낙방하였다. 이후 의사가 되고자 경성의학 전문학교에 입학하여 1932년 수석으로 졸업하고, 같은 해 4월 김봉숙과 결혼했다. 장인 김하식의 소개와 권유로 당대 최고의 외과 의사였던 백인제 문하에서 외과학을 열심히 공부했다. '충수염 및 충수복막염에 대한 세균학적 연구'라는 논문 제목으로 1940년 9월에 일본 나고야대학에서 의학 박사 학위를 받았다. 그의 스승 백인제는 탁월한 의술과 훌륭한 인격을 지닌 장기려를 매우 아끼고 사랑했다. 그가 스승의 곁을 떠나 평양의 기홀병원으로 사역지를 옮기자 무척 아쉬워했다.

기홀병원으로 자리를 옮긴 지 두 달 후 그의 탁월한 능력과 인격에 감동한 전임원장이 장기려를 자신의 후임원장으로 전격 취임시켰다. 그러자 인사에 불만을 느낀 동료 의사들의 질시와 텃세를 심하게 받았다. 그는 병원의 평화를 위해 두 달 만에 원장직을 그만두고, 외과과장으로 스스로 강등해 봉직했다.

1947년 1월부터는 북한 김일성대학교 의과대학 교수 겸 부속병원 외과 과장으로 일하게 됐다. 하지만, 1950년 벌어진 한국전쟁과 남북 분단은 장기려에게 커다란 시련을 안겼다. 아내와 자식들을 모두 북한에 남겨두고 차남 장가용과 단둘이 남한으로 피난 왔기 때문이다. 그러나 의사 장기려는 1951년 부산에 정착해 인근에 있는 허름한 창고를 빌려서 지금의 고신대학교 부설 복음병원의 전신인 무료병원을 시작했다. 그는 15년 동안 복음병원 원장 겸 의사로 일하면서 사회적으로 버림받은 행려병자 등을 온갖 사랑으로 치료했다. 그의 사랑에 관한 다음 일화는 우리의 가슴을 오늘까지도 울리고 있다.

하루는 장기려가 병원 문을 나서는데 늙은 거지 하나가 구걸을 했다. 그때 장기려는 호주머니에 돈을 한 푼도 가지고 있지 않았다. 수중에 돈이 없다는 장 박사의 말에 거지 노인은 실망해 발길을 옮겼다. 장 박사는 갑자기 뒤돌아서 그 노인을 큰 소리로 불렀다. 양복 속주머니에서 월급으로 받은 수표를 꺼내서 노인에게 전했다. 수표를 건네받은 노인은 얼굴을 찡그리면서 "이 종이 나부랭이가 돈이란 말이오?"라고 말하면서 화를 냈다. 장 박사는 "이것은 수표라는 것입니다. 이것으로 은행에 가면 돈으로 바꿔줄 겁니다."라고 말하면서 수표를 그의 손에 쥐여 주었다. 며칠 후, 장 박사에게 전화가 걸려왔다. "여기는 은행입니다. 혹시 수표를 잃어버리신 일이 없으신지요? 웬 거지 노인이 박사님이 사인한 수표를 가지고 왔는데요?" 장 박사는 그제야 며칠 전 거지에게 준 수표가 생각났다. "그 수표는 내가 준 것이니 그리 알고 돈을 그 노인에게 지급해 주시오."라고 말했다.

　장기려는 1961년에는 간암에 대한 연구로 대한 의학회에서 주는 학술상을 받는 등 학술적으로도 뛰어난 활동을 벌였다. 1968년에는 민간 주도로 이루어진 최초 의료보험 조합 '청십자'를 세웠다. 고통스러운 간질환자 치료를 위해 '장미회'를 설립하고 온갖 정성을 쏟았다. 봉사단체인 부산 생명의 전화 설립, 장애인재활협회 부산지부 창립에도 앞장섰다. 1975년에는 그의 헌신으로 민간 의료보험조합 직영의 '청십자 병원'이 문을 열었다.

　이후 1976년 국민훈장 동백장을, 1979년 막사이사이상(사회봉사부문)을 받았으며, 1995년 인도주의 실천의사 상을 받았다. 노년에 병고(당뇨병)에 시달리면서도 마지막까지 가난하고 소외된 사람들에게 박애와 봉사정신으로 인술을 펼쳐 한국의 성자로 칭송받았다.

한편, 장기려는 대한예수교장로회 고신 측 교회 장로로 봉직했지만, 당시 무교회주의자인 함석헌, 김교신과도 깊이 교제했다. 32년 동안 무교회주의 성격을 지닌 '부산모임' 집회를 자신의 집과 사무실에서 주관했다. 국제 교회개혁 모임인 종들의 모임에서도 역동적으로 활동했다. 한국 교회와 세계 교회에 '종교 개혁'과 같은 기독교 변혁이 절대적으로 필요하다는 신앙과 신념 때문이었다.

평생 남을 위해 희생적인 삶을 손수 실천한 한국판 슈바이처 장기려는 1995년 성탄절 85세의 일기로 세상을 떠났다. 의사 장기려는 단순히 사람의 병만을 치료한 의사로 살지 않았다. 이기주의로 병든 쓰디쓴 세상을 사랑과 자비로 치료하다 간 사회개혁자요, 인술을 베푼 탁월한 의사였다. 문학가 춘원 이광수가 장기려를 그의 소설 〈사랑〉의 주인공 '안빈'의 모델로 삼은 것은 매우 감동적이다. 자신의 적금 통장과 자식들만을 위해 목숨을 거는 한국 교회 성도들에게 장기려는 신선한 충격을 안겨준다.

67
핀란드 총리 에스코 아호의 정책

　북유럽 발트 해 연안에 있는 인구 500만 명의 조그만 나라 핀란드 (수도: 헬싱키, 면적: 33만 8,145㎢)는 1990년대 초 소련 연방이 무너지면서 수출길이 갑자기 막히게 되므로, 1980년대 말 국민소득 27,000달러였던 나라가 1990년대 초반에는 17,000달러로 비참하게 급락하게 되었다. 1980년대에는 계속해 고공 행진하던 핀란드 성장률이 1990년대에 이르러 4년 동안 최고 -6.2%까지 떨어지는 비참한 현상을 보이고 있었다. 그로부터 17년이 지난 2008년 오늘 핀란드는 국민소득 4만 달러, 교육과 국가경쟁력이 명실 공히 연 1위인 선진국으로 급부상하게 되었다.

　한국에서 열린 아시안 리더십 컨퍼런스에 참석한 핀란드의 전 (前) 총리 (1991년-1995년) '에스코 아호'는 '당시 국민의 인기에 연연하지 않고 미래를 준비하는 핀란드 국가 지도자들의 탁월한 지도력'에서 핀란드가 급부상한 이유를 찾았다. 1990년 초반 당시 핀란드의 국가 지도자들은 어려운 경제현실을 당장 극복하고자 국민의 마음을 사려는 단기 졸속 정책을 지양하고, 국민에로부터 눈총을 받으며 자신들의 정치생명을 걸고 미래지향적인 장기 정책을 펴기로 했었다. 국가 지도자들이 살신성인(殺身成仁)하는 자세로 핀란드 국가 공동체를 제대로 살리기 위해 미래지향적인 국가 경영 철학을 공유했다. 1990년대 초반 이후 침체한 핀란드를 통치하던 국가 지도자들은 단기간에는 노력한 만큼의 열매가 전혀 보이지도 않을 과학기술 육성과 기초과학 교육에 장기적으로 투자하는 미래 지향적인 전략을 과감히 수행하였다. 당시 핀란드가 경제적으로 어려움을 당하게 된 근본적인 원인이 미래를 책임질 전문적인 기초 과학 교육의 부재, 국가 경제력을 높일 인재의 부재에 있다는 것을 깨닫고, 국가의 모든 분야에 기초를 든든하게 세울 꿈나무 영재들을 발굴하여 전문적으로 양육하기 시작했다. 지도자들은 당장 오늘의 성과가 아니라, 미래를 바라보며 침체한 기초교육에 역동적인 변화와 혁신을 꾀하므로, 미래의 후손들이 따 먹을 수 있는 근실한 과실이 열리도록 생존 유전자를 지속적으로 퍼트리고 있었다. 20년 가까이 열매도 없이 참고 기다리며 준비했던 핀란드의 장기적인 국가 교육정책이 드디어 빛을 발하게 되어서, 오늘날 국가 경쟁력 세계 제1위인 선진국으로 핀란드를 바꾸어 놓았다.

세계 교회사 속에서도 그 유래를 찾아볼 수 없을 정도의 놀라운 성장과 부흥으로 세계 교회공동체의 이목을 집중시킨 한국 교회는 21세기 초반을 맞이하면서 침체의 수렁에 맥없이 빠져들고 있다.

수적인 침체와 더불어 성도들의 교회관이 성경 말씀과 다르게 모호해지므로, 교회와 세상이 구별되지 않는 교회윤리의 부재현상이 곳곳에서 드러나기 시작했다. 한국 교회의 지도자들은 19, 20세기에 맛보았던 수적, 영적인 교회성장을 21세기에도 다시 한 번 이루기 위해서 다양한 성장정책을 펴고 있다. 교회당을 이용하는 성도들이 편리하게 사용할 수 있도록 교회시설의 초 현대화, 성도들을 백화점의 소비자처럼 여겨서 최고급 서비스를 제공하는 친절화, 공영 방송사의 개그 프로그램을 능가할만한 설교의 유머 극장화, 바쁜 성도들을 위해서 일주일에 단 한 번만 교회당에 나오도록 하는 예배의 신(新) 단일화 등, 인간중심의 단기정책을 역동적으로 펼치므로 지난 세기에 경험했던 한국 교회 성장의 영화를 다시 한 번 재현하고자 땀을 흘리고 있다. 하나님의 교회당에 모이는 성도들에게 탁월한 서비스를 제공하는 것이 신학적으로, 현실적으로 그리 나쁠 것은 없다. 그러나 진정으로 성경적인 교회공동체를 이 땅에 세우기를 원한다면, 핀란드 국가 지도자들이 어려운 시기에도 미래지향적인 기초교육 정책을 펼친 것처럼, 내일의 건실한 열매를 바라보는 미래지향적인 교회정책과 그것을 위한 기초교육에 인내를 가지고 온 힘을 다해서 투자해야 하지 않을까?

68
21세기의 참 귀족 영국의 해리 왕자

　오늘날 국가의 절대적인 권력을 한 손에 쥐고 있는 정치권에서 매우 회자되고 있는 단어는 아마도 '노블레스 오블리주'라는 말이 아닌가 싶다. 노블레스는 '귀족'을, 오블리주는 '의무'를 뜻하는 프랑스 말이다. 노블레스 오블리주 라는 말은 프랑스의 작가 가스통 피에르 마르크가 고귀한 신분에 따르는 사회적 의무를 강조하면서 1808년에 처음 사용했다고 전해진다. 노블레스 오블리주는 높은 신분을 가진 사람들이 그들에게 주어진 사회적 특혜에 상응하는 도덕적 의무에 최선을 다해야 한다는 말로서 오늘날 공직사회에 주로 통용되고 있다.

　얼마 전 세계의 매스컴, 별로 관계가 없는 한국의 방송과 신문까지도 떠들썩하게 했던 영국의 해리 왕자(찰스 왕세자와 다이애나의 둘째 아들, 영국 왕위계승 서열 제3위)는 영국 육사를 졸업한 이후, 생도 시절 동료가 전쟁터에서 목숨을 걸고 싸우고 있는 것을 알면서도 왕자라는 신분 때문에 혼자서만 편안한 삶을 누릴 수 없어서 매우 위험한 아프가니스탄 교전에 자청하였다. 귀족층 왕자로서 자신의 신분을 철저히 숨기면서, 전쟁에 투입된 보통 사람들인 동료와 함께 약 10주간 동안 생명을 걸고 싸웠다. 해리 왕자는 계속해서 동료와 함께 전쟁터에서 싸우고 싶었지만, 교전에 적극적으로 참여하고 있는 해리의 모습이 매스컴에 노출되면서 전쟁참여를 포기하고 본국으로 복귀하게 되었다. 지상파에 노출된 자신 때문에 전쟁에 참여한 동료가 적군의 공격을 받아 무고하게 피해를 볼 것이 우려되었기 때문이다. 그는 고국으로 복귀하는 비행기에서 또다시 전쟁참여의 기회를 준다면, 즉시 자신의 목숨을 걸고 교전에 응할 것을 힘 있게 말했다. 그는 영국 왕실의 귀족 자녀로서 사회에서 베풀어준 특혜에 상응한 도덕적인 의무를 솔선수범하려는 노블레스 오블리주의 정신을 보여준 것이다. 그의 할머니 엘리자베스 2세도 제2차 대전 때 자청하여 군대 운전병으로 근무했었고, 그의 삼촌 앤드루 왕자도 포클랜드 전쟁에 헬기 조종사로 참여하여 '노블레스 오블리주'를 영국 왕실이 대를 이어 보여주므로 많은 국민에게 존경과 사랑을 받게 되었다.

우리가 읽고 있는 신약성경의 전반부, 즉 복음서를 살펴보면 1세기 당시 사회적으로 대단한 영향력을 행사하던 종교귀족들이 등장한다. 그들은 종교귀족 바리새인, 정치귀족 사두개인 그리고 문화귀족 엣세네파로 불리고 있었던 이스라엘의 소수 엘리트 그룹들이다. 국가와 사회로부터 놀라운 권력과 특혜를 받은 그들은 자신들에게 주어진 특권을 누리기 전에 백성 앞에서 도덕적인 의무를 제대로 수행해야 될 책임이 있었다. 그런데 1세기 당시의 유대인 귀족들은 백성을 위한 통치의 임무를 수행하기보다는, 개인적인 온갖 특권을 누리는 데 영과 혼과 정신을 쏟고 있었다. 그들이 나사렛 예수 그리스도로부터 집중공격과 포화를 당하게 된 이유가 거기에 있었다. 사회적, 국가적으로 특혜를 받은 귀족들이 솔선수범해야 할 '노블레스 오블리주'를 소홀히 한 나머지 사회 속의 악이 되므로 백성의 비난과 조소 거리가 되었다.

오늘날 한국 교회는 목사, 장로, 집사, 권사 등 실질적으로 교회 공동체를 이끌어 가는 수많은 직분자들(귀족은 아니지만)이 포진되어 있다. 대부분의 중직자들은 하나님의 교회를 위해서 눈물과 헌신을 아끼지 않고 있다. 그러나 말씀을 모르는 소수의 직분자들이 유교적인 권위주 뿌리를 심부에 가득 이식하므로, 자신들이 수행해야 할 섬김의 도덕적인 임무는 게을리 하고, 특권만을 챙기므로 한국 교회가 몸살을 앓고 있다. 교회의 분리, 갈등, 불화 등의 비성경적 행태는 거의 노블레스 오블리주 정신을 실천하지 않는 데에서 분출되고 있다. 한국 교회의 성경적인 개혁은 '노블레스 오블리주'를 실천하려는 성도들의 역동적인 패러다임 쉬프트에서 비롯될 것이다.

69
기업분석의 대모 로자베스 모스 캔터

하버드 비즈니스 스쿨에서 가르치고 있는 로자베스 모스 캔터 교수는 오늘을 사는 우리에게 '21세기 기업 분석의 대모'로 불리고 있다. 그녀는 2001년 영국 일간지 더 타임스 (The Times)가 꼽은 세계에서 가장 영향력 있는 50인의 여성 중 한 명이었다. 캔터 교수는 지금으로부터 2년 전, 세계를 선도하는 350개 기업의 대표적인 경영진을 만나서 개별적으로 인터뷰하므로 '변화하고 있는 거인 (Transforming Giant)'이라는 훌륭한 논문을 써서 세계의 기업경영에 대혁명과 놀라운 혁신을 주도한 소위 실용주의적, 미래지향적인 현대 경영 컨설턴트 학자이다. 세계와 기업을 변화시킬 수 있는 영향력 있는 기업체는 다양한 요건들이 필요하다고 그녀는 논문을 통해서 강조한다.

그녀의 논문에 보면, 상반되게 보이는 기업체의 목표(가치)들이 서로 조화를 이루도록 기업경영을 해야 영향력 있는 우주적인 기업체가 될 수 있다고 말한다. 예를 들면, 세계화와 로컬화, 표준화와 혁신화, 보편화와 다양화, 수익창출과 사회공헌, 소프트 개발과 하드 개발 등을 하나의 조화로운 틀 속으로 가져가야 한다고 논증한다. 언뜻 보면 위에서 나열한 개념들은 상반된 것이어서 상호 간 부조화를 이루고 있으므로, 하나의 공통된 틀로 묶일 것처럼 보이지 않는다. 그런데 캔터 교수에 의하면 기업체의 지도자가 위에서 언급한 상반된 두 개념을 묶을 수 있는 우주적인 큰 비전(그림)을 제시하면, 그것이 갈등이 아닌 조화로운 강력한 동반자가 된다고 주장한다. 상반된 개념을 분리해서 흑백의 논리로 가져가지 말고 어떻게 하면 그것들을 역동적으로 발전시킬 것인가에 포커스를 맞추고 기업을 대의적으로 운영하면 영향력 있는 세계적인, 성공적 경영을 이룰 수 있다는 것이다.

기업을 대형화하여 현대 21세기의 사람들이 원하는 세계화의 가치를 높이면서도 그것을 소규모로 로컬화 하여 각 개인의 욕구에도 부응하게 하며, 사사로운 행정 시스템은 표준화(고정화)하여 회의나 토론 보고체계를 완전히 없앰과 동시에 새로운 것들로 얼마든지 바꿀 수 있는 혁신적인 시스템을 기업체 내에 작동 운용하며, 보편화할 것은 신속하게 보편화하되 자유로운 다양성을 인정해 주며, 건물이나 기계 같은 하드웨어 측면에 최고의 투자를 아끼지 않되 인재육성 같은 소프트웨어 부문에도 미래지향적으로 극대 투자하는 노력이 필요하다는 것이다.

교회는 '세계를 품은 믿음과 사랑의 공동체'라고 하는 위대한 21세기 비전을 선물로 받았다. 한국 교회 성도들에게 우주적인 비전을 이룰 수 있는 헌신된 도구가 되라고 명령하신다. 현재 우리는 그것을 모두 이루어 드리기 위해서 각자가 맡은 위치 속에서 나름대로 몸과 마음을 모두 드리고 있다. 칸트 교수가 논문에서 제시한 것은 단지 기업체를 향한 원리이지만, 그것들을 한국 교회에서 취사선택하여 적용하므로, 21세기에 걸맞은 세계화 교회공동체를 일구어야 한다. 지역교회의 특성을 벗어나서 세계와 우주로 나아가면서도, 지역 사회에 영향력을 끼치는 교회공동체를 세워야 하고, 표준화할 것은 표준화해서 대부분의 회의를 없애고 효율적이고 간략한 행정운영을 하되, 고차원적인 개혁시스템을 가동해서 현대에 적응하는 혁신을 이뤄나가야 한다. 현재의 위치에서 우리에게 주어진 사역에 최선을 다하되, 미래의 교회공동체의 모습을 바라보면서 최대, 최고의 투자를 오늘 아끼지 말아야 한다. 구태의연한 사고방식을 모두 일소하고, 세련되고 미래지향적인 사고를 마음에 새겨서 새로운 신(新) 개념의 교회를 이뤄야 한다. 수천 년 전에 주신 성경(text)에 전적으로 충실하면서, 현대를 사는 우리에게 주신 상황(context)을 잘 분석하여 성경적 결실을 이루는 지혜롭고 조화로운 교회공동체의 최첨단 모델을 이뤄야 한다. 이러한 형태를 가치지향적인 교회공동체로의 전환이라고 말할 수 있다.

70
한국의 최초 개혁주의 신학자, 박윤선 목사

　박윤선은 1905년 12월 11일 평안북도 철산군 백양면 장평리에서 부친 박근수와 모친 김진신 사이에서 2남 3녀 중 차남으로 출생했다. 1931년 평양 숭실전문학교 영문과를 졸업했으며, 1934년에는 평양 장로회 신학교를 수료(M.Div.과정) 했다. 미국에 건너가서 필라델피아에 있는 웨스트민스터 신학교에서 1936년 5월 신학석사(Th.M.)학위를 받았다.

　1953년부터 다음 해 3월까지는 화란의 수도인 암스테르담에 있는 자유대학교 신학과에 유학하여 신약학을 깊이 있게 연구했다. 그는 귀국하여 1936년부터 모교인 평양 장로회 신학교 강사를 필두로 부산 고려신학교, 총회신학교(현 총신대학교 신학대학원) 및 합동신학대학원대학교 교수와 더불어 담임 목회를 평생 역임했다. 1936년 미국 웨스트민스터 신학교를 졸업한 이후 귀국하여 시작한 신구약 성경 66권에 대한 주석 작업을 1979년 모두 완간했으며, 수많은 단행본도 저술했다. 당시만 해도 신학 자료나 설교 자료가 전무한 한국 교회와 신학교에 청량제와 같은 역할을 박윤선은 했다.

정암 박윤선은 하나님의 은혜로 자신의 슬하에 5남 3녀의 자녀를 두었다. 첫 번째 부인 김애련(1922-1954)를 통해서는 장남 춘호, 차남 요한, 삼남 단열, 장녀 춘자, 차녀 혜란을 낳았고, 두 번째 부인 박화주(1954-현재)를 통해서는 사남 성은, 오남 성진 그리고 삼녀 성혜를 출산했다. 정암은 1988년 6월 30일 84세의 일기로 사망하여, 여호와 하나님의 품에 평안하게 안기었다. 그러나 정암의 영향력은 오늘도 한국 교회의 구석구석에 메아리로 들려오고 있다.

정암 박윤선이 평생 삶의 이정표로 삼았던 성경 구절은 "그러므로 내일 일을 위하여 염려하지 말라 내일 일은 내일 염려할 것이요 한 날 괴로움은 그 날에 족하니라."라는 마태복음 6장 34절 말씀이었다. 정암은 말하기를 "나는 이 말씀을 좋아한다. 언제나 나 자신의 부족함을 알고 있으므로 하나님만 의지하고 나아가다가도 믿음이 약하여 때로 염려가 생기기도 한다. 그런 때에는 전심으로 기도하기를 힘쓴다. 나는 하나님께 나의 염려를 의탁하면서, 주여! 나는 내일 일을 모릅니다. 내일을 주님께 맡깁니다. 나는 이 시간에 기도할 따름입니다."라고 부르짖은 후에 평안을 얻은 체험이 여러 번 있었다. "나는 하루라는 시간을 그 어느 시점에서든지 기회 관념으로 취급하고 그 기회를 바로 사용하고자 노력해 왔다. 다시 말하면, 나는 그 시간에 내가 해야 할 일을 하려고 힘썼다. 그것은 물론 성경주석을 저술하는 나의 사명과 관계된 일을 하는 것이다. 예를 들면 여행 중에 자동차를 타거나 기차를 타거나 배를 타거나 비행기를 타거나 그 안에서도 나의 할 일을 쉬지 않고 계속했다. 즉 나는 그러한 시간을 성경연구와 기도하는 기회로 붙잡았다. 나에게는 기도가 무엇보다 중요한 일이기 때문에 어디서나 부담 없이 할 수 있었다. 내가 그처럼 힘쓴 이유는, 내일이란 시간을 내 것이라고 보장할 수 없기 때문이다. 내일이란 시간은 하나님의 것이다. 따라서 오늘이 내 생애의 마지막 날이라고 생각하고 최선을 다해 나의 할 일을 하려고 노력해 왔다."라고 말했다.

사실 지금까지 한국에서 칼뱅 및 개혁주의 신학연구에 가장 큰 영향을 끼친 인물은 정암 박윤선이다. 그가 칼뱅 및 개혁주의 신학을 전공으로 삼아서 직접 연구하지는 않았지만, 목회자로서 칼뱅 및 개혁주의 신학을 연구하여 한국 교회에 커다란 영향을 끼친 인물이 박윤선 목사라는 사실에 의심의 여지가 없다. 개혁주의를 표방했던 평양신학교를 거쳐 미국에서 웨스트민스터 신학교에서 칼뱅주의 및 개혁주의 신학의 바탕에서 신학을 공부한 박윤선은 강의와 저술 및 주석발간을 통해 한국교회에 칼뱅과 칼뱅주의 또는 개혁주의 신학을 소개하고, 이론적으로 체계화하는데 크게 기여 했다.

고려신학교(현, 고신대학교 신학대학원/1946-1960), 총회신학교(현, 총신대학교/1963-1974,979-1980), 합동신학대학원대학교(1980-1988)에서 신학을 교수하면서 칼뱅과 칼뱅주의 및 개혁주의 신학을 가르쳤고, 칼뱅 연구의 중요성을 학생들에게 철저히 일깨워줬다. 박윤선은 화란에 있는 자유대학교 유학(1953-1954)을 통해서 화란의 칼뱅주의 및 개혁주의 신학을 직접 접하고, 이를 한국 교회에 소개한 실제적인 첫 인물이 됐다. 찰스 하지(C. Hodge), 메이첸(G. Machen), 워필드(B. B. Warfield) 등 미국의 칼뱅주의자들만이 아니라 카이퍼(A. Kuyper), 바빙크(H. Bavinck), 스킬더(K. Schilder), 크레이다너스(G. Grijdanus) 등 화란의 칼뱅주의자들의 신학과 전통을 한국교회에 소개했다. 지금도 그는 한국의 개혁주의 신학의 바탕이 되고 있다.

정암 박윤선은 신구약 성경을 모두 주석하면서, '성경은 성경으로 해석한다, 칼뱅주의 입장에서 해석한다, 그리고 칼뱅주의 신학자들의 저서를 최대한 참고한다.'라는 원칙을 세우고 실천했다. 정암은 사역의 기초에 칼뱅주의 및 개혁주의에 대한 확신과 애정을 가지고 있었다. 자신의 저술과 설교, 삶에서 한결같이 칼뱅주의 및 개혁주의 신학을 실천했던 한국이 낳은 최초의 개혁주의 신학자요, 목회자였다.

오늘날 많은 나라의 신학이 자유화되고 있는 시점에서도 대한민국이 그나마 성경적인 개혁주의 신학을 유지할 수 있는 것은 정암 박윤선의 땀과 노고가 절대 적지 않았다. 한국 교회는 정암을 이어서 성경만을 절대적으로 표방하여 21세기에 적합한 개혁주의 신학을 발전시킬 학자와 목회자 그리고 교회를 찾고 있다.

부 록

칼럼1

개혁주의 신학 입장에서 본 율법의 의미

율법은 구원받은 자들의 삶의 이정표이다.

1. 서론

오늘날 신학자들은 중세 시대를 보통 신학과 교회의 암흑기로 규정한다. 중세기의 신학과 교회가 하나님 말씀에 근거해서 존재하지 못하고 인간의 경험과 행동주의적인 학문을 통한 인본주의적 경향을 심하게 보였기 때문이다. 중세기에 난무한 인본주의적 경향은 신학과 말씀의 독점화 또는 특정화에서 비롯되었다고 하는 것이 통설이다. 중세기에는 하나님의 말씀이 일반 성도들에게 대중화되지 못하고, 오직 성직자들만 알고 가르칠 수 있도록 특정화, 독점화되었다. 현대에 이르러서는 중세기와는 매우 다르게 평신도들도 하나님의 말씀을 소유하고 연구할 수 있는 자유가 부여되므로 성경 말씀의 대중화가 비로소 이뤄졌다. 그러나 말씀의 대중화를 이룬 현대에서 혹자는 성경의 구절을 한쪽에만 치중하여 이해하는 신학의 편협화를 낳게 되었다. 그들은 성경만을 읽고 이해하고 암기하는 것만으로 하나님의 말씀을 모두 알고 있다고 착각하게 된 것이다. 성경 구절만을 부분적으로 잘라서 제시하면 모든 것이 올바른 것으로 생각하는 오류를 범하게 되었다. 성경만을 읽고 암기하는 방식으로는 올바른 교회를 성경대로 이룰 수 없다. 성경을 올바로 안다고 하는 것은 성경의 구절만을 알고, 암기하는 것만을 의미하지 않는다. 성경을 제대로 아는 것은 성경의 구절들을 제시하고 알 뿐만 아니라, 성경 계시 전체의 빛 속에서 균형 있게 구절을 해석한다는 것을 의미한다. 오늘날 신학자들 간에 논쟁이 되고 있는 '믿음과 행위'의 문제도 결국 신학의 편협화 속에서 나온 현대적인 산물이다. 임의로 성경에 나타난 소수의 구절(글자)을 선별해서 자신만의 신학적인 사상을 연역적으로 꿰어내는 것은 성숙한 자세가 아니다. 성경 전체의 이해(빛) 속에서 한 부분을 해석하는 올바른 방법을 선택해야 한다.

2. 개혁주의와 칼빈주의

그렇다면 우리의 관심은 신학의 대중화를 역동적으로 수용하고, 신학의 편협화를 최소화할 수 있는 신학의 방법을 찾는 것이다. 필자의 생각은 지금까지 시중에 등장한 수많은 방법 중에서 성경을 올바로 해석하고 주님의 교회를 올바로 바라보는 적절한 신학적 도구(방법)는 개혁주의라는 확신이 생긴다.

전통적으로 개혁주의는 칼빈주의와 일치하는 개념으로 보통 생각한다. 사실 개혁주의에 대한 정의는 논자에 따라 다양할 수밖에 없지만(주로 4가지 정도 이론이 존재), 지금까지 동의한 개념으로는 가장 좁은 의미의 개혁주의가 칼빈주의라고 알려졌다. 그래서 많은 사람은 개혁주의를 칼빈이 말했던 5대 교리를 통해서 이해하려고 시도한다. 즉, 인간의 전적인 부패(Total depravity), 하나님의 무조건 선택(Unconditional election), 그리스도의 제한속죄(Limited atonement), 불가항력적인 은혜(Irresistable grace), 성도의 견인(Perseverance of the saints) 등을 통해서 개혁주의 내용을 확정하려고 하는 것 같다. 그러나 위에서 나열한 칼빈주의 5대 교리는 17세기 화란의 알미니우스(전적인 인간의 행위 구원론 주장)를 추종하던 사람들에 대항해서 정통교회의 답변으로 형성된 역사적인 산물일 뿐이다. 따라서 칼빈의 5대 교리를 개혁주의 신학의 모든 것으로 이해해서는 개혁주의를 매우 편협하게 만들 수 있다. 물론 개혁주의 신학이 위에서 언급한 칼빈의 5대 교리 모두를 능동적으로 수용하는 것은 사실이다. 그러나 개혁주의는 칼빈의 5대 교리를 뛰어넘어서 좀 더 포괄적인 개념을 가지고 있다.

3. 올바른 개혁주의의 원리

개혁주의는 대체로 다음과 같은 3가지의 중요한 원리 속에서 정립된다고 보인다.

첫째로 개혁주의는 신구약 성경 66권의 말씀만을 최고, 최대의 권위로 삼아야 한다는 것을 제일 원리로 삼는다. 학자들이 신학을 정립하거나, 성도들이 이 땅에서 다양한 삶을 살 때 그것들의 옳고 그름의 표준을 제시하는 유일한 교과서는 신구약 성경 66권 이외에 다른 것들은 절대적인 권위가 될 수 없다는 말이다. 외경이나, 어떤 인간 지도자들의 책들, 심지어 어떤 교파의 논리적인 교리서들도 성경을 이해할 수 있는 약간의 참고문헌일 뿐이지 그것이 인간의 삶과 신학의 정통 교과서가 되어서 개혁주의적인 삶 또는 개혁주의적인 신학이라고 할 수 없다. 개혁주의에서 성경만이 최고, 최대의 지침서라는 것은 신학적인 영역 이외에 철학 법학 정치학 등 일반학문을 모두 망라한다. 세상의 어떤 분야도 성경을 벗어나서 정립되거나 표준이 마련되어지면 그것은 개혁주의적인 태도가 아니다.

둘째로 개혁주의 원리는 하나님의 절대주권을 기초로 하고 있다. 사실상 신구약 성경 66권의 내용이 창조자이신 하나님의 절대주권을 그대로 인정하여 기록하고 있다. 하나님의 말씀인 신구약 성경 66권을 믿는다면 하나님 절대주권을 인정하는 것이 당연한 귀결이다. 우리가 사는 지구를 포함한 온 우주가 하나님에 의해서 태초에 계획(작정) 되었고, 예정되었고, 원본대로 오차 없이 창조되어서 지금도 하나님의 정확한 손길을 통해 운행, 섭리되고 있다. 온 우주 속에 존재하는 만사 만물 모두가 하나님의 주권에 의해서 생성되고, 사장되고, 움직인다고 믿는 것이 개혁주의 신학의 근본적인 원리이다. 인간의 행위나 능력을 통해서 세상의 사건이 일어나고, 성숙되는 것이 아니라, 오직 하나님의 절대주권에 의해서만 움직인다는 믿음이 개혁주의 신학의 핵심이다. 사하라 사막에 사는 불개미 뒷다리에 난 털 하나도 하나님의 절대적인 주권, 계획이 아니면 움직일 수가 없다.

셋째로 개혁주의는 이 세상에 피조된 모든 인간은 '하나님 사역의 역동적인 도구'라고 하는 원리를 존중한다. 이 세 번째 원리는 인간이 이 땅에 존재하고 사역하는 핵심이 전적으로 하나님의 계획과 섭리에 의해서만 움직여지는 도구라고 믿는다. 이것은 하나님 절대주권의 원리를 인정하면 당연히 도출되는 원리이다. 이성적인 능력을 통해서 인간에게 주어진 자유의지마저도 하나님의 절대주권을 벗어나서 행사될 수 없다는 원리이다.

결국, 개혁주의 입장에서 볼 때 인간의 구원문제는 하나님의 절대주권에 의한 산물이며, 은혜의 산물이다. 절대로 인간의 행위나 공로를 통해서 이루어질 수 없다는 것이 명확하게 드러난다.

4. 개혁주의 입장에서 본 믿음과 행위

그렇다면 개혁주의 입장에서 믿음과 행위는 어떤 관계를 가지고 있는가? 이 물음은 복음과 율법의 관계라고 하는 주제를 발생시킨다. 사실 역사적으로 '오직 믿음'이라고 하는 종교 개혁자들의 복음 강조 때문에 율법(행위)이 매우 약화된 듯한 느낌을 받았다. 오직 믿음으로 구원받은 성도들은 율법을 지킬 필요도 없다고 하는 사상이 부분적으로 생기게 되었다. 그러나 성경 그리고 개혁주의 신학은 율법을 절대로 무시하지 않는다. 율법은 하나님의 절대적인 주권으로 구원받은 자들이 어떻게 살아야 할 것인가에 대한 규정이고, 법이고, 표준이다. 신학적인 용어로 바꾸면 점진적인 성화를 이루는 방법이요, 목표요, 길을 율법을 통해서 알려주고 있다. 넓은 의미의 율법은 신구약 성경 모두를 포함하기 때문에 율법을 지킨다고 하는 것은 성도가 성경대로 산다는 것을 의미한다. 결국, 율법은 구원의 방도가 아니요, 구원받은 자들의 삶의 이정표인 것을 알아야한다.

안식일과 주일의 신학적 이해

오늘날 논쟁이 되고 있는 안식일과 주일의 문제를 역사적인 관점에서 보다는 성경적인 관점에서 해결하는 것이 좋을 것이다. 그것을 위해서 우리는 사도행전을 참고하는 것이 의미가 있을 것이다. 사도행전은 신약시대의 교회설립과 교회의 성장 그리고 예배를 구체적으로 다루고 있다. 그러나 사도행전도 '안식일과 주일'에 관련하여 직접적인 신학적 증거를 우리에게 제공해 주지는 못한다. 다만, 우리가 위의 주제와 관련하여 사도행전에서 발견할 수 있는 중요한 구절은 13장 27절과 15장 21절인데, 그곳에서는 '율법이 안식일마다 유대인의 회당에서 읽혔음'을 말하고 있다. 물론 위의 두 성구는 회당에서의 모임에 당시의 크리스천들이 대거로 참석했다는 사실을 보여준다. 그러나 불행하게도 우리가 여기서 논증하고자 원하는 소위 안식일 신학에 대해서 자세하게 설명해 주고 있지 않다. 안식일에 모여서 초대 교회 성도들이 정기적인 예배를 드렸다는 것을 위의 본문이 명확하게 말하고 있지 않다. 사도행전의 또 다른 구절인 13장 42절, 44절, 16장 13절, 17장 2절, 18장 4절 등에 나타난 안식일에 관한 기록도 정통 유대인으로서 바울이 유대적인 당시의 습관을 좇아서 회당 모임에 참석했다는 것을 말해줄 뿐, 초대 교회 크리스천들이 안식일에 정기적인 예배를 드렸다는 것을 말해 주지는 못한다. 오래된 유대인의 전통과 인습에 따라서 일주일에 한 번 모이는 필연적인 공동체의 모임을 토요일(안식일)에 그들은 단순히 모였을 뿐이다. 위의 구절들을 참고로 초대 교회가 안식일에 정기적인 예배를 드렸다고 주장하기는 어려울 것 같다.

사도행전 20장 7절-12절을 살펴보면 '안식 후 첫날'을 초대 교회 성도들이 예배로 모였다는 구절을 만나게 된다. 떡을 떼고(성찬), 말씀을 들었다는 성경의 기사는 당시 초대 교회 성도들의 정기적인 예배모임을 지칭하고 있다. 그런데 본문에 나타난 안식 후 첫날에 대해서 그것이 토요일 밤을 지칭하는가, 아니면 일요일 밤을 말하는 것인가에 대해서는 학자들 간에 논쟁이 있다. 안식 후 첫날이 토요일인가, 일요일인가에 대한 논쟁은 당시 유대사회에 사용되던 서로 다른 날짜 계산방법에서 연유된다. 당시에는 유대식 계산법과 로마식 날짜 계산법이 통용되고 있었다. 유대식 방법을 통해서 날짜를 계산하면 '안식 후 첫날'은 토요일 밤이 될 수도 있다. 유대인들이 말하는 안식일은 '금요일 밤부터 토요일 밤이 되기 전'까지를 의미하기 때문에 '안식 후 첫날'은 토요일 밤부터 시작되기 때문이다. 혹자는 여기의 '안식 후 첫날'을 유대인 방법으로 계산하여 토요일 밤이 옳다고 말한다. 즉, '안식 후 첫날'은 토요일 밤을 의미하며, 일요일이 될 수 없어서 초대 교회가 일요일에 예배를 위한 집회로 모였다는 것을 거절한다.

그러나 우리는 저자인 누가가 이방인 독자들을 염두에 두고 사도행전을 기록했다고 하는 사실에 큰 관심을 둬야 한다. 그것을 인정한다면 사도행전에 나타난 시간계산법은 유대인 방식이 아니라, 이방인 로마방식임이 틀림없다고 말해야 한다. 따라서 우리가 예로 든 사도행전 20장에 나타난 '안식 후 첫날'은 토요일 밤이 아니라, 일요일 밤을 가리키는 것이 확실해진다. 사도행전 시대의 초대 교회 성도들은 일요일 밤에 모여서 성찬과 말씀으로 예배를 드리고 집회를 했던 것이다.

그렇다면 이제 우리에게 문제가 되는 것은 당시의 일요일 모임이 정기적인가, 아니면 특별한 시간에 모인 일시적 집회인가 하는 것이다. 만약 그것이 일시적인 성격을 지녔다면 초대 교회에 일요일 정기 예배가 있었다고 주장하기는 어려울 것이다. 그런데 사도행전 20장 7절을 잘 살펴보면 '안식 후 첫날 모임'(일요일 모임)을 언급할 때 어쩌다 한번 모인 일시적인 모임으로 말하는 것이 아니라, 당시 초대 교회의 성도들이 정기적으로 당연히 모였던 집회인 것으로 보인다. 우리가 지금 예를 든 사도행전의 본문은 초대 교회 성도들이 집회 통보를 특별히 받지 않아도 일요일만 되면 당연히 모였다고 하는 것을 암시해 주고 있다. 따라서 초대 교회의 성도들은 '안식 이후 첫날' 즉 일요일에 정기적으로 모여서 교회공동체로서 예배를 위한 집회를 했던 것이다.

결론적으로 성경에 따르면 초대 교회는 일요일(안식 이후 첫날)을 교회공동체가 정기적으로 드려야 하는 예배의 날로 정했다. 그날은 율법을 완성하신 예수의 부활사건이 주요한 원인이 되었다. 성경의 핵심은 예수 그리스도이고, 그분은 죄인들의 구속을 위해서 이 땅에 오셨다. 그분을 통한 죄인들의 구속은 육체적인 부활이 핵심이 되어야 했다. 그것을 초대 교회의 성도들은 인식하고 있었다. 따라서 초대 교회 성도들은 오래된 유대인의 전통에 따라서 토요일에 회당에서 모임을 했어도 예수의 육신적인 부활이 일어난 일요일에 공동체적인 정기예배를 드리는 것을 하나님이 제정하신 안식 개념과 어긋나는 것으로 생각하지 않았다. 그들은 일요일에 모여서 정기적으로 예배하는 것에 대해서 성경적, 신학적으로 전혀 문제시하지 않았다. 주님이 부활하신 일요일에 교회공동체가 한마음으로 예배하는 것에 대해서 이상하게 여기는 사람들은 초대 교회에 전혀 없었다. 일요일에 예배를 드리는 것에 대해서 이의를 제기한 사람이 있다는 것을 성경은 우리에게 적어 주지 않았다. 초대 교회 성도들은 안식일 모임을 변경하거나, 폐지하여 일요일 예배로 단순히 대체한 것이 아니다. 일요일 모임을 예수의 부활을 믿는 새로운 공동체의, 새로운 모임이라는 것으로 그 성격을 규정하고, 새로운 시대에 새로운 방식으로 예배를 드렸다.

칼럼3

안식일의 발단

안식일 예배의 발단은 율법에서 기원 된다.

우리가 읽는 성경에 컴퓨터나 인터넷이라는 말이 발견되지 않는다고 하여 오늘날 전산시스템을 반기독교적, 반성경적인 산물이라고 말할 수 없다. 전능하신 하나님은 태초부터 21세기에 나타날 컴퓨터나 인터넷 등을 모두 알고 계셨다. 그러나 하나님 자신의 계획 속에서 각 시대에 맞게 독특한 시스템을 발견케 하시고, 그것에 대한 명칭을 정하도록 인간들에게 허락하셨다. 주일에 관한 내용도 마찬가지이다. 만약 구약시대나 초대 교회 유대인들에게 주일이라는 단어를 무조건 사용했다면 그들이 어떻게 그 단어를 이해할 수 있겠는가? 언어는 하나님의 계획에 따른 시대적인 산물이다. 따라서 1세기 또는 주전에 기록된 문헌만을 놓고 '단어 유무'라는 주제로 안식일과 주일 논쟁을 하는 것은 편협한 사람들의 소모전에 불과한 것이다. 하나님의 섭리라는 측면에서 신학적, 발전적인 고려가 필요한 것이지, 단어 유무가 진리를 판가름하지 못 하는 것을 명심해야 한다. 오늘날 우리 주위에도 직접적인 단어 없이 진리를 표현하는 경우가 얼마나 많은가 판단해 볼 일이다.

필자는 사람들 사이에 있는 소모적인 논쟁을 피하고, 안식일 예배의 발단에 관한 연구를 통해서 오늘날 학자들 간에 논쟁이 되고 있는 '안식일과 주일예배'에 관한 신학적 오해에 대해서 간단히 살펴보길 원한다. 필자는 특별히 개혁주의 신학의 입장에서 오늘날 절대적으로 지키는 주일예배에 대한 분명한 근거를 논리적으로 설명할 것이다. 그러나 적극적인 피력방법이나 비난성 있는 미성숙한 기술을 피하고, 소극적인 방법을 통해서 객관적으로 논증하므로 성숙한 독자들이 본 주제에 대한 논지를 스스로 판단할 수 있도록 정리할 것이다.

1. 서론

우리가 읽는 성경에는 안식일이라는 단어가 많이 발견된다. 그런데 같은 성경을 읽으면서도 안식일 예배의 발단에 관해서 학자들 간에 의견이 일치하지 못하고 있다. 아마도 학계에 회자되는 대표적인 이론은 두 가지로 요약될 것이다. 첫째는 창세기 2장에 나타난 천지창조의 기사에서 안식일 예배의 발단을 찾는다. 하나님께서 엿새 동안 천지를 창조하시고 칠 일째 되던 날에 쉬셨다는 창세기 기록을 통해서 안식일 예배가 발단하였다고 주장한다. 둘째는 안식일 예배의 발단을 창세기에 기록된 창조질서에서 찾기보다는 단지 이스라엘 백성만을 향한 시민법적인 계명(율법)에서 찾는다.

2. 창조기사로부터 안식일 발단론

창조기사를 통해서 안식일의 기원을 주장하는 학자들은 창세기 2장 1-3절의 내용을 안식일 예배의 중요한 근거로 제시한다. 만약 창세기 2장의 기사가 안식일 예배를 정하는 규범이라고 한다면, 안식일은 이스라엘 민족만을 위한 규범(시민법적 규정)이 아니고, 우주론적인 규범(도덕법적 규정)이 되어서 오늘날 혹자들이 주장하는 안식일 예전적 이해는 상당한 설득력이 있게 될 것이다. 신학을 아는 사람이라면, 창조기사가 당대 이스라엘 민족에게만 효력이 있는 시민법적 규정이라고 말할 수 없기 때문이다. 그러나 불행하게도 창세기 2장을 구체적으로 살펴보면 안식일 예배를 규정하고 있다는 근거를 전혀 발견할 수 없다. 창세기 2장은 안식일 예배에 대한 규정이라기보다는 하나님이 세상을 엿새 동안 모두 창조하시고 일곱 번째 날(on the seventh day)에 어떤 행위(창조행위)를 멈추었다(안식)고 말할 뿐이다. 따라서 창세기 2장의 기사를 보면서 안식일에 대한 우주론적인 예식(안식일 예배) 규정으로 이해하는 것은 매우 어렵게 보인다. 창세기 2장에서 하나님이 안식일을 예전적인 규범으로 정한 것은 아니라는 것이 명백히 드러난다. 창세기 2장은 안식일의 예전적인 제정이 아니고, 단지 종말론적인 입장 즉 천국 백성으로서 누릴 수 있는 미래의 안식을 예표한 것으로만 해석하는 것이 옳을 것이다. 창세기에 나타난 안식의 개념이 안식일 예배에 대한 규정이 아니라고 한다면, 안식일 예배가 오늘날까지 우리가 지켜야 할 우주적, 도덕적인 규범은 될 수 없다는 것이 성경적으로 확인된다.

3. 이스라엘을 향한 계명에서 안식일 발단론

두 번째 이론은 안식일 예배에 대한 발단(기원)을 창세기 2장에서보다는 출애굽기 20장 11절에서 찾는 것이 더욱 합당하다고 주장한다. 호렙 산에서 모세를 통해 이스라엘 백성이 지켜야 할 십계명 중의 하나로서 안식일이 정해졌기 때문이다. 십계명은 그 내용상 오늘날의 모든 사람이 지켜야 할 규정을 포함한 것도 사실이지만, 그러나 모세를 통해서 선포된 십계명은 당시 이스라엘 민족에게 선포된 시민법적인 규범이다. 그것의 성격이 시민법적이냐, 도덕법적이냐 하는 것은 오늘날 우리가 그것의 내용을 분석한 이후에 붙인 신학적인 명칭에 불과하다. 당시의 십계명을 모세가 범우주적으로 선포했다는 것은 상황을 전혀 무시한 이해에 해당된다. 모세는 십계명을 선포할 때 일차적으로 당시에 살고 있는 이스라엘 민족이 지켜야 할 하나님의 명령으로 선포한 것이다. 따라서 십계명 돌판에 기록되어 있기 때문에 그것 모두가 도덕법적이고 우주적인 규범이라고 하는 것은 신학에 대한 편협한 오류에서 발생한 인위적인 해석이다.

호렙 산에서 하나님이 규정하신 십계명 중 안식일 규범은 출애굽기 31장 13절-17절을 통해 하나님과 이스라엘 민족 간에 언약의 표징으로 주어졌음이 구체적으로 밝혀진다. 안식일이 언약의 표징으로서 일주일마다 기념되기 위해 이스라엘 백성에게 제정했던 사실을 성경은 분명히 우리에게 가르치고 있다. 이스라엘 백성이 하나님의 자녀라는 것을 표시하는 구약시대의 언약적인 표징 중의 하나가 안식일을 지키는 것, 안식일 예배를 드리는 것이었다. 따라서 시간상으로 본다면, 십계명이 들어 있는 출애굽기 20장 이하에 나타난 규범들은 우주적인 도덕법적 규정이 아니고, 당시 이스라엘 백성에게만 특수하게 주어진 시민법적인 규정일 따름이다. 물론 그것이 당시의 이스라엘 민족에게만 시민법적으로 선포됐어도 내용 상 오늘날 우리도 우주적으로 지켜져야 할 규정이 그것 안에 존재하고 있음은 무시할 수 없다. 따라서 출애굽기 31장에 나타난 안식일 제정은 온 인류를 향한 우주적인 제정이라기보다는 일차적으로 이스라엘 백성에 주어진 특별한 시민법적인 규정으로 보는 것이 옳다. 만약 출애굽기 31장에 나타난 안식일에 관한 규범을 우주적인 성격으로 이해한다면, 그곳에 동시에 규정된 성막, 제단, 성소, 증거궤, 제사장, 분향단, 번제 등의 규례들도 우주적인 규범으로 이해해서 오늘날 전 세계의 크리스천들이 그것들을 지켜야 한다는 모순을 낳는다. 안식일 규정과 같은 지면에 기록된 성전 희생제사 같은 것을 오늘날 교회에서도 원본 그대로 지켜야 한다고 말해야 한다. 그러나 그러한 신학을 주장하는 정상적인 기독교인들은 오늘날 우리 중의 하나도 존재하지 않는다. 그러한 주장은 기독교의 생명인 구세주 예수의 십자가 죽음과 부활을 심각하게 훼손하기 때문이다. 희생제사가 오늘날 면제된 것은 순전히 예수 그리스도를 통한 율법의 완성에서 기원된다.

4. 결론

예수가 주연으로 나타난 신약성경 사복음서를 보면 예수님이 안식일을 무시했다고 말하는 구절은 발견되지 않는다. 이러한 용례를 통해서 혹자는 오늘날에도 예수님을 따라서 제칠 일째 안식일을 예전적으로 지키는 것이 옳다고 말한다. 그러나 그러한 주장을 하는 것은 매우 성급한 결론에 해당된다. 예수님은 마태복음 5장 23-24절을 통해서 희생 제물에 관해서도 매우 중요하게 언급하고 있다. 따라서 예수님이 안식일을 무시하지 않았기 때문에 오늘날에도 교회가 안식일을 예전적으로 지켜야 한다면, 예수님이 동시에 매우 중요하게 언급하신 희생 제물에 관한 규정도 오늘날 교회에서 정확하게 지켜야 한다는 등식이 성립된다. 안식일 예배를 주장하기 위해서는 희생 제물에 대한 신학을 동시에 해결해야 할 책임이 그들에게 있게 된다.

칼럼4

예수 그리스도의 재림

재림신학도 철저하게 성경에 근거해야 한다.

초교파 신문에 기고한 재림교회의 제3차 발제와 이번 제4차 발제는 개혁주의 정통교리와 큰 차이를 발견할 수 없다. 이번 논고에서도 필자는 직접적인 반론이라기보다는 개혁주의 정통교회의 입장에서 보는 이단에 대한 일반론을 피력하게 될 것이다. 필자가 '이단'이라는 주제를 선택한 것은 재림교회의 발제자가 이단이라는 단어를 서두에 사용했기 때문이다.

1. 초대 교회부터 7세기까지의 이단논쟁

이단에 대한 논쟁은 예루살렘 초대 교회로부터 시작하여 현재에 이르기까지 매우 장구한 역사를 지니고 있다. 2세기 초대 교회 당시에 발생한 대표적인 이단 세력은 영지주의자들(신비스런 지식을 통해서 구원을 이룬다는 사상), 마르키온(구약성경을 부인), 마니교(광명한 세계를 위해서 마니가 파송되었다고 믿음) 등을 들 수 있다. 초대 교회 당시에는 주로 성경론, 구원론, 종말론에 대한 이해가 정통 교리에서 빗나가 이해하므로 이단이 되었다. 교회사 속에서 매우 활발한 이단논쟁은 주후 3-7세기에 진행되었다. 이때에 발생한 이단논쟁은 주로 니케아 회의(325년), 콘스탄티노플 회의(381년 553년 680년), 에베소 회의(431년), 칼케돈 회의(451년) 등 범 교회의 종교회의를 통해서 해결되었다. 니케아 회의는 예수 그리스도의 본질이 성부 하나님과 동일본질이 아니라, 유사한 본질을 지니고 있다고 주장한 아리우스(알렉산드리아 교회의 장로)를 이단으로, 콘스탄티노플 제1차 회의는 예수의 신성만을 강조하고 인성을 약화시킨 아폴리나리우스(라오디게아 교회 감독)를 이단으로, 에베소 회의는 알렉산드리아 학파의 대표자인 네스토리우스가 예수 그리스도의 양성론(신성과 인성의 분리)을 주장해서, 칼케돈 회의는 그리스도의 인성이 신성에 흡수되어 제3의 어떤 것을 만들어 낸다는 단성론을 주장한 유티케스의 사상이 이단으로 결정되었다. 제2차 콘스탄티노플 회의는 칼케돈 회의에서 정통으로 가결한 양성교리를 반대하는 세력들(데오도어 데오도렛 이바)을 이단으로, 제3차 콘스탄티노플 회의는 예수 그리스도는 인성의 의지가 신성의 의지에 흡수되어서 단 하나의 의지만 있다는 소위 '단의론'을 주장하여 역시 이단으로 정죄 당했다. 결국, 주후 3-7세기에는 기독론에 대해서 잘못 이해하므로 많은 학파와 학자들 그리고 교회들이 이단으로 결정된 것이다.

2. 한국 교회의 이단논쟁

1884년 9월 20일 알렌 선교사를 통해서 한국의 개신교회가 설립된 이래 오늘까지 이단논쟁이 교회를 빗겨나가지 못했다. 사실상 최초의 이단논쟁은 1915년 '안식일 재림교회'와 관련하여 발생했다고 생각된다. 1915년 대한예수교장로회 독노회는 제4회 총회 때 재림교회에 대해서 주일예배가 아닌 '안식일 예배'에 문제가 있다고 하여 이단성을 지적했고, 1995년 예장통합 측이 제80회 총회에서 안식일 재림교회를 이단으로 재확인하므로 오늘에 이르게 되었다. 1930년대에는 이용도 목사를 대표한 신비주의가, 1950년-60년대에는 통일교, 전도관, 나운몽 등이, 1970-80년대에는 대성교회, 김기동, 만민중앙교회 등이 이단으로 결정되었다.

3. 안식일 교회의 성경해석과 재림관

이 글의 대상인 안식일 교회는 미국에서 발생하여 19세기 초 한국에 이입되어 교육사업, 의료사업, 구제사업 그리고 금주운동과 금연운동에 앞장서므로 사회적인 개혁 운동에 괄목할만한 중대한 역할을 했다. 그럼에도, 정통교단들이 그들을 이단으로 결의한 이유는 성경해석과 재림 등에 대한 신학이 성경과 매우 다르기 때문이다. 예를 들면, 재림교회의 창시자로 알려진 윌리엄 뮐러(1782-1849)는 1812년 영국과의 식민지 전쟁 때 미군 장교로서 출전했고 전쟁의 참상 속에서 다니엘서와 요한계시록을 연구하여 1843년 8월 21일 예수가 재림할 것을 주장했다. 이때 약 십만에 달하는 성도들이 그를 추종하였지만, 예수의 재림이 그의 예언대로 그날에 발생하지 않자 뮐러는 예수 재림의 날을 1844년 10월 22일로 수정 변경했다. 그런데 수정 변경한 그날에도 예수의 재림이 일어나지 않자, 재림주의 신학에 동조했던 죠셉 베이츠(1792-1872)와 엘렌 고울드 화이트(1827-1915)는 1844년은 예수 재림의 해가 아니고, 다만 하늘나라의 생명책에 기록된 모든 성도의 이름을 조사한 소위 '조사심판의 해'를 윌리엄 뮐러가 착각했다고 변호하였다. 그런데 그들이 주장한 '조사심판'이라는 것이 성경에 전혀 근거가 없는 것이 문제였다. 그것은 단순히 화이트 여사의 인위적인 환상에 대한 해석에서 비롯되었다. '조사심판'은 예수께서 하늘 성전의 첫째 칸인 성소에 계시다가, 1844년 10월 22일에 하늘 성전 둘째 칸인 지성소로 들어가서서 성도로 알려진 지상 인간들의 행위를 낱낱이 조사하여 흠이 없는 자들만 구원의 대열에 서도록 한 예식을 의미했다. 이것을 증명하기 위해서 재림교회는 다니엘 8:14, 9:25, 에스라 7:11-26절 등을 임의로 연결하여 '2,300주야'의 신학을 주창해 냈다. 그들은 다니엘서 8장 14절에 나타난 2,300 주야를 다니엘서 9:25절에 나타난 '예루살렘 성 중건'과 연결하였으며, 다시 에스라 7:11-26절에 나오는 '아닥사스다왕이 에스라에게 내린 조서'와 직접 연결하였다. 즉 아닥사스다 왕이 조서를 내린 날을 주전 457년으로 잡고 2,300 주야를 2,300년으로 계산하면(1일을 1년으로 계산) 주후 1844년이 산출되어 나온다는 것이다. 그것이 윌리엄 뮐러가 주장한 예수 재림의 해와 화이트 여사가 조사심판에 대한 환상을 보았다고 주장하는 1844년의 근거가 된다.

4. 안식일 재림교회의 책임

오늘 우리의 주제인 예수 재림과 관련해서 안식일 교회가 주장한 재림의 해(또는 조사심판의 해)인 1844년은 하나님 말씀인 성경에 근거한 것이 아니라, 단지 화이트 여사의 개인적인 환상에 기인해서 산출한 인위적인 숫자인 것으로 정통교회는 받아들이고 있다. 만약 그것이 사실이라면, 우주 속에 유일한 하나님의 말씀인 신구약 성경에 재림교회 신학이 근거하지 않고, 다른 교리서 또는 다른 사상서를 성경 말씀과 동일한 경전으로 받아들이고 있는 것으로 판단할 수밖에 없다. 예수 재림교회가 주장하는 457년, 1844년 등에 대한 성경적, 신학적인 근거를 명확히 해야 할 책임이 그들에게 있다.

칼럼5

21세기 필요한 머슴형 리더십이 아쉬워진다

    1995년 12월 11일 미국 메사추세츠 주, 로렌스 지역에 있는 텍스타일 공장이 대형 화재로 인해 잿더미로 변했다. 약 400여 명의 종업원은 사장이 회사의 문을 닫고 간단히 보험 처리해서 자신의 모든 책임을 회피할 것으로 예상했다. 종업원들의 생계를 위해서는 천문학적인 건설비를 투입하여 불탄 공장을 새롭게 지어야 하는데, 그것은 현실적으로 불가능했다. 그런데 고용주 아론 포리스타인은 불타버린 공장을 폐쇄하지 않고 재건축할 것을 선포했고, 공장이 재건축되어서 가동될 때까지 사원들에게 월급을 기존대로 지급한다고 알려주었다. 개인적인 손실에도 불구하고 종업원과 공동체를 살리고자 한 사장의 리더십은 화재 전보다 더 큰 회사를 만들어냈다. 사장의 헌신된 리더십에 부응해서 모든 종업원이 목숨을 걸고 밤낮으로 일하므로 미국 내 동 업종 중에서 최고의 매출을 자랑하게 되었다. 자신의 이익보다는 공동체와 이웃을 위해서 헌신하는 리더십을 '로버트 그린리프'는 머슴형 리더십이라고 명명한다. 동서고금을 막론하고 성공한 리더십을 살펴보면 자신만의 유익을 위한 메뚜기 리더십이 아니고, 오직 공동체를 위해서 섬기고 희생한 머슴형 리더십에서 비롯된 것을 알 수 있다. 청나라 제4대 황제 강희제는 '국궁 진력/鞠躬盡力'(존경하는 마음으로 몸을 구부려 온 힘을 다한다.)이라는 국시를 통해서 국가를 다스렸다. 난세임에도 불구하고 61년 동안이나 편안하게 천하를 호령할 수 있었던 것은 오직 공동체와 백성을 향한 섬김형 또는 머슴형 리더십에서 비롯되었다고 본다.

어려운 시기에 하나님의 말씀만을 토대로 목숨을 바쳐서 나라와 교회를 섬긴 구약의 선지자들에게서 우리는 머슴형 리더십을 발견한다. 그러나 성경에 나타난 대표적인 머슴형 리더십은 아마도 신약시대 안디옥 교회의 초대 지도자인 바나바에게서 발견된다. 그는 이방 안디옥 교회를 일으켜서 신실하게 목회하므로 성도들에게 존경과 사랑을 한몸에 받은 최초의 담임목사였다. 그러나 유능한 바울이 교계에 등장하자 안디옥 교회공동체의 발전을 위해서 담임목사직을 바울에게 양보하고 자신은 부목사로 내려앉았다. 안디옥 교회공동체의 부흥과 효과적인 선교사역을 위해서 담임목사직을 조건 없이 새까만 후배에게 양보한 것이다. 바나바는 바울이 목회의 길을 시작할 수 있도록 도와준 사실상의 스승이요, 개인 지도자이다. 초창기 바울이 회심 이후 주님의 교회에서 사역하고자 했지만, 아무도 그를 사역자로 인정해 주지 않았다. 지난날 교회를 핍박한 그를 예루살렘 총회는 너무나 잘 알고 있었기에, 그런 박해자를 목회자로 인정할 수 없었다. 그때에 총회석상에서 개인의 희생을 무릅쓰면서까지 바울을 변호하므로 목회의 문을 열어 준 사람이 바로 바나바였다.

오늘날 한국 교회는 자신의 기득권을 지속적으로 유지하기 위해 리더십을 무리하게 세습하는 경우가 많은 것 같다. 대를 이어서 교회공동체를 이끌어 간다고 무조건 나쁜 것은 아닐 것이다. 그런데 문제는 그러한 세습 때문에 교회공동체가 몸살을 앓게 되고, 분열과 혼란 속으로 빠져 가는데도 리더십을 인위적으로 세습하는 것은 올바른 처사는 될 수 없다. 하나님이 세우신 교회공동체가 평화를 유지하고 성경대로 제 길을 갈 수 있다면, 담임목사직마저도 과감히 벗어 던질 수 있는 머슴형 리더십이 오늘 한국 교회에 요청되고 있다. 교회공동체가 어찌 되든 리더십을 억지로 세습하는 모습이나, 교회를 볼모로 자신의 유익을 챙기는 요즈음의 현실 앞에서 바나바, 아론 포리스타인, 강희제 같은 머슴형 리더십이 퍽 아쉬워진다.

한국 교회는 성경적 예배로 회복해야 한다.

　개혁주의 신학과 예배를 교회공동체 속에 나름대로 정착시킨 인물은 16세기 제네바교회를 담임했던 칼뱅일 것이다. 그는 종교개혁자 루터가 허용한 교회 속의 전통마저도 제거하고 오직 성경에서 인정한 의식, 전통만 교회에서 사용할 수 있도록 개혁조치를 취했다. 성경이 말하지 않는 의식이나 행사는 교회공동체가 절대로 수행할 수 없도록 하였다. 그러한 칼뱅의 강력한 개혁조치는 16세기 당시 유럽 교회에서 매우 혁명적인 결단이었다. 왜냐하면, 중세 교회 전통에 반대하여 종교개혁을 감행한 루터마저도 성경에서 특별히 금하지 않는 의식은 교회공동체가 시행할 수 있다고 가르쳤기 때문이다. 이런 점에서 종교개혁자 루터보다 제네바의 칼뱅이 매우 철저하게 성경적, 신학적인 예배를 교회 속에서 견지한 것으로 보인다.

　칼뱅은 루터와 중세 교회의 전통을 철저히 배격하고 제네바교회의 예배의식을 성경에 근거하여 독자적으로 만들어 시행했다. 그는 당시 중세 가톨릭교회와 루터교회가 시행하던 복잡한 예배형식들, 즉 미사형식을 교회에서 모두 폐지하고 설교와 성례라는 두 형식으로 예배의식을 간략화했고, 기도와 성도들 간의 교제를 중요한 예배의식으로 강조했다. 그동안 중세 로마 가톨릭교회에서 사용했던 라틴어를 설교에서 사용하지 못하도록 했고, 성도들이 모두 이해할 수 있는 본국어로 설교하도록 하였다. 또한, 성찬은 매주 예배 때마다 시행하도록 교회 앞에 발표했지만, 시 정부의 반대로 한 달에 한 번 성찬예식을 거행하는 것으로 결정되었다. 결국, 칼뱅이 주창한 예배는 중세 로마가톨릭교회의 형식주의를 배격하고 마음을 다해서 드리는 성경적 예배를 실행하려고 최선의 노력을 다했던 것으로 평가된다. 그러나 칼뱅은 예배 속에서 경망스런 세속주의를 배격하고 교회만의 특성인 거룩함을 유지하려고 힘을 썼으며, 나아가서 예배의 형식과 내용 모두 하나의 통일성을 가져야 한다고 강조하였다. 즉 찬송, 기도, 말씀과 성찬을 통해서 예배를 드리고 나면 마음속에 하나의 주제가 정립될 수 있도록 했다.

현재의 대한민국의 많은 교회, 특히 성경주의를 표방하는 건전한 교회는 이러한 제네바 교회에서 시행한 칼뱅의 예배신학을 기초로 삼아서 예배의식을 만들었다. 말씀과 성례가 예배의 중심이 되게 했으며, 기도와 성도 간의 친교가 예배의식의 내용에 속하도록 이론적으로 정했다. 그러한 결정과 조치는 개혁주의와 더불어 성경적인 정통 예배의식을 한국 교회가 그대로 수용한 것으로 보인다. 그런데 요즈음 개혁주의를 표방하는 대한민국의 많은 교회는 예배의식을 인위적으로 매우 복잡하게 만들어서 급기야 경직되며 형식적인 중세 교회의 예배형태로 유턴하기 시작했다. 또한, 한국 교회는 설교라는 이름으로 말씀선포는 매우 강조하나, 예배의식의 중요한 요소인 성례는 극소화하는 잘못된 경향을 보이고 있다. 대부분의 한국 개혁주의 교회들은 일 년에 3,4차례 정도 성례예배를 드리므로 개혁주의적인 정통예배에서 벗어나는 듯한 느낌을 받는다. 물론 성례예배의 횟수로 예배의 옳고 그름을 평가할 수는 없다. 그러나 한국 교회가 중요한 성례예배의 횟수를 무조건 줄이고, 너무나 복잡한 인위적인 예배형식을 추구하는 것은 성경과 전통적인 개혁주의 신학에 반하는 것이 틀림없다. 성경적 예배, 즉 개혁주의적인 예배는 말씀과 성례와 기도와 친교라는 네 가지의 요소가 긴밀하게 통일성을 이뤄서 단순화될 때 성취될 수 있다. 21세기를 맞이해서 세계 기독교를 실질적으로 이끄는 한국 교회는 성례 없는 세속적인 예배나 인위적인 경직된 형식의 예배를 극복하고 성경이 말하는 신실하고 조화로운 예배로 회복해야 한다.

역사 인물로 본

시사교회사

지은이 / 송 태 흔

초판인쇄/2010년 11월 20일
초판발행/2010년 11월 20일

등록번호/제300-2006-166호
발행처/엘림미디어
발행인/송태흔
주소/경기도 고양시 일산동구 풍동 1270번지
전화/(031)906-2415
홈페이지/http://taehsong.com

ISBN 89-958926-4-0-04230

값 12,000원

잘못된 책은 바꾸어 드립니다.

보급처 : 하늘유통 (T. 031-947-7777, F. 031-947-9753)
　　　　　엘림미디어 (T. 031-906-2415, F. 031-906-2410)